쉽 게 적 용 하 는

AWS 보안
레시피

쉽 게   적 용 하 는

AWS 보안 레시피

AWS 보안 정책 , 모니터링, 감사, 규정 준수를 위한 실용서

하르틴 카니카토투 지음

권연주 · 류제광 · 진상열 · 배영부 옮김

i!i
에이콘

이 기회를 주시고 성공적으로 완수할 수 있게 해주신 전능하신 하나님과 사랑스럽고 나를 항상 지지해주는 나의 아내이자 훌륭한 평론가인 스네하 하르틴(Sneha Heartin)에게 감사를 돌립니다. 또한 아빠와 보내야 할 많은 시간을 희생해준 내 딸 준 그레이스(June Grace)와 무조건적인 사랑과 지원을 보내주신 부모님, 형제자매 및 그들의 가족에게도 고마움을 전합니다.

– 하르틴 카니카토투(Heartin Kanikathottu)

에이콘출판의 기틀을 마련하신 故 정완재 선생님(1935-2004)

| 지은이 소개 |

하르킨 카니카토투 Heartin Kanikathottu

12년 이상의 IT 경험이 있는 저자이자 건축가인 동시에 기술 전도사다. VMware, IG 인포테크, 소프트웨어 AG, SAP 아리바, 아메리칸 익스프레스, TCS 등에서 근무했다. 대학에서 컴퓨터 공학 분야의 B-Tech 학위를 받았고, 클라우드 컴퓨팅 분야의 석사 학위와 소프트웨어 시스템 분야의 M-Tech 학위를 받았다. 클라우드, 보안, 코딩, AWS, 피보탈, 오라클, 마이크로소프트, IBM, Sun과 같은 제공업체의 디자인 분야에서 10개 이상의 전문가 자격증을 갖고 있다. 컴퓨터 공학과 클라우드, 프로그래밍을 주제로 운영 중인 블로그에는 전 세계에 걸쳐 팔로워가 있다. 또한 다른 사람들을 멘토링하고 직장, 모임과 콘퍼런스에서 기술 세션을 이끌고 있다. 독서를 좋아하고 기술서, 소설, 자기계발서를 비롯한 큰 서재를 유지 관리하고 있다.

| 감사의 글 |

이 기회를 제게 주시고 성공적으로 완수할 수 있게 해주신 전능하신 하나님께 감사드립니다. 가까이에서 저를 지지해준 모든 사람, 특히 이 책의 공식 검토자인 아내 스네하Sneha에게 감사를 돌립니다. 아빠와 보내야 할 많은 시간을 희생해준 내 딸 준June과 부모님, 그레사마Gresamma 박사, 제이콥Jacob, 친나마Chinnamma, 토마스Thomas, 형제자매 및 그들의 가족에게도 고마움을 전합니다. 이 소중한 책을 만드는 데 있어 친구들인 자야스리Jayasree, 아니타Anitha, 죠티Jyothi, 라즈Raj, 라즈니Rajni, 리조Rijo, 사우라브Saurabh, 아슈토쉬Ashutosh의 추가 검토 노력이 중요한 역할을 했습니다. 현재 고용주인 VMware와 다양한 형태로 지원을 아끼지 않은 동료들, 라마니P Ramani, 라즈니쉬Rajneesh, 카일Kyle, 찬다나Chandana, 케이시Casey, 카할Cathal의 도움이 없었다면 이 책을 완성하지 못했을 것입니다. 마지막으로 놀라운 사람들과 훌륭한 도구를 갖춘 팩트의 지원은 이 책을 제시간에 완성하는 데 많은 도움이 됐습니다.

스네하 토마스 Sneha Thomas

약 10년의 IT 경험을 가진 선임 소프트웨어 엔지니어다. 현재 호주와 뉴질랜드 뱅킹 그룹(ANZ)에서 기술 책임자로 일하고 있다. 클라우드 컴퓨팅 전공으로 석사 학위를 받았으며, 전자 및 통신 학사 학위가 있다. 다른 많은 공인 클라우드뿐만 아니라 AWS 클라우드에 대한 많은 지식이 있다. 현재 풀스택 개발자로 일하고 있으며, 자바, 스프링 Spring, 하이버네이트 Hibernate, 앵귤러 Angular 와 같은 다양한 기술과 HTML, 자바스크립트, CSS 같은 다양한 웹 기술 관련 업무를 해왔다. 팩트에서 출판한 『Serverless Programming Cookbook』(2019)의 기술 감수자이기도 하다. 또한 블로그에 글 쓰는 것을 좋아하며, 운영 중인 Java 블로그에는 많은 수의 팔로워가 있다.

마이클 루이스 Michael J. Lewis

현재 조지아주 애틀랜타의 슬라럼 컨설팅 Slalom Consulting 에서 클라우드 지원 실무를 담당하며, AWS와 DevSecOps의 전문가다. 컴퓨터 공학을 전공했고, 컴퓨터 산업에서 25년 이상의 경력을 가진 전직 미국 해군 잠수함 베테랑이다. 인터넷 붐 시절에서부터 서버가 없는 클라우드 컴퓨팅을 선호하는 최신 트렌드에 이르기까지 늘 새로운 기술의 선두에 서 있다. 아내 줄리 Julie, 세 명의 훌륭한 아이들과 함께 조지아주에 거주하고 있다.

| 옮긴이 소개 |

권연주(seffects@naver.com)

대학교에서 컴퓨터공학을 전공하고 국내 보안회사에서 일을 시작했다. 현재는 클라우드 보안 컨설턴트로 바쁘게 지내고 있으며, 오래도록 새로운 것을 배우며 일하는 것이 꿈이다.

유제광(sammyryu@gmail.com)

IT 및 정보보호 보안 영역에서 22년 이상의 경력이 있다. 제조, 금융 서비스, 통신 인더스트리 등 다양한 영역에서 고객이 온프레미스 및 클라우드 환경에서 보안 정책과 규제 요구 사항을 충족하는 보안 인프라와 서비스를 구축하고 운영할 수 있도록 도움을 주고 있다. 현재 아마존 웹 서비스에서 시니어 시큐리티 컨설턴트로 근무 중이며, AWS 클라우드 보안 관련 컨설팅 및 아키텍트로서 서비스를 제공하고 있다. 여가에는 가족 및 반려견과 산책하는 것을 즐기며, 바다낚시, 인도어 가드닝의 취미를 즐기고 있다.

진상열(sangyoulj@gmail.com)

레거시^{Legacy} 환경과 클라우드 환경의 정보 보안 전문가로, 정보 보호 조직 구성, 시스템 개발 보안, 물리적 보안, 암호 및 접근 통제, 위험 관리, 침해 사고 관리 등 다양한 보안 영역에서 활동했다. 최근에는 마이크로서비스 아키텍처^{Microservice Architecture}와 데브옵스^{DevOps} 영역에 적용할 수 있는 DevSecOps 전문가로 활동하고 있으며, 지금까지 경험한 기술적 지식과 노하우를 공유하려고 다양한 활동을 하고 있다.

배영부(rich.bae@gmail.com)

영상 보안 제품을 시작으로 리눅스 커널 기반의 L4-7과 방화벽, 보안 스위치 같은 네트워크 보안 제품과 SIEM 등 다양한 보안 관련 제품 개발, 레거시 시스템과 클라우드 시스템을 통합 모니터링, 분석하는 솔루션의 개발에 참여했다. 지금은 AWS의 프로페셔널 서비스^{Professional Service} 팀에서 고객의 비즈니스 성공을 최우선으로 하는 클라우드 아키텍트 팀을 맡고 있다. 그 외에도 잘되진 않지만, 좀 더 의미 있고 재미있는 인생을 살고자 다양한 것을 시도 중이다. 에이콘출판사에서 출간한 『소프트웨어 보안 평가^{The Art of Software Security Assessment}』(2013), 『실전 리눅스 악성코드 포렌식』(2015), 『POS 시스템 해킹과 방어』(2015), 『네트워크 보안 실험실』(2018)을 번역했다.

| 옮긴이의 말 |

아마존 웹 서비스^{AWS, Amazone Web Services}는 2006년 첫 퍼블릭 클라우드 서비스를 출시한 이래, 매년 고객이 필요로 하는 혁신적인 서비스를 전 세계적으로 지속적으로 출시하며 고객과 함께 성장하고 있다.

이러한 성장의 바탕에는 고객 신뢰가 있으며, 이러한 고객 신뢰의 바탕에는 전 세계의 누구나 사용할 수 있게 열려있으면서도 보안 측면에서 안전성을 꾸준히 증명해오고 있기 때문이다. AWS에서는 "Security is job zero"라는 말을 사용한다. 이 말이 무슨 뜻일까? 선뜻 우리나라 말로 옮기기에도 난해한 이 문장이 내포하고 있는 의미는 "AWS에서 보안은 그 어떤 것보다 우선한다." 정도로 해석할 수 있다. 즉, AWS는 보안을 모든 것의 근간으로 보고 있으며, 보안 없이는 그 어떤 것도 있을 수 없다는 의미로도 해석될 수 있다. 동시에 AWS의 서비스를 사용함에 있어 보안의 책임은 고객과 AWS가 동시에 져야 한다는 '공동 책임^{Shared Responsibility}' 모델을 잊어서는 안 된다. 예를 들어 AWS의 완전 관리형 서비스를 사용해 고객이 비즈니스를 구현하고 운영한다면 해당 완전 관리형 서비스 자체에 대한 보안 책임은 AWS에 있지만 그 위에 구현된 비즈니스 요소에 대한 보안 책임은 고객에게 있다는 의미다. 그렇다면 고객이 비즈니스 요소를 구현할 때 어떤 서비스를 어떻게 사용해야 최적의 보안을 보장할 수 있을까?

AWS를 사용해 실제 비즈니스를 구성해 본 독자라면 이 질문을 수없이 던져봤을 것이다. 이 책은 그 질문에 대한 답으로, 수많은 AWS 서비스를 어떻게 활용해야 하는지 설명한다.

제일 먼저 1장에서 AWS 보안의 핵심인 IAM의 기본적인 요소들을 다루는 것을 시작으로, 2장에서 AWS의 핵심 서비스 중 하나인 S3를 사용할 때 어떻게 사용해야 안전하게 데이터를 보호할 수 있는지 설명하고, 3장에서 사용자 인증에 매우 효과적인 코그니토^{Cognito} 서비스의 사용자 풀과 자격증명 관리를 알아본다. 이어서 4장에서 암호화 키와 관련된 AWS의 서비스인 KMS와 하드웨어 보안 모듈 서비스인 CloudHSM를 다루고, 5장에서는 AWS 네트워크 환경에서 빼놓을 수 없는 VPC의 네트워크 보안을 설명한다. 또한 6장에서는 AWS의 핵심 서비스 중 하나인 EC2 서비스를 사용할 때 최적의 보안 방법을 설명하고, 5장에서 다룬 네트워크 보안을 이어간다. 7장에서는 본격적으로 AWS에서 제공하는 보안 서비스 중 하나인 WAF와 로드 밸런서, ELB, CloudFront를 이용한 네트워크 보안을 구현하는 방법을 다룬다. IT에 관련된 어떤 영역에 국한하지 않고 보안에 있어 제일 중요한 기능 요소 중 하나라고 볼 수 있는 모니터링은 8장에서 다루는데, 이 책에서는 그중 핵심적인 CloudWatch와 CloudTrail, Config 서비스를 살펴본다. 뿐만 아니라 보안과 관련된 상황이 발생하면 적절하게 알림을 제공하는 것은 운영에 있어 필수적이라고 할 수 있고, 동시에 각 계정에서 적절하게 보안을 준수하고 있는지 쉽게 파악할 수 있다면 좀 더 안전하게 비즈니스를 영위해 나갈 수 있음은 확실하다. 이를 위해 AWS에서는 GuardDuty, Macie, Inspector 등의 서비스를 제공하며, 9장에서는 이들 서비스를 어떻게 활용할 수 있는지 설명한다. 마지막으로 10장에서는 지금까지 살펴본 많은 보안 관련 서비스 외에도 AWS를 좀 더 안전하게 사용하고자 할 때 주목할 만한 가치가 있는 서비스들을 살펴본다.

이렇듯 이 책에서 다루는 내용들은 AWS의 퍼블릭 클라우드 서비스를 사용함에 있어서 때로는 필수적이고 때로는 추가적인 편의성을 제공하는 다양한 서비스에 관해 설명하면서 어떻게 하면 효과적으로 사용할 수 있는지를 다양한 레시피의 형태로 제공한다.

이 책을 통해 AWS의 보안 철학과 체계를 좀 더 쉽게 이해하고 활용해 각자가 원하는 비즈니스를 좀 더 안전하고 편리하게 사용할 수 있다고 믿는다. 지속적으로 발전하고 혁신하고 있는 AWS의 각종 서비스를 각자의 비즈니스 발전에 발 맞출 수 있는 기틀을 마련할 수 있기를 희망한다.

마지막으로 매우 다양한 고객을 위해 불철주야 바쁘게 활동하는 와중에 이 책의 공동 번역을 맡아 주신 AWS 코리아 프로페셔널 서비스 팀의 보안 전문가이신 (가나다 순) 권연주 님, 유제광 님, 진상열 님에게 다시 한 번 깊은 감사의 말씀을 전한다.

배영부

| 차례 |

4장 KMS와 CloudHSM으로 키 관리   173

| 들어가며 |

이 책에서는 보안 담당자들이 인프라를 보호할 때 직면할 수 있는 일반적인 어려움에 대한 실용적인 솔루션을 설명한다. CIA 3 요소(기밀성, 무결성, 가용성), AAA 3 요소(인증, 권한 부여, 가용성), 부인 방지 등의 보안 모델 실현에 도움을 줄 수 있는 AWS의 서비스와 기능을 설명한다.

많은 사람에게 친숙한 IAM과 S3의 정책을 먼저 소개하고, 그 후에 데이터 보안, 애플리케이션 보안, 모니터링, 컴플라이언스를 자세히 설명한다. 또한 Config, GuardDuty, Macie, Glacier Vault Lock, Inspector, Security Hub 등의 AWS 보안 서비스들을 전반적으로 다룬다. 마지막으로 장마다 중요한 보안 영역을 커버하고 클라우드 보안 모범 사례와 추가 보안 서비스를 소개한다.

이 책을 읽고 나면 AWS의 보안과 관련된 내용을 알게 되고 AWS 공인 보안 전문가 자격을 준비하는 데 도움이 된다.

▌ 이 책의 대상 독자

이 책은 AWS 환경에서 안전하게 애플리케이션을 배포하려는 IT 보안 전문가, 클라우드 보안 아키텍트, 보안과 관련된 클라우드 애플리케이션 개발자에게 유용하다. 또한 AWS 공인 보안 전문가 자격을 취득하는 데 관심이 있거나 AWS와 클라우드 환경에 대한 지식을 쌓고자 하는 독자에게도 도움을 줄 수 있다.

▌이 책의 구성

1장, IAM과 Organizations를 활용한 AWS 계정 관리에서는 IAM^{Identity and Access Management} 서비스의 사용자^{users}, 그룹^{groups}, 역할^{roles}, 권한 정책^{permission policy}을 소개한다. 또한 AWS Organizations 서비스를 이용해 다중 계정^{multiple account}을 만들고 관리하는 방법도 다룬다.

2장, S3 정책과 기능으로 데이터 보호에서는 S3^{Simple Storage Service}의 데이터를 액세스 컨트롤 리스트^{ACL, Access Control List}, 버킷 정책, 미리 선언된^{pre-signed} URLs, 암호화, 버저닝^{versioning}, 서로 다른 리전 간 복제를 통해 S3를 보호하는 방법을 소개한다.

3장, Cognito의 사용자 풀과 자격증명 풀 관리에서는 Cognito와 애플리케이션 보안, 사용자 풀^{pool}, 사용자 가입, 인증/인가 플로^{flows}, 페더레이션^{federation}을 이용한 자격증명 로그인의 개념을 소개한다.

4장, KMS와 CloudHSM으로 키 관리에서는 HSM^{Hardware Security Module}을 공유해 AWS KMS^{Key Management Service}로 암호화 키를 관리하고 클라우드 전용 CloudHSM을 이용해 보안을 강화하는 방법을 소개한다.

5장. VPC의 네트워크 보안에서는 VPC^{Virtual Private Clouds}로 AWS 환경을 보호하기 위한 방법을 소개한다. 공개 서브넷^{Public Subnet}, 사설 서브넷^{Private Subnet}, 라우팅 테이블^{routing table}과 네트워크 게이트웨이^{network gateway} 구성, 보안 그룹^{Security Group}, 네트워크 접근 제어 목록^{NACL, Network Access Control Lists} 등을 사용해 송수신되는 네트워크 트래픽을 보호하는 방법을 소개한다.

6장, EC2 인스턴스 시작에서는 EC2^{Elastic Compute Cloud} 인스턴스를 안전하게 보호하려고 사용자 지정 VPC에서 인스턴스 시작, 보안 그룹^{Security Group} 사용, 시스템 매니저 매개변수 저장소^{System Manager Parameter Store} 사용, 사용자 정보로 EC2 인스턴스를 부트스트래핑^{bootstrapping}하는 방법을 소개한다. 또한 EBS^{Elastic Block Store}에서 데이터를 암

호화하는 방법을 소개한다.

7장, ELB와 CloudFront, WAF를 이용한 웹 보안에서는 웹 보안 환경을 구성하고, 안전한 웹 트래픽, 가용성 증대를 위해 서로 다른 타입의 로드 밸러서^{Load Balancer}와 CloudFront를 이용해 인스턴스 레벨의 TLS 터미네이션^{termination}을 구현하는 방법을 소개한다. 또한 AWS 환경에서 어떻게 WAF^{Web Application Firewall}를 사용할 수 있는지 소개한다.

8장, CloudWatch, CloudTrail, Config로 모니터링에서는 문제 해결, 규정 준수, 책임 추적성 등에 도움이 되고, 지속적인 모니터링, 경고, 정기적인 감사를 수행하는 내용을 소개한다. CloudWatch, CloudTrail, Config, SNS^{Simple Notification Service} 등의 서비스를 소개한다.

9장, GuardDuty, Macie, Inspector로 규제 준수에서는 컴플라이언스 관련 규정을 준수하지 않을 경우 어떻게 알림을 받을 수 있는지 소개한다. GuardDuty, Macie, Inspector 등의 서비스가 사용하는 머신러닝^{machine learning}과 알고리즘^{algorithms}이 어떻게 컴플라이언스 확인을 도와주는지 소개한다.

10장, AWS 보안의 추가적인 서비스와 가이드에서는 Security Hub, SSO^{Single Sign-On}, Resource Access Manager, Secret Manager, Trusted Advisor, Artifact, S3, Glacier 등 AWS 인프라를 보호하려고 사용할 수 있는 추가 서비스와 기능을 알아본다. AWS Marketplace에서 추가 보안 제품을 사용하는 방법을 소개한다.

▌ 이 책의 활용 방법

- 이 책에서 소개하는 내용을 실습할 AWS 계정이 필요하다.
- IAM, S3, EC2, VPC 등 AWS 서비스에 대한 기본 지식이 있어야 한다.
- 클라우드 컴퓨팅, 컴퓨터 네트워킹, IT 보안의 개념에 대한 기본 지식이 있

으면 이 책의 내용을 이해하는 데 도움이 된다.

▌ 예제 코드 다운로드

이 책에서 사용된 예제 코드는 http://www.packt.com의 계정에서 다운로드할 수 있다. 이 책을 다른 곳에서 구입한 경우 http://www.packtpub.com/support를 방문해 등록하면 파일을 이메일로 받아 볼 수 있다.

또한 깃허브 https://github.com/PacktPublishing/AWS-Security-Cookbook에서도 예제 코드를 다운로드할 수 있으며, 에이콘출판사의 깃허브 저장소(https://github.com/AcornPublishing/aws-security-cookbook)에서도 동일한 예제 코드를 다운로드할 수 있다.

▌ 편집 규약

이 책에는 몇 가지 유형의 텍스트가 사용된다.

텍스트 안의 코드: 텍스트 내에 코드가 포함된 유형으로, 데이터베이스 테이블 이름, 사용자 입력란 등이 이에 포함된다. 예를 들어 다음과 같다.

"**testuser** 사용자가 S3 버킷에 있는 파일을 나열할 수 있는지 확인한다."

코드 블록은 다음과 같이 표시한다.

```
"Condition": {
    "StringEquals": {
        "s3:x-amz-acl": [
            "public-read"
```

```
        ]
    }
}
```

코드 블록 중 강조할 부분이 있다면 해당 줄이나 아이템을 굵은 글씨로 표시한다.

```
"Condition": {
    "StringEquals": {
        "s3:x-amz-acl": [
            "public-read"
        ]
    }
}
```

커맨드라인 입력이나 출력은 다음과 같이 표시한다.

```
aws iam attach-group-policy \
--group-name testusergroup \
--policy-arn arn:aws:iam::135301570106:policy/MyS3ListPolicyCLI \
--profile awssecadmin
```

새로운 용어와 중요한 단어는 고딕체로 표시한다. 메뉴 또는 대화상자와 같이 화면에 표시되는 단어는 본문에 다음과 같이 표시한다.

"계정 구성 탭으로 이동한다."

 경고나 중요한 노트는 이와 같이 나타낸다.

 팁이나 요령은 이와 같이 나타낸다.

절의 구성

책에서는 빈번히 등장하는 표제가 있다.

예제를 명확히 이해하도록 각 표제는 다음과 같이 구성된다.

준비

이 절에서는 기술 안내를 통해 무엇을 얻을 수 있는지 설명하고 소프트웨어나 사전에 필요한 사항을 어떻게 준비하는지 설명한다.

작동 방법

이 절은 예제에서 따라야 할 각 단계를 설명한다.

작동 원리

이 절은 '작동 방법' 절에서 있었던 각 부분에 대한 상세 설명을 담고 있다.

추가 사항

이 절은 예제에 대해 독자의 좀 더 심도 있는 지식을 위해 추가적인 정보를 제공한다.

참고 사항

이 절에는 기술 안내에 관련해 참고할 수 있는 유용한 정보와 링크가 포함돼 있다.

독자 의견은 언제나 환영한다.

오탈자: 내용의 정확성을 위해 모든 노력을 기울였음에도 오류가 있을 수 있다. 이 책에서 잘못된 것을 발견하고 전달해준다면 매우 감사할 것이다. http://www.packtpub.com/submit-errata에서 해당 책을 선택하고 Errata Submission Form 링크를 클릭한 다음 발견한 오류 내용을 입력하면 된다. 한국어판의 정오표는 에이콘출판사의 도서정보 페이지 http://www.acornpub.co.kr/book/aws-security-cookbook에서 볼 수 있다.

저작권 침해: 어떤 형태로든 불법 복제물을 인터넷에서 발견한다면 적절한 조치를 취할 수 있도록 해당 주소나 사이트명을 알려주길 바란다. 의심되는 불법 복제물의 링크는 copyright@packtpub.com으로 보내주길 바란다.

질문: 이 책과 관련해 질문이 있다면 questions@packtpub.com으로 문의하길 바란다. 한국어판에 관한 질문은 에이콘출판사 편집 팀(editor@acornpub.co.kr)이나 옮긴이의 이메일로 문의하길 바란다.

IAM과 Organizations를 활용한 AWS 계정 관리

애플리케이션이나 플랫폼의 보안은 일반적으로 인증, 무결성, 기밀성을 제공하는 것으로 간주된다. 가용성과 계정은 간과하기 쉬운 보안의 두 가지 요소다. 기밀성, 무결성, 가용성^{CIA} 모델과 인증, 권한 부여, 계정^{AAA} 모델은 클라우드 보안에 관련된 두 가지의 인기 있는 모델이다. CIA는 일반적으로 CIA 트라이어드^{triad}라고 한다. 이 외에도 애플리케이션이나 플랫폼을 보호하면서 나타날 수 있는 부인 방지^{non-repudiation}도 고려해야 한다.

1장에서는 AWS IAM^{Identity and Access Management} 서비스 사용자, 그룹, 역할, 권한을 관리하고자 AWS의 주요 서비스를 다루고, 보안 정책을 어떻게 작성하는지 알아본다. 또한 AWS Organizations 서비스를 사용해 단일 마스터 계정 내에서 여러 계정을 만드는 방법을 알아본다. AWS Organizations 서비스를 사용해 AWS에서 로그아웃하지 않고 다른 계정으로 전환할 수 있다. 그러면 여러 계정을 쉽게 관리할 수 있다. 또한 클라우드 관련 핵심 보안의 개념을 설명한다.

1장에서 다루는 내용은 다음과 같다.

- 새로운 계정을 위한 IAM 설정
- IAM 정책 만들기
- AWS Organizations를 위한 마스터 계정 만들기
- AWS Organizations로 새 계정 만들기
- AWS Organizations로 역할 전환

▌기술 요구 사항

이 장에서 실습을 하려면 유효한 AWS 계정이 필요하다. 실습에 사용할 컴퓨터에 AWS CLI^Command-Line Interface를 설치하고 구성해야 한다. 그리고 S3에 대한 기본적인 지식이 필요하다.

 AWS 관리 콘솔은 일반적으로 일회성 활동에 사용된다. 반복적인 작업은 애플리케이션 프로그래밍 인터페이스(API, Application Programming Interfaces)를 사용해야 한다. 대부분의 경우 코드 파일에서 CLI API의 사용법을 제공한다. CLI API 사용법에 따라 AWS SDK를 활용해 원하는 프로그래밍 언어로 구현하거나 필요에 따라 CloudFormation 템플릿을 사용해 자동화할 수 있다.

이 책에서 다루는 코드 파일은 https://github.com/PacktPublishing/AWS- Security-Cookbook에서 확인할 수 있다. 이 장에서 다루는 코드 파일은 https://github.com/PacktPublishing/AWS-Security-Cookbook/tree/master/Chapter01에서 확인할 수 있다.

▌ 새로운 계정을 위한 IAM 설정

IAM은 AWS 서비스에 대한 액세스access를 관리하는 AWS의 주요 서비스다. IAM은 보편적 서비스universal service며, 지역에 특정되지 않는다. AWS 계정을 생성한 후 AWS 계정을 보호하려면 몇 가지 기본적인 IAM 구성을 수행해야 한다. IAM은 이 러한 활동을 위한 체크리스트를 제공한다. 또한 체크리스트에 포함되지 않았지 만 계정 별칭alias을 제공하고 요금 경보를 만드는 방법을 소개한다.

준비

여기서 소개하는 모든 단계를 완료하려면 새로 만든 AWS 계정이 필요하다. IAM 대시보드는 다음과 같다. 새로운 계정이 없어도 여기서 소개하는 방법을 참고해 모든 것이 제대로 구성돼 있는지 확인할 수 있다.

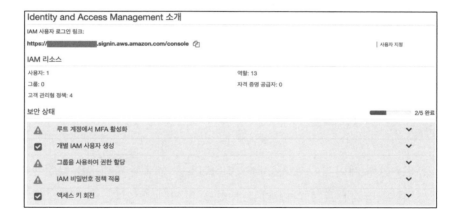

가상virtual MFA 디바이스를 사용해 다중 인증MFA, MultiFactor Authentication을 구성할 경우 모바일 MFA 애플리케이션을 설치해야 한다. 구글Google 인증 시스템은 인기 있는 옵션 중 하나다. YubiKey U2F 보안키, U2F 호환 장치, 또는 하드웨어 MFA 디바이스를 사용할 수 있다

유니버설 2nd 팩터(U2F, Universal 2nd Factor)는 어떠한 드라이버와 클라이언트 소프트웨어를 사용하지 않고 보안키만으로 온라인 서비스에 안전하게 액세스할 수 있게 하는 인증 표준이다.

작동 방법

IAM 대시보드에서 다음 단계를 수행한다. 새로운 계정이 아니라면 안내하는 방법을 참고해 모든 구성이 제대로 돼 있는지 확인한다.

1. IAM 사용자의 로그인 링크에서 계정에 고유한 별칭을 부여한다.
   보안 요구 사항은 아니지만 IAM 사용자가 계정에 로그인하기 쉬워진다. 기본적으로 계정 ID가 사용된다. 다음은 IAM 보안 체크리스트에 따라 체크리스트의 모든 필드가 녹색으로 표시된다.

2. 루트 계정에서 MFA를 활성화한다. 루트 계정에서 MFA 활성화 체크리스트 항목을 확장하고 MFA 관리를 선택한다.

3. MFA 선택 페이지에서 가상 MFA 디바이스를 선택하고 다음을 클릭한다. 하드웨어 방식을 원한다면 다른 옵션을 선택할 수 있다.

MFA 디바이스 관리

할당할 MFA 디바이스의 유형 선택:

● **가상 MFA 디바이스**
모바일 디바이스 또는 컴퓨터에 설치된 Authenticator 앱

○ **U2F 보안 키**
YubiKey 또는 기타 호환 U2F 디바이스

○ **다른 하드웨어 MFA 디바이스**
Gemalto 토큰

AWS 콘솔에 QR 코드가 나타난다.

4. 인증 앱(준비하기 단계에서 설치)으로 QR 코드를 스캔하고 2개의 MFA 토큰 키를 입력해 활성화시킨다. MFA가 활성화되면 AWS 콘솔에 로그인할 때 애플리케이션에서 사용자 이름 및 암호와 함께 토큰을 제공해야 한다.

 이 단계에서 모바일이 작동하지 않는 등 MFA 설정을 완료하지 못한다면 MFA 프로그램을 다시 구성할 수 있도록 QR 코드 이미지를 안전한 위치에 저장해야 한다. 또는 AWS 지원 센터에 연락해 MFA 프로그램을 재설정할 수 있다

5. 개별 IAM 사용자 생성 체크리스트를 확장한 다음 사용자를 생성한다. 왼쪽의 메뉴 항목을 사용해 **사용자** 페이지로 이동할 수 있다.

6. 사용자를 그룹에 추가하는 옵션을 사용해 사용자 이름을 지정한다.

7. 그룹을 생성한다.

8. 그룹에 정책을 할당한다.

정책은 다양한 AWS 서비스 사용을 허가하는 IAM에서 사용되는 JSON 문서다. 개별 사용자가 아닌 그룹에 정책을 할당하는 것이 좋다.

9. 암호 정책의 점검 항목을 펼치고 적절한 암호 정책을 설정한다.

10. IAM 대시보드로 돌아가 모든 체크 표시가 녹색으로 켜져 있는지 확인한다.

이제 요금 경보를 생성한다.

요금 경보 생성

이 절에서는 설정한 사용량을 초과했을 때 요금 경보를 생성하는 방법을 소개한다.

1. 화면 오른쪽 상단의 계정 이름 옆에 있는 드롭다운 메뉴에서 청구 대시보드로 이동한다.

2. 결제 대시보드에서 결제 기본 설정을 클릭해 결제 알림 받기 체크박스를 선택하고 기본 설정 저장을 선택한다.

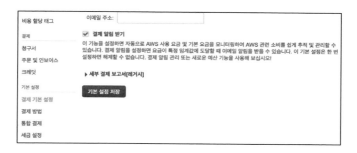

3. CloudWatch 서비스 대시보드로 이동해 왼쪽의 Billing^{결제}을 클릭한다. Billing alarm^{결제 경보} 페이지에서 Create alarm^{경보 생성}을 선택한다. Create alarm^{경보 생성} 페이지에서 사용 제한과 알림을 보낼 수 있는 이메일을 입력한다.

현재 지역(region)이 미국 동부(버지니아 북부)에 설정돼 있는 경우에만 AWS 요금 청구 경보를 만들 수 있다.

작동 원리

IAM은 AWS의 서비스며, AWS의 사용자 ID를 관리하고, ID(인증) 및 AWS 서비스에 대한 접근 권한(인증)을 확인하는 데 도움이 된다.

IAM은 4개의 핵심 구성 요소를 갖고 있다.

- **사용자**^{User}: IAM 사용자를 생성하고 AWS 리소스에 접근하는 데 필요한 권한을 부여할 수 있다.
- **그룹**^{Group}: 그룹에 사용자를 추가할 수 있다. 개별 사용자가 아닌 그룹에 권한을 부여하도록 권장한다.
- **정책**^{Policy}: 정책은 사용자 또는 그룹의 권한을 정의하는 JSON 문서다.
- **역할**^{Role}: 역할은 AWS 서비스에 접근할 수 있는 임시 권한을 사용자에게 제공하는 데 사용된다. 예를 들어 EC2 서비스에 S3 권한을 가진 역할을 제공해 서비스를 이용하게 할 수 있다.

IAM 대시보드에는 계정을 안전하게 유지하기 위한 점검 항목이 있다. 이 항목들을 녹색으로 유지하는 것이 좋다. 첫 번째 체크리스트 항목은 프로그래밍 방식의 접근에 사용할 수 있는 루트 계정 활성 키가 있는지 여부를 확인한다. 루트 계정은 기본 이메일을 사용해 로그인하는 계정이며 계정의 모든 것에 접근할 수 있다. 루트를 사용해 다른 계정을 만들고 그 계정을 평상시에 사용하는 것을 권장한다.

다음의 체크리스트 항목은 루트 계정에서 MFA를 사용하고 있는지 확인한다. MFA는 가상 MFA 디바이스나 하드웨어 MFA 디바이스에서 토큰을 사용해 사용자 이름과 암호 외에 추가 인증을 적용한다. 다음의 두 가지 체크리스트 항목은 하나의 사용자와 그룹이 만들어져 있는지 확인한다. 마지막 체크리스트 항목은 계정 암호 로테이션 정책을 설정하는 것이다.

마지막으로 청구 경보도 설정한다. IAM 체크리스트의 항목은 아니지만 청구 경보를 설정하는 것이 좋다. 이를 통해 설정된 사용 한도를 초과한 경우 경보가 발생해 통지를 받을 수 있다.

추가 사항

IAM 및 보안과 관련된 몇 가지 중요한 개념을 간단히 살펴보자.

- **인증**^{Authentication}은 사용자 이름과 암호 또는 액세스키와 비밀키 등의 자격증명을 사용해 사용자의 ID를 확인하는 프로세스다.
- AWS에는 사용자 인증을 위해 두 가지 타입의 계정 접근 방식이 있다.
    - **액세스키 ID**$^{access\ key\ Id}$**와 시크릿 액세스키**$^{secret\ access\ key}$: 프로그래밍 접근 방식에 사용되며 AWS API, CLI SDK 및 기타 개발 도구로 사용된다.
    - **사용자 계정**^{Username}**과 비밀번호**^{Password}: AWS 콘솔로 접근할 때 사용한다.
- **승인**^{Authorization}은 사용자가 작업을 수행하는 데 적절한 권한을 갖고 있는지 확인하는 프로세스며, 일반적으로 권한 정책을 사용해 정의된다.
- **기밀성**^{Confidentiality}은 전송된 데이터를 인가되지 않은 사용자가 읽지 못하게 구성한다. 암호화 방식을 사용해 구현할 수 있다.
- **데이터 무결성**$^{Data\ integrity}$은 데이터가 인가된 사용자에 의해 전달되고 변조되지 않았음을 확인하고자 수행된다. 일반적으로 암호화를 사용해 구현할 수 있다.
- **가용성**^{Availability}은 필요할 때 원하는 서비스를 사용할 수 있어야 한다.
- **책임 추적성**^{Accounting}은 보안 이슈가 발생했을 때 책임 여부를 확인하는 데 도

움을 줄 수 있다.

- **부인 방지**Non-repudiation는 사용자가 특정 활동을 하지 않았다고 부인하는 행위를 방지할 수 있다. 암호화 방식을 통해 구현할 수 있다.
- **AWS의 공동 책임**shared responsibility **모델**은 AWS를 안전하게 사용할 수 있게 AWS와 고객의 책임을 정의한다. 클라우드 환경에 대한 보안security of the cloud, 예를 들어 글로벌 인프라, 하드웨어, 네트워킹 등의 보호는 AWS의 책임 영역으로 간주하고 클라우드 보안security in the cloud, 서버의 업데이트나 보안 패치, 자격증명이나 키 보호 등 고객의 책임으로 간주한다.
- AWS IAM은 신용 카드를 취급하는 조직에 필요한 정보 보호 기준인 PCI-DSSPayment Card Industry Data Security Standard 준수를 지원한다.

참고 사항

- AWS 공동 책임 모델에 대한 정보는 https://aws.amazon.com/compliance/shared-responsibility-model에서 볼 수 있다.
- 이 책에서는 보안 도메인 외 AWS 기본에 대한 내용을 다루지 않는다. AWS를 처음 사용하는 경우 https://cloudmaterials.com/en/book/getting-started-cloud-computing-and-aws에서 클라우드 컴퓨팅, AWS의 기본 CLI 구성을 확인할 수 있다.

▌ IAM 정책 만들기

AWS 콘솔이나 AWS CLI를 사용해 S3 버킷의 IAM 정책policy을 만드는 방법을 알아본다.

준비

다음 리소스가 구성된 유효한 AWS 계정이 필요하다.

- 관리자 권한을 가진 사용자와 권한이 없는 사용자 계정을 만들고 CLI 프로 필^{profile}을 구성한 후 두 그룹에 추가한다. 사용자와 CLI 프로필로 testuser, awssecadmin을 생성하고 awstestusergroup, awssecadmingroup 그룹을 생 성한다.

 awssecadmin은 관리자 권한이 있는 사용자다. 실제 프로젝트에서는 모든 권한을 가진 단일 사 용자는 존재하지 않는다. 대신 권한을 다른 사용자 그룹으로 분리한다. 실제 계정으로 실습을 할 경우 관리자 권한은 부여하지 않아야 한다. 필요한 권한을 정리할 필요가 있다. 따라서 코드 파일을 사용해 실습을 진행하는 데 필요한 최소한의 권한도 함께 소개한다.

- 기본 권한을 가진 S3 버킷이 있다. 버킷 이름을 awsseccookbook으로 정한 다. 참고로 S3 버킷 이름은 고유의 이름이어야 하며 같은 이름을 가진 버킷 이 있다면 사용할 수 없다. 따라서 S3 버킷 이름으로 사용이 가능하게 awsseccookbook에 개인의 이름이나 원하는 이름을 지정한다.
- testuser를 사용해 CLI에서 S3 버킷의 내용을 확인하고 권한이 없는지 확 인한다.

```
$ aws s3 ls awsseccookbook --profile testuser

An error occurred (AccessDenied) when calling the ListObjectsV2
operation: Access Denied
```

작동 방법

먼저 IAM 정책 편집기를 사용해 관리 콘솔에서 IAM 정책을 만든다. 다음은 AWS CLI에서 동일한 정책을 만든다.

IAM 시각적 편집기를 사용해 정책 만들기

IAM 시각적 편집기^{visual editor}를 사용해 다음과 같이 정책을 만들 수 있다.

1. 관리자로 콘솔에 로그인하고 IAM 대시보드^{dashboard}로 이동한다.
2. 왼쪽 사이드바에서 **정책**을 클릭한다.
3. **정책 생성**을 클릭한다. 그러면 시각적 편집기가 나타난다.

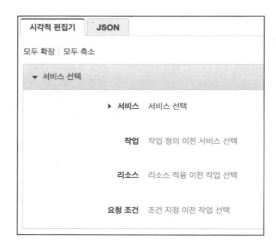

위 화면에서 JSON 탭을 선택해 JSON 형식으로 직접 정책을 만들 수 있다.

4. 서비스에서 S3를 선택한다.
5. 작업에서 ListBucket을 선택한다.
6. 리소스에서 특정을 선택하고 ARN 추가를 선택해 S3 버킷 ARN을 `arn:aws:`
   `s3:::<bucket_name>` 형식으로 입력한다.
7. 요청 조건에서 조건 추가를 선택하고 다음과 같이 EPOCH 시간 조건을 추가
   한다(또는 온라인에서 많은 시간 변환 도구를 찾을 수 있다).

추가를 선택한다.

8. 정책 검토를 선택한다.

9. 이름(예, MyS3ListPolicy)을 입력하고 설명(예, My S3 ListPolicy)을 추가한다. 그리고 정책 생성을 선택한다.

10. JSON 탭에서 생성된 정책을 확인한다.

11. IAM 대시보드의 왼쪽 사이드바에서 **그룹**을 선택해 **testusergroup** 그룹으로 이동한다. **정책 연결**을 클릭해 이전 단계에서 만든 정책을 선택한다.

 IAM 대시보드의 Policy(정책) 탭에서 그룹이나 사용자에 정책을 할당할 수 있다

12. 이를 확인하려면 **testuser**라는 프로필 이름을 가진 커맨드라인에서 **s3 ls** 명령을 실행한다(준비' 절과 동일한 명령). 다음과 같이 정상적인 응답이 나타난다.

```
$ aws s3 ls awsseccookbook --profile testuser
2019-06-08 18:27:49     155335 image-heartin-k.png
```

이번에는 AWS CLI를 사용해 정책을 만드는 방법을 알아본다.

AWS CLI로 정책 만들기

이 절에서는 JSON을 사용해 정책을 만든다. 앞 절에 이어서 실습을 진행할 경우 현재 정책을 그룹(또는 사용자)에서 분리해 **testuser** 사용자가 버킷의 내용을 알 수 있는지 확인한다.

1. 다음 JSON 정책을 포함하는 my-s3-list-bucket-policy.json 파일을 생성한다.

```
{
    "Version": "2012-10-17",
    "Statement": [
        {
            "Sid": "MyS3ListBucketPolicy",
            "Effect": "Allow",
```

```
        "Action": "s3:ListBucket",
        "Resource": "arn:aws:s3:::awsseccookbook",
        "Condition": {
          "DateLessThan": {
            "aws:EpochTime": "1609415999"
          }
        }
      }
    ]
  }
```

위 정책은 현재 EPOCH 타임스탬프가 aws:EpochTime 값으로 표현된 EPOCH 타임보다 작은 경우에만 접근을 허용한다. 위의 정책에서 1609415999 값은 2020년 12월 31일 목요일 11:59:59 GMT을 나타낸다. 온라인에서 사용할 수 있는 무료 EPOCH 시간 변환기 중 하나를 사용해 정책을 테스트하는 날짜에 해당하는 EPOCH 시간을 생성할 수 있다.

2. create-policy 하위 명령을 사용해 정책을 만든다.

```
aws iam create-policy \
--policy-name MyS3ListPolicyCLI \
--policy-document file://resources/my-s3-list-bucket- policy.json \
--profile awssecadmin
```

ARN과 함께 정책의 세부 정보가 반환된다.

```json
{
    "Policy": {
        "PolicyName": "MyS3ListPolicyCLI",
        "PolicyId": "ANPAR7AE2DY5CXZZ65PIF",
        "Arn": "arn:aws:iam::135301570106:policy/MyS3ListPolicyCLI",
        "Path": "/",
        "DefaultVersionId": "v1",
        "AttachmentCount": 0,
        "PermissionsBoundaryUsageCount": 0,
        "IsAttachable": true,
        "CreateDate": "2019-06-11T07:11:45Z",
        "UpdateDate": "2019-06-11T07:11:45Z"
    }
}
```

3. 이전 명령에서 제공한 ARN을 attach-group-policy 하위 명령을 사용해 그룹 정책으로 부여한다.

```
aws iam attach-group-policy \
--group-name testusergroup \
--policy-arn arn:aws:iam::135301570106:policy/MyS3ListPolicyCLI \
--profile awssecadmin
```

4. testuser 사용자가 S3 버킷에 있는 파일을 알 수 있는지 확인한다.

```
$ aws s3 ls awsseccookbook --profile testuser
2019-06-08 18:27:49     155335 image-heartin-k.png
```

작동 원리

콘솔 및 CLI에서 IAM 정책을 만들었다. IAM 정책은 JSON 문서며 XML 기반의 접근 제어 목록ACL, Access Control Lists을 제외하고, AWS의 대부분 정책 유형이 이 구조를 따른다.

정책 문서는 배열arrays과 요소element로 구성된 Statement다. IAM 정책용 Statement 요소는 다음 하위 요소를 포함할 수 있다.

* Sid는 옵션으로 statement ID다. 주로 정책을 설명하는 데 사용된다.

44

- **Effect**는 리소스에 대한 접근을 허용할지 거부할지 여부를 지정한다. 지원되는 값은 **Allow**와 **Deny**다.
- **Action**은 권한을 지정하거나 이미 지정된 권한(s3:ListBucket)을 적용한다.

```
"Action": [
  "s3:ListAllMyBuckets",
  "s3:ListBucket"
],|
```

또한 *를 사용해 수행 가능한 모든 작업을 나타낼 수 있다.

- **Resource**는 정책이 적용되는 리소스의 ARN(예, S3 버킷)을 지정한다. S3 버킷의 ARN은 arn:aws:s3:::<bucket_name>/<key_name> 형식으로 사용한다. 쉼표(,)를 사용해 여러 값을 구분할 수 있다. 또한 자원을 나타내는 데 *를 사용할 수 있다.
- **Condition**을 사용해 정책에 실행 가능한 조건을 부여할 수 있다. 논리형 연산자[Boolean operators]를 사용해 요청 값과 조건이 맞는지 확인한다. 예를 들면 아래 조건은 **"public-read"**가 ACL에서 허용하는지 확인하도록 조건을 부여한다.

```
"Condition": {
  "StringEquals": {
    "s3:x-amz-acl": [
      "public-read"
    ]
  }
}
```

모든 AWS 서비스는 S3 버킷과 객체[Object] 작업 관련 특정 조건을 부여하는 정책을 적용할 수 있다. 이번 절에서는 현재 시간이 특정 EPOCH 타임스탬프보다 빨라야 한다는 요소를 추가했다. 2장에서 자세히 알아본다.

추가 사항

AWS의 정책과 관련된 몇 가지 중요한 개념을 살펴보자.

- AWS의 정책 유형은 자격증명 기반[Identity-based] 정책(IAM 정책 등), 리소스 기반[Resource-based] 정책(S3 버킷 정책 및 IAM 신뢰할 수 있는 역할[Role trust] 정책 등), 권한 경계[Permission boundries], 조직[Organizations]의 서비스 제어 정책[SCP, Service Control Policy], ACL, 세션[Session] 정책이 있다.

- AWS IAM 정책 유형에는 AWS 관리형[AWS Managed], 직무 기반[Job Function], 고객 관리형[Cusomer managed] 등이 있다. 이러한 유형은 AWS 콘솔의 IAM 정책 화면에서 확인할 수 있다.

- 직무 기반[Job function] 정책은 AWS 관리형[AWS Managed] 정책의 일부분이며, 일반적인 IT 직무에 대한 권한에 맞게 적용되도록 구성됐다. 현재 구성된 직무들은 Administrator, Billing, Database Administrator, Data Scientist, Developer Power User, Network Administrator, Security Auditor, Support User, System Administrator, and View-Only User 등이 있다.

- AWS 정책 생성기[AWS Policy Generator]는 IAM 정책, S3 버킷 정책, SNS 토픽[Topic] 정책, VPC 엔드포인트[Endpoint] 정책, SQS 큐[Queue] 정책을 생성할 수 있다. 자세

한 내용은 https://awspolicygen.s3.amazonaws.com/policygen.html에서 확인할 수 있다.

- 정책에 허용^{Allow}과 거부^{Deny}가 동일한 액션^{Action}과 리소스^{Resource}에 있는 경우 거부 정책이 우선시된다.

- S3 ACL 및 버킷 정책과 달리 IAM에는 익명 사용자에게 권한을 부여할 수 없다.

- IAM 정책은 Root 계정에는 적용할 수 없고, IAM 사용자에게만 적용할 수 있다.

- NotPrincipal 정책은 주요 요소에 대한 접근을 거부할 수 있다.

- NoAction은 지정된 목록의 액션을 제외할 수 있다.

- 다음은 AWS 서비스 중 IAM 접근 제어를 지원하는 정의된 키다.
  aws:CurrentTime, aws:EpochTime, aws:MultiFactorAuthAge, aws:MultiFactor AuthPresent, aws:PrincipalOrgID, aws:PrincipalArn, aws:RequestedRegion, aws:SecureTransport, aws:UserAgent

참고 사항

- AWS 정책과 권한에 대한 내용을 https://docs.aws.amazon.com/IAM/latest/UserGuide/access_policies.html에서 확인할 수 있다.

- S3도 버킷 정책^{Bucket Policy}과 ACLs 두 가지 정책을 지원한다. 2장에서 자세히 알아본다.

▍AWS Organizations 사용을 위한 마스터 계정 만들기

AWS Organizations의 AWS 마스터 계정Master Account[1]을 설정하는 방법을 알아본다. 많은 조직은 개발, 배포Production, 그리고 더 많은 다중 AWS 계정을 보유하고 있다. AWS Organizations는 중앙에서 모든 AWS 계정을 관리할 수 있도록 도와준다.

준비

실습을 위해 유효한 AWS 계정이 필요하다.

작동 방법

AWS Organizations에서 다음과 같이 마스터 계정을 생성할 수 있다.

1. AWS 콘솔에 로그인해 AWS Organizations 서비스 대시보드로 이동한다.

2. 조직 생성을 선택한다. 중요한 세부 사항과 제한 사항이 담긴 팝업 창이 나타난다.

---

1. 현재는 관리 계정(management account)이라는 이름으로 명칭이 변경됨 – 옮긴이

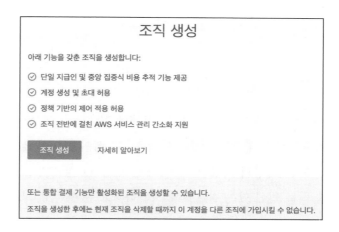

3. 팝업 창의 **조직 생성**을 선택한다.

4. AWS 계정에 등록된 이메일 주소로 검증 메일을 보낸다. 이메일 주소를 검증하고 마스터 계정 설정을 완료한다. 마스터 계정은 계정 탭에서 * 표시로 나타난다.

5. 계정 구성 탭으로 이동한다. 새 조직 단위 탭을 선택해 두 개의 Organizational units(OUs)를 생성한다.

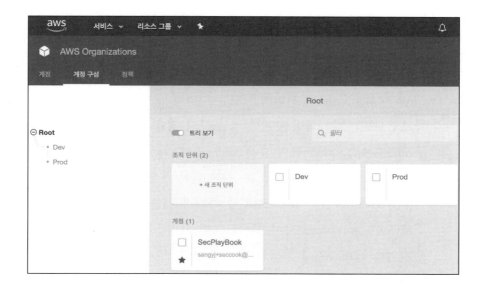

다음으로 생성된 OU 아래에 계정을 만든다.

작동 원리

AWS Organizations 마스터 계정과 그 아래에 몇 가지 OU를 만들어봤다. AWS Organizations 서비스 대시보드에는 현재 3개의 탭이 있다. 계정 탭에는 마스터 계정을 포함한 모든 계정의 계정 이름, 이메일 계정 ID, 상태가 포함돼 있다. 마스터 계정은 계정 이름 옆에 있는 별표로 표시된다. OU를 만들고 OU와 계정의 계층 구조를 계정 구성 탭에서 관리할 수 있다.

생성된 OU에 하위 OU를 만들 수 있다. 현재 계정이 포함된 루트나 OU로 이동해 계정을 선택하고 이동을 선택해 계정을 OU로 이동한다. AWS Organizations 대시보드에서 3번째 탭인 정책에서 정책을 만들고 관리할 수 있다. 계정 구성 탭으로 이동하고 목록에서 OU를 선택한 후 세부 정보 창에서 정책을 연결해 정책을 OU에 연결할 수 있다

추가 사항

AWS Organizations 서비스의 중요한 내용을 간단히 살펴보겠다.

- AWS Organizations 서비스는 모든 지역에서 사용할 수 있다. 그러나 엔드 포인트Endpoint는 커머셜commercial 조직의 경우 미국 동부(버지니아 북부)에 AWS GovCloud(미국)의 경우 AWS GovCloud(미국 서부)에 있다.
- AWS Organizations 서비스는 AWS 관리 콘솔, AWS Organizations Query API, AWS CLI 또는 AWS SDK 중 하나를 이용해 사용할 수 있다
- AWS Organizations 서비스는 글로벌 서비스다. 조직 엔티티를 만들고자 지역을 선택하거나 지정할 필요가 없다.

- AWS Organizations 서비스는 추가 요금이 발생하지 않는다.
- AWS Organizations에서 관리할 수 있는 계정의 수는 한정돼 있다. 필요할 경우 AWS 서포트 팀에 요청해 제한을 늘릴 수 있다.
- 새로운 조직의 생성은 기존에 AWS Organization에 등록되지 않은 AWS 계정에서만 시작할 수 있다. 한 번 생성한 마스터 계정은 변경할 수 없다.
- 계정은 하나의 Organization, OU에만 소속될 수 있다.
- OU 및 계층 구조는 최대 5개의 레벨(Root 계정 포함)까지 구성할 수 있다.
- SCP를 사용해 AWS 서비스 작업을 Root 계정 IAM 사용자 및 Organization 계정의 역할까지 제한할 수 있다.
- SCP는 거부^{Deny} 정책만 적용할 수 있고 허용^{Allow} 정책을 적용할 수 없다.
- 권한 경계(IAM 기능)와 SCP가 모두 존재하는 경우 권한의 경계, SCP 및 자격증명 기반^{identity-based} 정책에서 허용하는 경우에만 작업을 할 수 있다.
- AWS Organizations가 지원하는 모든 서비스와 연동해 전체 계정의 서비스를 관리 할 수 있다. 현재 지원되는 서비스의 목록은 AWS Artifact, AWS CloudTrail, Amazon CloudWatch Events, AWS Config, AWS Directory Service, AWS Firewall Manager, AWS License Manager, AWS RAM, AWS Service Catalog, AWS Single Sign-On이 있다. AWS 서비스에 대한 신뢰할 수 있는 접근 대시보드에서 서비스들을 활성화할 수 있다

다음과 같이 서비스 제어 정책^{SCP}을 사용할 수 있다.

1. AWS 콘솔에 마스터 계정으로 로그인해 AWS Organizations 서비스로 이동한다.
2. 계정 구성 탭으로 이동한다.
3. 왼쪽 사이드바에서 Root를 선택한다. 오른쪽 창에 **정책 유형 활성화/비활성화** 항목이 나온다.

4. 서비스 제어 정책 항목의 활성화를 선택한다.

Organizations에서 서비스 제어 정책을 활성화한 후 다음과 같이 서비스 제어 정책을 추가할 수 있다.

1. AWS 콘솔에 마스터 계정으로 로그인해 AWS Organizations 서비스로 이동한다.
2. 정책 탭으로 이동한다.
3. 서비스 제어 정책을 선택한다.
4. 정책 생성을 선택한다.
5. 정책 이름과 설명을 추가한다.
6. 다음처럼 정책을 추가한다.

```
{
    "Version": "2012-10-17",
    "Statement": [
      {
        "Effect": "Deny",
        "Action": "cloudtrail:StopLogging",
        "Resource": "*"
      }
    ]
}
```

이 제한^{restrict} 정책은 OU 내의 모든 사용자에 적용된다.

7. 정책 생성을 선택한다.
8. 왼쪽 사이드바에서 Root 또는 OU를 선택한다.
9. 오른쪽의 서비스 제어 정책을 선택한다.
10. 생성한 정책에 연결을 선택한다.

참고 사항

- AWS Organizations 서비스의 제한 사항은 https://docs.aws.amazon.com/organizations/latest/userguide/orgs_reference_limits.html에서 확인할 수 있다.
- 서비스 제어 정책 생성 시 참고할 만한 예시는 https://docs.aws.amazon.com/organizations/latest/userguide/orgs_manage_policies_example-scps.html에서 확인할 수 있다.

▌ AWS Organizations에 하위 계정 만들기

이번에는 Test라는 OU를 생성해 CLI와 AWS 콘솔을 이용해서 OU 하위에 계정을 만드는 방법을 알아본다.

준비

이 실습을 위해 마스터 계정으로 AWS Organizations 계정을 생성한다. 'AWS Organizations 사용을 위한 마스터 계정 만들기' 절을 참고할 수 있다.

CLI에서 명령을 실행하려면 마스터 계정에 관리자 권한을 가진 사용자의 인증 정보를 사용해 AWS CLI를 설정해야 한다. Awssecadmin 사용자 프로필로 CLI를 사용한다.

작동 방법

CLI 명령을 이용해 계정을 생성하고, 그 후에 콘솔에서 계정을 생성하는 방법을 알아본다.

CLI로 계정과 OU 생성

AWS CLI로 계정과 OU를 생성하는 방법을 알아본다.

1. 다음과 같이 create-account 하위 명령을 사용해 CLI에서 AWS 계정을 만들 수 있다.

```
aws organizations create-account \
--email awsseccookbook1@gmail.com \
--account-name awsseccookbookchild1 \
--profile awssecadmin
```

위 명령을 사용하면 다음과 같은 응답을 확인할 수 있다.

```
{
    "CreateAccountStatus": {
        "Id": "car-bb6f15308b7311e98b7112a0c7517226",
        "AccountName": "awsseccookbookchild1",
        "State": "IN_PROGRESS",
        "RequestedTimestamp": 1560166479.627
    }
}
```

2. 전 단계에서 받은 요청 ID를 지정해 describe-create-account-status 하위 명령을 사용해 요청의 상태를 확인할 수 있다

```
aws organizations describe-create-account-status \
--create-account-request-id car- bb6f15308b7311e98b7112a0c7517226 \
--profile awssecadmin
```

요청이 성공하면 다음과 같은 응답이 반환된다.

```
{
    "CreateAccountStatus": {
        "Id": "car-bb6f15308b7311e98b7112a0c7517226",
        "AccountName": "awsseccookbookchild1",
        "State": "SUCCEEDED",
        "RequestedTimestamp": 1560166479.726,
        "CompletedTimestamp": 1560166483.721,
        "AccountId": "380701114427"
    }
}
```

3. 계정이 Root 계정에서 만들어진 것을 확인하고 이전 단계에서 확인한 계정 ID를 사용해 list-parents 하위 명령을 사용해 루트의 ID를 얻을 수 있다

```
aws organizations list-parents \
--child-id 380701114427 \
--profile awssecadmin
```

위 명령을 사용하면 다음과 같은 응답을 확인할 수 있다.

```
{
    "Parents": [
        {
            "Id": "r-9dp3",
            "Type": "ROOT"
        }
    ]
}
```

4. 전 단계에서 받은 Root ID로 create-organizational-unit 하위 명령을 사용해 Test under root라는 OU를 만든다.

```
aws organizations create-organizational-unit \
--parent-id r-9dp3 \
--name Test \
--profile awssecadmin
```

위 명령을 사용하면 다음과 같은 응답을 확인할 수 있다.

```
{
    "OrganizationalUnit": {
        "Id": "ou-9dp3-moeksvq4",
        "Arn": "arn:aws:organizations::135301570106:ou/o-971vdyppdh/ou-9dp3-moeksvq4",
        "Name": "Test"
    }
}
```

5. 신규 계정을 Root에서 새로운 OU로 옮기는 동안 전 단계에서 move-account를 사용해 계정 ID, Root ID, OU들의 ID를 생성한다.

```
aws organizations move-account \
--account-id 380701114427 \
--source-parent-id r-9dp3 \
--destination-parent-id ou-9dp3-moeksvq4 \
--profile awssecadmin
```

이 명령은 어떠한 응답도 반환하지 않는다.

6. 3단계에서 실시한 list-parents 명령으로 부모 계정[Parent Account]을 확인한다. 이때 부모 계정을 관리하게 될 경우 요청되는 사항에 응답을 할 수 있게 구성해야 한다.

```
{
    "Parents": [
        {
            "Id": "ou-9dp3-moeksvq4",
            "Type": "ORGANIZATIONAL_UNIT"
        }
    ]
}
```

7. 하위 계정을 ORGANIZATIONAL_UNIT으로 설정하고 list-child 명령으로 Root 계정 아래 모든 계정을 나열할 수 있다.

```
aws organizations list-children \
--parent-id r-9dp3 \
--child-type ORGANIZATIONAL_UNIT \
--profile awssecadmin
```

이전 단계까지 2개의 OU를 만들었다면 총 3개의 OU에 대해 다음과 같은 응답을 확인할 수 있다.

```
{
    "Children": [
        {
            "Id": "ou-9dp3-moeksvq4",
            "Type": "ORGANIZATIONAL_UNIT"
        },
        {
            "Id": "ou-9dp3-k78re8mv",
            "Type": "ORGANIZATIONAL_UNIT"
        },
        {
            "Id": "ou-9dp3-o4qre2dw",
            "Type": "ORGANIZATIONAL_UNIT"
        }
    ]
}
```

organizational-unit-id라는 이름의 파라미터를 지정할 수 있는 describe-organizational-unit 하위 명령으로 OU에 대한 상세 정보를 확인할 수 있다.

콘솔에서 계정 생성과 이동

이전 단계에서 OU를 생성하는 방법을 설명했다. 이번에는 계정을 만드는 방법을 살펴본다.

1. 마스터 계정에 관리자로 로그인한 후 AWS Organizations 대시보드로 이동한다.
2. 계정 탭의 계정 추가를 선택한다. 계정을 초대하거나 생성할 수 있다.

3. 계정 생성을 선택하고 AWS 계정 이름과 이메일 정보를 입력한다. 이때 `OrganizationAccountAccessRole` 역할이 기본적으로 할당된다.

AWS 계정 이름*	프로덕션 계정
이메일*	
IAM 역할 이름	OrganizationAccountAccessRole

이 계정은 조직의 마스터 계정의 연락처 정보 주소를 사용하여 생성됩니다.

* 필수 필드

[취소] [생성]

이때 입력하는 AWS 계정 정보는 나중에 Root 사용자 계정으로 수정 할 수 있다. 비밀번호도 처음 Root 계정으로 로그인할 때 콘솔 화면에서 암호 찾기로 변경할 수 있다.

4. 생성을 선택해 계정을 생성한다. 이때 계정을 생성할 수 있는 제한[limit] 때문에 계정을 생성할 수 없는 경우가 있는데, 이 경우 AWS 서포트에 문의해야 한다. 계정을 생성할 수 있는 제한은 계정마다 다를 수 있다. 성공적으로 계정을 생성하면 이전에 만들었던 두 개의 계정과 함께 총 3개의 계정 (master, child1, child2)이 계정 탭에 나타난다.

Organization에서 계정을 삭제하면 해당 계정은 독립형 계정으로 사용할 수 있다. 새로 만든 계정을 삭제하려고 하면 계정의 로그인 프로세스가 완료되지 않는다는 오류가 표시된다. 독립형 계정으로 사용하려면 root 사용자로 로그인하고 신용카드 정보 등의 추가 사항을 제공해야 한다.

5. 새롭게 생성한 계정을 Prod OU에 추가할 수 있다.
   1. Organization Accounts 탭으로 이동한다.
   2. 이동을 원하는 계정을 선택하고 Move를 클릭한다.

3. 팝업 화면에서 Prod를 선택하고 Move를 클릭한다.

4. Prod OU 구성을 클릭해 계정이 이동했는지 확인한다.

작동 원리

CLI에서 create-account 하위 명령을 사용해 계정을 만들어봤다. 이 명령은 비동 기적으로 작동하고, 실행하면 요청 ID와 함께 즉시 적용된다. 요청 ID를 제공하면 서 describe-create-account-status 하위 명령을 사용하면 요청 상태를 확인할 수 있다. AWS CloudTrail 로그에서 CreateAccountResult 이벤트로 계정 생성 여부 를 확인할 수 있다.

create-account 하위 명령은 다른 파라미터, 즉 role-name과 iam-user-access-to-billing에도 사용할 수 있다. role-name 파라미터는 새 계정에서 자동으로 구성 될 IAM의 역할 이름을 정하는 데 사용된다. 이 역할은 구성원 계정에 대한 관리자 권 한을 제공하고 마스터 계정과 신뢰 관계를 맺게 해준다. 마스터 계정 관리자가 허 용하면 마스터 계정의 사용자가 역할을 사용할 수 있다. 기본적으로 Organization AccountAccessRole이 사용된다. 하위 계정에 로그인해 OrganizationAccountAccessRole 역할을 확인하면 관리자 접근 정책이 부여돼 있음을 확인할 수 있다. 계정 간 신뢰 관계[Trust relationships]를 확인하면 마스터 계정이 신뢰된 엔티티[Entity]로 추가된 것을 알 수 있다. 마스터 계정의 관리자는 역할을 하위 계정으로 전환하고 각 계정에 대한 관리자 접근 권한을 가질 수 있다.

IAM 사용자가 계정 결제 정보에 접근하려면 iam-user-access-to-billing 파라미 터를 ALLOW로 설정해야 한다. DENY로 설정돼 있는 경우 root 사용자만 계정 결제 정 보에 접근할 수 있다. 기본값은 ALLOW다. 또한 OU를 만들고 OU 아래로 계정을 이동 해봤다. 예를 들어 ORGANIZATIONAL_UNIT으로 하위 계정 유형을 지정했고, list-children 하위 명령을 사용해 root 아래의 모든 OU를 나열해봤다. child-type을

ACCOUNT로 설정하고 모든 계정을 나열할 수 있다.

추가 사항

이 장에서 다룬 내용 이외에 AWS Organizations 사용에 유용한 AWS CLI 하위 명령들을 알아본다.

- 미국 리전의 AWS GovCloud에 AWS 계정을 생성할 경우 create-gov-cloud-account 명령을 사용할 수 있다. 다른 계정을 추가하고 싶을 때는 invite-account-to-organization 명령을 사용할 수 있다.

- Organization에서 계정을 제외하고 싶을 때는 remove-account-from-organization 명령을 사용할 수 있다. 또한 create-organization 명령은 AWS 조직을 만들고 delete-organization 명령으로 AWS 조직을 삭제할 수 있다.

- leave-organization 명령으로 상위 조직에서 원하는 계정을 제외할 수 있다.

- create-organizational-unit 명령으로 OU를 만들고 delete-organizational-unit 명령으로 OU를 삭제할 수 있다. OU를 삭제하려면 모든 계정 및 하위 OU도 함께 삭제해야 한다.

- update-organizational-unit 명령으로 OU 이름을 변경할 수 있다.

- 계정에 대한 상세 정보를 알고 싶다면 describe-account 명령을 수행하면 되며, 상세 정보는 마스터 계정에서 불러온다. describe-organization 명령으로 조직의 정보를 나타내며, describe-organizational-unit 명령으로 OU의 정보를 확인할 수 있다.

- Organization의 모든 계정을 확인하고 싶다면 list-accounts 명령을 사용할 수 있다. 좀 더 체계적으로 지정된 대상 경로 또는 OU 단위로 root 또는 하위 계정으로 구분해 계정을 확인하고 싶다면 list-accounts-for-parent

명령을 사용할 수 있다. 계정 생성에 대한 정보를 생성 상태로 구분해 확인하고 싶다면 list-create-account-status 명령을 사용할 수 있다. 또한 list-roots 명령으로 현재의 조직에서 정의된 경로를 나타낼 수 있다.

- tag-resource와 untag-resource 명령으로 태그를 관리할 수 있다.

참고 사항

- Organization에서 사용할 수 있는AWS CLI 명령들은 다음 문서를 참고한다. https://docs.aws.amazon.com/cli/latest/reference/organizations/index.html

▌AWS Organizations로 역할 전환

AWS 콘솔을 이용해 마스터 계정에서 다른 계정으로 역할을 전환할 수 있다. AWS 콘솔에서 로그아웃할 필요 없이 다른 계정으로 접속할 수 있는 우수한 기능이며 많은 조직에서 사용하고 있다. 예를 들어 사용자에게 부여된 하나의 계정으로(예를 들어 Dev의 경우 Admin, Prod의 경우 ReadOnly), 약속된 권한이 부여된 적절한 역할을 가진 다른 계정으로 전환할 수 있다.

준비

마스터 계정을 만들고 AWS Organizations에서 하위 계정을 생성해야 한다. 'AWS Organizations 사용을 위한 마스터 계정 만들기' 절과 'AWS Organizations에 하위 계정 만들기' 절을 참고해 계정을 생성한다.

작동 방법

우선 마스터 계정의 관리자가 어떻게 하위 계정의 사용자 계정 전환을 허용하는지 알아본다.

관리자로 전환

마스터 계정의 관리자를 하위 계정으로 전환할 수 있다.

1. 관리자 권한이 있는 IAM 사용자 정보로 마스터 계정에 로그인한다.
2. 오른쪽 상단의 계정 정보를 클릭하고 드롭다운 메뉴에서 **역할 전환**을 클릭한다.

3. 역할 전환 페이지에서 **역할 전환**을 클릭한다.
4. 다음 단계에서 아래 정보를 입력한다.

1. 전환을 원하는 계정을 입력한다(AWS Organizations의 Account 탭에 등록된 계정이어야 한다).

2. 역할을 `OrganizationAccountAccessRole`로 설정한다.

3. 표시 이름을 입력한다(예, AwsSecAdmin@OrganizationAccountAccessRole).

전환 대상 계정으로 지정된 역할을 통해 접근할 수 있다. 이때 오른쪽 상단의 계정 정보를 클릭하면 변경된 표시 이름이 나타난 걸 확인할 수 있다.

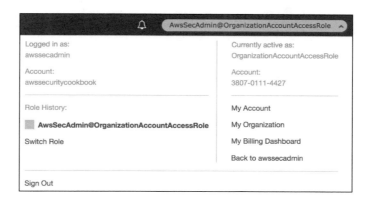

5. 전환된 계정에서 이전 계정(마스터)으로 돌아가고 싶다면 콘솔 화면 오른쪽 상단의 계정 정보를 클릭하고 Back to awssecadmin 링크를 선택한다. 권한이 없는 사용자가 이전 계정으로 전환을 시도하면 전환 실패와 함께

다음 메시지가 나타난다.

> Could not switch roles using the provided information. Please check your settings and try again.
> If you continue to have problems, contact your administrator.

이제 일반 사용자가 어떻게 권한을 얻어 역할 전환을 할 수 있는지 알아본다.

일반 사용자에게 역할 전환할 수 있는 권한 부여

일반 사용자가 계정 간 역할을 전환하려면 마스터 계정 역할에 대한 AssumeRole 권한을 부여해야 한다.

1. 마스터 계정에 관리자로 로그인한다.
2. 하위 계정의 역할 전환으로 사용하는 OrganizationAccountAccessRole에서 AssumeRole을 허용하는 정책을 만든다.

```
{
    "Version": "2012-10-17",
    "Statement": [
        {
            "Sid": "AssumeRoleForChildAccount",
            "Effect": "Allow",
            "Action": "sts:AssumeRole",
            "Resource":
"arn:aws:iam::380701114427:role/OrganizationAccountAccessRole"
        }
    ]
}
```

정책 이름을 AssumeRolePolicyChild1로 정하고 저장한다.
3. 생성한 정책을 testusergroup 그룹에 부여한다.
4. 로그아웃한 후 testuser 계정으로 로그인한다.

5. 관리자 계정에서 역할 전환했을 때와 동일하게 역할 전환을 한다.

6. 역할 전환을 클릭한다.

새로운 계정으로 전환된다. 이때 오른쪽 상단의 계정 정보를 클릭하면 변경된 표시 이름이 나타난 걸 확인할 수 있다.

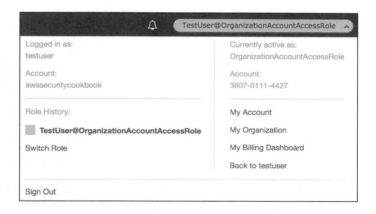

위 방법으로 마스터 계정에서 권한이 없는 사용자가 하위 계정에 대해서는 관리자 권한을 부여받을 수 있다. 실제로 다양한 하위 계정(예를 들어 Dev, Testing, Prod 등)에 다양한 역할을 만들고 마스터 계정의 사용자 그룹에는 각 계정의 역할에 대한 접근 권한만 부여하는 방법으로 운영되고 있다.

CLI를 사용해 일반 사용자에게 역할 전환할 수 있는 권한 부여

다음과 같이 CLI로 일반 사용자에게 권한을 부여할 수 있다.

1. 하위 계정의 역할 전환으로 사용되는 OrganizationAccountAccessRole에 AssumeRole을 허용하는 정책을 추가하고 assume-role-policy-document. json으로 저장한다. JSON 문서 구조는 이전 단계 내용을 참고한다.

2. 다음과 같이 정책을 생성한다.

```
aws iam create-policy \
--policy-name MyAssumeRolePolicyCLI \
--policy-document file://resources/assume-role-policy- document.json \
--profile awssecadmin
```

정책을 생성하면 다음 내용을 확인할 수 있다.

```
{
    "Policy": {
        "PolicyName": "MyAssumeRolePolicyCLI",
        "PolicyId": "ANPAR7AE2DY5FLMD6BVL6",
        "Arn": "arn:aws:iam::135301570106:policy/MyAssumeRolePolicyCLI",
        "Path": "/",
        "DefaultVersionId": "v1",
        "AttachmentCount": 0,
        "PermissionsBoundaryUsageCount": 0,
        "IsAttachable": true,
        "CreateDate": "2019-06-11T12:47:14Z",
        "UpdateDate": "2019-06-11T12:47:14Z"
    }
}
```

3. 사용자 그룹에 아래 정책을 부여한다.

```
aws iam attach-group-policy \
--group-name testusergroup \
```

```
--policy-arn arn:aws:iam::135301570106:policy/MyAssumeRolePolicyCLI \
--profile awssecadmin
```

이제 일반 사용자 계정으로 역할 전환을 할 수 있다.

작동 원리

이번 절에서는 AWS Organization을 이용해 추가 구성없이 마스터 계정에서 하위 계정으로 전환하는 방법을 알아봤다. 그리고 일반 사용자 그룹에 권한을 부여하고 하위 계정을 생성할 때 부여했던 OrganizationAccountAccessRole을 사용하는 방법도 확인해봤다.

역할과 사용자는 모두 명령을 수행할 수 있는 정책을 가진 AWS의 자격증명이다. 사용자, 그룹, 애플리케이션과 AWS 서비스들은 역할을 사용할 수 있으며 역할을 사용할 때 임시 보안 자격증명을 부여받는다.

AWS 리소스에 대한 접근을 허용하는 권한을 주는 것을 위임이라고 한다. 위임을 사용하려면 자원을 소유하는 계정(신뢰하는 계정)과 접근을 필요로 하는 사용자가 속한 계정(신뢰할 수 있는 계정) 사이에 신뢰 관계를 설정해야 한다. 계정 간 신뢰 관계는 같은 계정이나 다른 계정 간에도 설정할 수 있다.

권한을 위임하는 동안 사용자가 필요로 하는 권한을 부여하는 표준 권한 정책뿐만 아니라 신뢰하는 계정의 IAM 역할에 대한 신뢰 정책도 정의된다. 신뢰 정책으로 역할 사용이 허용되는 계정을 지정할 수 있다. 신뢰 정책은 IAM 정책 언어의 규칙에 따라 JSON 형식으로 작성돼 있다

이전 단계에서 본 바와 같이 마스터 계정은 조직 아래에 하위 계정을 만들 때 기본적으로 신뢰할 수 있는 엔티티[Entity]로 추가된다. 또한 신뢰할 수 있는 계정(마스터 계정)의 **testusergroup**이 정책을 통해 하위 계정의 기본 역할을 사용할 수 있는 권

한을 부여하는 방법도 알아봤다. 이 정책은 보안 토큰 서비스^{STS, Security Token Service}를 이용해 AssumeRole 권한을 사용할 수 있게 정의했다.

이번 예제에서는 AWS에서 제공하는 기본 역할을 사용했다. 새로운 역할이 필요한 경우 create-role CLI 명령을 사용해 새로운 역할을 생성할 수 있다. 역할에 대한 정보수집이 필요하면 get-role 명령을 사용할 수 있고, 역할을 삭제할 경우 delete-role 명령을 사용할 수 있다. update-role을 사용해 역할에 대한 설명이나 최대 세션 기간을 갱신할 수 있다

서로 다른 두 계정 사이에서 역할 전환

서로 다른 계정 사이에 역할을 전환하려면 반드시 AWS Organization 조직에 포함되도록 설정해야 한다. 이 설정은 어떠한 계정 간에도 구성할 수 있다. 이전 단계에서 구성해봤던 testusergroup 등 사용자 그룹이 A 계정에서 B 계정으로 전환하는 것을 허용하려면 다음 단계를 참고한다.

1. B 계정의 자원에 필요한 권한을 정의한 정책을 생성한다.
2. B 계정에서 역할을 생성하고 A 계정을 신뢰할 수 있는 엔티티로 등록한다. 또한 이전 단계에서 생성한 정책을 부여한다.
3. A 계정 관리자는 사용자 또는 그룹 전체 역할의 ARN을 제공해 이전 단계에서 만든 역할에 STS:AssumeRole 권한을 부여하고 계정 B에서 이 역할을 사용할 수 있게 설정한다.
4. testusergroup에서 A 계정에 사용자로 로그인해 B 계정으로 전환되는지 확인한다.

추가 사항

IAM 역할에 대해 몇 가지 중요한 사항을 알아본다.

- 역할에 부여된 신뢰 정책은 신뢰할 수 있는 계정의 사용자가 역할 전환이 나 그 역할을 사용할 수 있게 허용한다.

- 와일드카드(*)는 신뢰 정책의 주체로 지정할 수 없다.

- 사용자가 역할을 사용할 때는 사용을 중지할 때까지 일시적으로 원래 갖고 있던 권한을 사용할 수 없다.

- 일부 서비스는 역할을 프록시^{Proxy}처럼 사용하지 않고도 리소스에 정책을 직접 연결할 수 있다. S3 버킷, Glacier 볼트, 아마존^{Amazon} 심플 노티피케이션 서비스^{SNS, Simple Notification Service} 토픽^{Topic}, 아마존 심플 큐 서비스^{SQS, Simple Queue Service} 큐가 포함돼 있다

- 역할은 외부 ID 공급자 서비스에서 인증된 외부 사용자가 AWS 리소스에 접근할 수 있게 사용할 수 있다. 역할은 모바일 앱^{App}이 AWS 자원을 사용할 때 AWS 키^{key} 없이 사용할 수 있게 도와준다.

- 역할 체이닝^{Role chaining}은 AWS CLI나 API로 두 번째 역할을 사용할 수 있게 해주는 프로세스다.

- 인스턴스를 시작할 때 역할 정보를 EC2 인스턴스에 전달하고자 인스턴스 프로필^{Instance profile}에 역할을 추가할 수 있다. 인스턴스 프로필은 IAM 역할 컨테이너^{container}로 간주될 수 있다. `list-instance-profiles-for-role` CLI 명령으로 역할 인스턴스 프로필을 나열할 수 있다.

- 권한의 경계^{permissions boundary}는 ID 기반 정책이 사용자나 역할 등의 IAM 엔티티에 부여할 수 있는 최대의 권한을 설정하는 데 사용하는 기능이다. `put-role-permissions-boundary` CLI 명령은 역할의 권한 경계를 만들거나 업데이트하고 `delete-role-permissions-boundary` 역할의 권한 범위를 삭제한다.

- `attach-role-policy` CLI 명령은 정책을 역할에 연결하고, `detach-role-policy`는 정책을 역할에서 분리한다.

- `put-role-policy` CLI 명령은 인라인[Inline] 정책을 만들거나 업데이트하고 `get-role-policy`는 역할에 지정된 인라인 정책을 탐색하며 `delete-role-policy`가 지정된 인라인 정책을 삭제한다.

참고 사항

- 역할을 생성하고 권한을 부여하는 방법은 2장의 '같은 계정에서 S3 교차 리전 복제' 절과 '다른 계정에서 S3 교차 리전 복제' 절에서 자세히 살펴본다.
- AWS Organization을 사용하지 않고 AWS 계정에 접근 권한을 위임하는 방법은 https://docs.aws.amazon.com/IAM/latest/UserGuide/tutorial_cross-account-with-roles.html을 참고한다.
- AWS IAM과 AWS Organization에 대한 더 많은 정보는 https://cloudmaterials.com/en/book/advanced-account-management-aws-iam-and-aws-organizations를 참고한다.
- AWS Organization에 포함되지 않은 독립된 계정 간의 역할 전환 방법은 https://cloudmaterials.com/en/recipe/recipes-how-switch-between-2-accounts-aws를 참고한다.

02

S3 정책과 기능으로 데이터 보호

아마존^{Amazon} S3는 AWS 플랫폼의 객체 저장소다. 간단히 말하면 객체 저장소는 계층적 파일 시스템 저장소와 달리 이름을 키와 객체로 하는 값을 가진 키 값 저장소다. 2장에서는 접근 제어 목록^{ACL, Access Control Lists}, 버킷 정책, 사전에 서명된 URL, 암호화, 버전 관리, 교차 지역 복제를 사용해 S3 데이터를 보호하는 방법을 배운다. 1장에서 IAM 정책을 사용해 S3 데이터를 보호하는 방법은 이미 살펴봤다.

2장에서 다루는 내용은 다음과 같다.

- S3 접근 제어 목록 생성
- S3 버킷^{Bucket} 정책 생성
- CLI로 S3 교차 계정 접근
- CLI와 파이썬을 사용해 유효 기간이 설정된 S3의 사전 서명된 URL 생성

02장 S3 정책과 기능으로 데이터 보호 | 71

- S3 데이터 암호화
- 버저닝^{Versioning}으로 데이터 보호
- 동일한 계정의 S3 교차 지역 복제
- 서로 다른 계정 사이의 S3 교차 지역 복제

▌ 기술 요구 사항

이번 장의 실습을 위해 유효한 AWS 계정이 필요하다. 그리고 반드시 AWS CLI가 실습용 PC에 설치하고 구성돼 있어야 한다.

이번 장에서 실습한 코드 파일은 다음 경로에서 확인할 수 있다.

https://github.com/PacktPublishing/AWS-Security-Cookbook/tree/master/Chapter02

▌ S3 접근 제어 목록 생성

이번 장에서 콘솔에서 ACL을 사용해 모든 사람에게 접근 권한을 부여하거나 미리 정의된 그룹에만 접근 권한을 부여하는 방법을 알아보고, CLI로 정의된 ACL을 사용하는 방법을 알아본다. ACL을 사용해 버킷과 객체, ACL 자체에 대해 기본적인 읽기/쓰기 권한을 부여할 수 있다. AWS 계정이나 사전 정의된 그룹에 ACL 관련 권한을 부여할 수 있다.

준비

학습하려면 다음 리소스가 구성된 AWS 계정이 필요하다.

1. **파일이 있는 S3 버킷:** S3 버킷을 생성하고 이미지 파일을 저장한다.
2. **권한이 없는 사용자와 관리자 권한:** testuser와 awssecadmin 이름으로 사용자를 만들고 CLI 프로필을 생성한다.

 사용자에게 직접 권한을 할당하지 않고 사용자를 그룹에 추가하고 해당 그룹에 권한을 부여하는 것을 권장한다.

3. 퍼블릭^{public} 액세스 차단과 관련된 2가지의 ACL 설정은 선택하지 않고 나머지 설정을 적용하고 저장을 클릭한다.

☐ *모든 퍼블릭 액세스 차단*   취소 저장
이 설정을 활성화하면 아래 4개의 설정을 모두 활성화한 것과 같습니다. 다음 설정 각각은 서로 독립적입니다.

┌─ ☐ *새 ACL(액세스 제어 목록)을 통해 부여된 버킷 및 객체에 대한 퍼블릭 액세스 차단*
│   S3은 새로 추가된 버킷 또는 객체에 적용되는 퍼블릭 액세스 권한을 차단하며, 기존 버킷 및 객체에 대한 새 퍼블릭 액세스 ACL 생성을 금지합니다. 이 설정
│   은 ACL을 사용하여 S3 리소스에 대한 퍼블릭 액세스를 허용하는 기존 권한을 변경하지 않습니다.
│
├─ ☐ *임의의 ACL(액세스 제어 목록)을 통해 부여된 버킷 및 객체에 대한 퍼블릭 액세스 차단*
│   S3는 버킷 및 객체에 대한 퍼블릭 액세스를 부여하는 모든 ACL을 무시합니다.
│
├─ ☑ *새 퍼블릭 버킷 또는 액세스 지점 정책을 통해 부여된 버킷 및 객체에 대한 퍼블릭 액세스 차단*
│   S3는 버킷 및 객체에 대한 퍼블릭 액세스를 부여하는 새 버킷 및 액세스 지점 정책을 차단합니다. 이 설정은 S3 리소스에 대한 퍼블릭 액세스를 허용하는 기
│   존 정책을 변경하지 않습니다.
│
└─ ☑ *임의의 퍼블릭 버킷 또는 액세스 지점 정책을 통해 부여된 버킷 및 객체에 대한 퍼블릭 및 교차 계정 액세스 차단*
       S3는 버킷 및 객체에 대한 퍼블릭 액세스를 부여하는 정책을 사용하는 버킷 또는 액세스 지점에 대한 퍼블릭 및 교차 계정 액세스를 무시합니다.

버킷의 권한^{Permissions} 탭에서 퍼블릭 액세스 차단으로 이동해 퍼블릭 액세스 차단 설정을 관리할 수 있다. 그리고 S3 메인 화면의 왼쪽 사이드바에서도 설정을 관리할 수 있다.

작동 방법

이번 절에서는 S3 ACL의 광범위한 사용 방법을 알아본다.

콘솔에서 모든 사용자에게 버킷 읽기 ACL 적용

모든 사용자가 버킷 내용을 확인할 수 있게 설정할 수 있다.

1. 콘솔에서 S3 버킷 서비스를 선택한다.
2. Permissions^{권한} 탭에서 Access Control List^{접근 제어 목록}을 선택하고, 퍼블릭 액세스 항목에서 Everyone을 선택한다. 그리고 List objects^{객체 목록}를 선택한 후 저장 버튼을 클릭한다.
3. 브라우저^{Browser}에서 버킷에 접근할 때 저장된 내용을 표시할 수 있어야 한다.

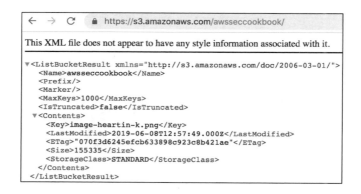

이제 사전에 정의된 사용자 그룹에 사용자들이 READ 권한을 가질 수 있게 하는 방법을 알아본다.

CLI에서 사전 정의된 사용자에게 읽기 권한 부여

AuthenticatedUser 사전 정의 그룹을 사용해 AWS 사용자에게 READ 권한을 부여할 수 있다.

1. 이전 단계에 이어서 하는 경우 객체 목록 생성 권한을 회수한다.

2. AuthenticatedUsers 그룹에 접근할 수 있는 정책을 생성하고 acl-grant-
authenticated-users.json으로 저장한다.

```
{
    "Owner": {
        "DisplayName": "awsseccookbook",
        "ID":
"5df5b6014ae606808dcb64208aa09e4f19931b3123456e152c4dfa52d38bf8fd"
    },
    "Grants": [
        {
            "Grantee": {
                "Type": "Group",
                "URI": "http://acs.amazonaws.com/groups/global/AuthenticatedUsers"
            },
            "Permission": "READ"
        }
    ]
}
```

Owner 값에는 현재 계정의 이름과 ID 정보가 포함돼 있다. 그리고 Grants
값은 AuthenticatedUsers 그룹에 READ 권한을 부여한다.

3. 이전 단계에서 생성한 정책을 지정하고 put-bucket-acl 명령을 실행한다.

```
aws s3api put-bucket-acl \
    --bucket awsseccookbook \
    --access-control-policy file://resources/acl-grant-
authenticated-users.json \
    --profile awssecadmin
```

4. testuser 사용자는 S3 버킷에 저장된 데이터 목록을 볼 수 있지만 어떤 내
용인지 확인할 수 없다.

CLI에서 기본 ACL이 지정된 객체에 대해 공용 읽기 권한 적용

다음과 같이 객체를 업로드하고 기본 ACL을 사용해 공용 읽기 권한을 부여할 수 있다.

1. 관리자 프로필을 사용해 이미지 파일을 다운로드한다.

```
$ aws s3 cp s3://awsseccookbook/image-heartin-k.png image-heartin-k.png \
> --profile awssecadmin
download: s3://awsseccookbook/image-heartin-k.png to ./image-heartin-k.png
```

2. 동일하게 관리자 프로필로 이미지 파일을 업로드하고 public-read가 ACL을 적용한다.

```
aws s3 cp image-heartin-k.png s3://awsseccookbook/image- heartin-new.png \
--acl public-read \
--profile awssecadmin
```

3. testuser 프로필로 새로운 파일을 다운로드한다.

```
$ aws s3 cp s3://awsseccookbook/image-heartin-new.png image-heartin-new.png \
> --profile testuser
download: s3://awsseccookbook/image-heartin-new.png to ./image-heartin-new.png
```

파일을 성공적으로 다운로드할 수 있다.

작동 원리

이번 예제에서는 ACL을 알아봤다.

콘솔에서 모든 사용자에게 버킷 읽기 ACL 적용은 ACL을 통해 모든 사용자에게 읽기 권한을 부여했다. 'CLI에서 사전 정의된 사용자에게 읽기 권한 부여' 절에서는 사전에 정의된 그룹 AuthenticatedUsers를 이용해 읽기 권한을 적용하는 방법을 알아봤다.

ACL로 접근을 허용하는 정책은 다음과 같은 구조로 돼 있다.

```
{
    "Grants": [
        {
            "Grantee": {
                "DisplayName": "string",
                "EmailAddress": "string",
                "ID": "string",
                "Type": "CanonicalUser"|"AmazonCustomerByEmail"|"Group",
                "URI": "string"
            },
            "Permission": "FULL_CONTROL"|"WRITE"|"WRITE_ACP"|"READ"|"READ_ACP"
        }
        ...
    ],
    "Owner": {
        "DisplayName": "string",
        "ID": "string"
    }
}
```

권한을 부여받을 때는 다음 중 하나의 방법으로 지정할 수 있다.

- Type을 AmazonCustomerByEmail을 지정하고 EmailAddress 필드에 AWS 계정 ID를 입력한다.
- Type을 CanonicalUser로 지정하고 ID 필드에 이메일을 입력한다.
- Type에 Group을 지정하고 사전 정의된 그룹의 URI를 URI 필드에 입력한다.

계정 이메일 주소나 계정의 ID를 사용해 지정할 수 있다. 계정 ID는 계정의 보안 자격증명 페이지에서 확인할 수 있다.

미리 정의된 그룹의 URI는 다음 JSON 정책을 참고할 수 있다.

- AuthenticatedUser:

  http://acs.amazonaws.com/groups/global/AuthenticatedUsers

- AllUsers: http://acs.amazonaws.com/groups/global/AllUsers

- LogDelivery: http://acs.amazonaws.com/groups/s3/LogDelivery

ACL을 사용해 버킷/객체에 다음 권한을 부여할 수 있다.

- **READ:** 버킷의 내용을 목록화하고 객체와 메타데이터^{Metadata} 정보를 확인한다.
- **WRITE:** 버킷을 만들거나 덮어쓰거나 삭제할 수 있다. 객체에는 적용되지 않는다.
- **READ_ACP:** 버킷과 객체에 대한 읽기 ACL이다.
- **Write_ACP:** 버킷과 객체에 대한 쓰기 ACL이다.
- **FULL_CONTROL:** 모든 권한을 포함하고 있다.

CLI에서 기본 ACL이 지정된 객체에 대해 공용 읽기 권한 적용에서는 public-read 정책으로 모든 사용자가 객체에 접근할 수 있는 방법을 알아봤다. 기본 ACL은 명령으로 자원에 권한을 제공할 때 사용하는 ACL 권한이다. 현재 지원되고 있는 기본 ACL은 다음과 같다.

private, public-read, public-read-write, aws-exec-read, authenticated-read, bucket-owner-read, bucket-owner-full-control, log-delivery-write

 교차 계정 접근의 경우 계정 A의 사용자가 객체를 계정 B(계정 B가 소유)의 버킷에 업로드하면 계정 B는 버킷의 소유자여도 그 객체에 접근할 수 없다. 그러나 계정 A는 bucket-owner-read 또는 bucket-owner-full-control canned ACL을 사용해 문서를 업로드할 때 버킷 소유자에게 권한을 부여할 수 있다

이 예제에서는 ACL을 사용해 버킷에 권한을 설정하도록 aws s3api의 하위 명령인 put-bucket-acl을 사용해봤다. 그리고 put-object-acl 명령으로 객체 사용 권한도 설정해봤다. put 정책의 구조를 잊은 경우 get 정책을 실행해 구조를 확인하고 목적에 맞게 변경할 수 있다. get-bucket-acl 명령은 버킷의 ACL 정책을 가져오고, get-object-policy는 객체의 ACL 정책을 가져온다.

추가 사항

S3에 생성되는 새로운 객체는 기본적으로 계정 소유자 이외에 접근 권한이 없다. 따라서 S3는 기본적으로 안전하다고 볼 수 있다. ACL에 대한 중요한 개념은 다음과 같다.

- ACL은 버킷, 객체, ACL 자체에 대한 기본적인 읽기/쓰기 권한을 제공한다.
- ACL은 AWS 계정과 미리 정의된 그룹에 대한 접근만 허용할 수 있다.
- 기본적으로 ACL은 리소스의 소유자에게 모든 권한을 부여하고 다른 모든 사용자에게 아무것도 허용하지 않는다.
- ACL은 권한만 부여할 수 있고 접근을 거부할 수 없다.
- ACL은 XML 형식으로 표현된다.
- ACL은 가능한 한 IAM 정책이나 버킷 정책 중 하나를 사용하는 것이 좋다. ACL은 다음과 같이 사용할 수 있다.
  - ACL을 사용해 버킷 소유자가 소유하지 않은 객체에 대한 접근을 허용할 수 있다. 예를 들어 계정 사용자가 객체를 다른 계정의 버킷에 업로드하는 경우 기본 ACL을 사용해 버킷 소유자에게 접근을 제공할 수 있다.
  - ACL은 버킷 S3 로그 전달 그룹에 권한을 부여하는 데 사용된다.
  - ACL을 사용해 다양한 객체에 고유한 권한을 부여할 수 있다. 버킷 정책으로도 관리가 가능하지만 ACL로 관리하는 게 더 효율적이다.

- ACL은 각 자원에 따라 지정되지만 버킷 정책은 버킷과 하위 경로로 지정할 수 있다. IAM 정책은 버킷 정책과 동일한 방법으로 자원이 지정돼 있으며, IAM 사용자에게 적용된다.

canned ACL과 관련된 몇 가지 중요한 개념을 간단히 살펴보면 다음과 같다.

- bucket-owner-read와 bucket-owner-full-control 등 기본 ACL은 객체에만 적용할 수 있고 버킷이 만들어지는 동안에는 적용되지 않는다.
- log-delivery-write ACL은 버킷에만 적용된다.
- aws-exec-read ACL을 사용하면 소유자는 FULL_CONTROL 권한을 획득하고 아마존 EC2는 S3에서 아마존 머신 이미지^{AMI, Amazon Machine Image}에 대한 READ 접근 권한을 갖게 된다.
- log-delivery-write의 ACL을 사용하면 LogDelivery 그룹 버킷에 대한 WRITE와 READ_ACP 권한을 가져온다. 그리고 S3 액세스 로깅^{Access logging}에 사용된다.
- API를 호출할 때 x-amz-acl 요청 헤더를 사용해 ACL을 지정할 수 있다.

ACL, 버킷 정책, IAM 정책 비교

ACL은 버킷 정책, IAM 정책과 비교했을 때 다음과 같은 차이점이 있다.

- ACL은 버킷, 객체와 ACL 자체에 대해 기본적인 읽기/쓰기 권한만 제공한다. IAM 정책과 버킷 정책은 ACL보다 상세한 권한을 제공한다.
- ACL은 AWS 계정과 미리 정의된 그룹에 대한 접근만 허용할 수 있다. ACL은 IAM 사용자에게 권한을 부여할 수 없고, IAM 정책과 버킷 정책을 사용해 IAM 사용자에게 접근 권한을 부여할 수 있다.
- 기본적으로 ACL은 리소스의 소유자에게만 모든 권한을 부여한다. 버킷 정책과 IAM 정책은 기본적으로 자원에 할당돼 있지 않다.

- ACL은 권한만 부여할 수 있다. 버킷 정책과 IAM 정책은 명시적으로 접근을 거부할 수 있다.
- ACL은 조건을 선언하고 접근을 허용하거나 거부할 수 없다. 버킷 정책과 IAM 정책은 조건을 선언하고 접근을 허용하거나 거부할 수 있다.
- ACL은XML 형태로 작성된다. 버킷 정책과 IAM 정책은 JSON 문서로 작성되고, 최대 허용 크기는 20KB다.
- IAM 정책은 사용자 기반이며 사용자에게 적용된다. ACL과 버킷 정책은 자원 기반 정책이며 자원에 적용된다.
- IAM 정책은 인라인(사용자, 그룹 또는 역할에 직접 포함) 또는 독립형(모든 IAM 사용자, 그룹 또는 역할에 연결)으로 사용할 수 있다. ACL과 버킷 정책은 버킷의 하위 리소스다.
- IAM 정책은 IAM 사용자에게만 접근을 허용할 수 있다. 버킷 정책과 ACL을 사용해 익명의 접근과 루트 사용자에 대한 접근을 허용할 수 있다.

 ACL과 버킷 정책, IAM 정책을 함께 사용할 수 있다. 버킷과 사용자가 같은 계정에 있으면 동시에 권한 검증이 이뤄진다.

참고 사항

- IAM 정책과 관련된 내용은 1장의 'IAM 정책 만들기' 절을 참고한다.

S3 버킷 정책 만들기

이번 절에서는 S3 버킷과 버킷 정책을 만드는 방법을 알아본다. 가능하면 ACL 대신 버킷 정책이나 IAM 정책을 사용하는 것이 좋다. 버킷 정책과 IAM 정책 중 어느 것을 선택하느냐는 주로 개인적인 취향이다. 접두사를 사용해 버킷 정책을 만들 수 있다. S3는 폴더의 개념이 없는 객체 저장소지만 접두사를 사용해 폴더처럼 구조화할 수 있다. 접두사는 객체도 나타낼 수 있다.

준비

이번 실습을 진행하려면 다음과 같은 준비가 필요하다.

1. **버킷과 그 안에 저장된 파일:** 이 실습에서는 image-heartin-k.png라는 파일에서 버킷 이름 awsseccookbook을 사용한다. 버킷과 파일 이름은 다른 이름을 사용할 수 있다.

2. **권한이 없는 사용자와 관리자 권한이 있는 사용자:** 권한이 없는 사용자와 관리자 권한이 있는 사용자의 CLI 프로필을 생성한다. 이 실습에서는 사용자와 프로필을 각각 testuser와 awssecadmin으로 정한다.

3. ACL과 관련된 버킷 정책 중 퍼블릭 액세스 차단과 관련된 2가지 정책을 선택한다. 다음 화면과 같이 선택한 상태로 저장을 클릭한다.

> ☐ *모든 퍼블릭 액세스 차단*   [취소] [저장]
> 이 설정을 활성화하면 아래 4개의 설정을 모두 활성화한 것과 같습니다. 다음 설정 각각은 서로 독립적입니다.
>
> ☑ *새* **ACL(액세스 제어 목록)**을 통해 부여된 버킷 및 객체에 대한 퍼블릭 액세스 차단
> S3은 새로 추가된 버킷 또는 객체에 적용되는 퍼블릭 액세스 권한을 차단하며, 기존 버킷 및 객체에 새 퍼블릭 액세스 ACL 생성을 금지합니다. 이 설정은 ACL을 사용하여 S3 리소스에 대한 퍼블릭 액세스를 허용하는 기존 권한을 변경하지 않습니다.
>
> ☑ *임의의* **ACL(액세스 제어 목록)**을 통해 부여된 버킷 및 객체에 대한 퍼블릭 액세스 차단
> S3은 버킷 및 객체에 대한 퍼블릭 액세스를 부여하는 모든 ACL을 무시합니다.
>
> ☐ *새* 퍼블릭 버킷 또는 액세스 지점 정책을 통해 부여된 버킷 및 객체에 대한 퍼블릭 액세스 차단
> S3는 버킷 및 객체에 대한 퍼블릭 액세스를 부여하는 새 버킷 및 액세스 지점 정책을 차단합니다. 이 설정은 S3 리소스에 대한 퍼블릭 액세스를 허용하는 기존 정책을 변경하지 않습니다.
>
> ☐ *임의의* 퍼블릭 버킷 또는 액세스 지점 정책을 통해 부여된 버킷 및 객체에 대한 퍼블릭 및 교차 계정 액세스 차단
> S3는 버킷 및 객체에 대한 퍼블릭 액세스를 부여하는 정책을 사용하는 버킷 또는 액세스 지점에 대한 퍼블릭 및 교차 계정 액세스를 무시합니다.

4. 버킷의 URL로 접속해 접근을 제한하고 있는지 확인한다.

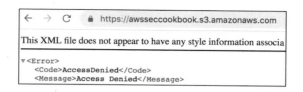

버킷 정책을 사용해 버킷의 내용을 나타내는 권한을 부여한 후 접속이 되는지 확인해보자.

작동 방법

우선 정책 생성기로 콘솔에서 정책을 생성한 다음 CLI에서 정책을 실행한다.

콘솔에서 버킷 정책을 적용해 퍼블릭 액세스

다음과 같이 버킷 내용을 나타내는 퍼블릭 액세스 허용 정책을 적용할 수 있다.

1. AWS 콘솔에서 S3 서비스로 이동한다. 버킷 이름을 클릭하고 Permissions^{권한} 탭의 Bucket Policy^{버킷 정책}로 이동한다.
2. 왼쪽 하단의 Policy generator^{정책 생성기}를 클릭한다.
3. Policy generator 화면에서 다음 사항을 선택한다.
   - Select Type of Policy에서 S3 Bucket Policy를 선택한다.
   - Principal 항목에 *를 입력한다.
   - AWS Service에서 Amazon S3를 선택한다.
   - Actions 항목에서 ListBucket을 선택한다.
   - Amazon Resource Name(ARN) 항목에서 `arn:aws:s3:::awsseccookbook`을 선택한다.

4. Add Conditions(옵션)을 클릭한다.

5. Add Condition에 다음 항목을 입력한다.

   - **Condition**: `DataLessThan`

   - **Key**: `aws:EpochTime`

   - **Value**: 에포크[Epoch] 형식의 미래 날짜를 입력한다(예, 1609415999).

6. Add Condition을 클릭한다.

7. Add Statement를 클릭한다.

8. Generate Policy를 클릭한다. 정책[Policy]은 다음과 같은 형식으로 이뤄진다. 이 예제에서는 Sid를 의미 있는 이름으로 변경해봤다.

```
{
    "Id": "Policy1560413644620",
    "Version": "2012-10-17",
    "Statement": [
      {
        "Sid": "ListBucketPermissionForAll",
        "Action": [
          "s3:ListBucket"
        ],
        "Effect": "Allow",
        "Resource": "arn:aws:s3:::awsseccookbook",
        "Condition": {
          "DateLessThan": {
            "aws:EpochTime": "1609415999"
          }
        },
        "Principal": "*"
      }
    ]
}
```

9. 정책 생성기에서 생성한 정책을 버킷 정책 편집기에 복사하고 저장한다. 버킷에 저장된 콘텐츠는 다음과 같이 보인다.

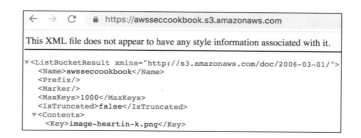

10. 버킷 정책에서 Action 항목을 s3:GetObject로 변경하고 Resource를 arn: aws:s3:::awsseccookbook/*로 변경한 다음 저장한다. 그 후에 인터넷 브라우저에서 버킷에 저장된 파일에 접근하면 콘텐츠를 확인할 수 있다.

resource를 arn:aws:s3:::awsseccookbook/*로 변경하면서 object action을 s3:GetObject 처럼 변경하지 않을 경우 파일에 접근할 수 없다. 따라서 버킷에 프리픽스prefix를 지정할 경우 객체 연산object operation을 지정해야 한다.

CLI로 버킷 정책을 설정해 버킷 리스트에 접근

버킷 정책을 CLI로 설정하는 방법을 살펴보자.

1. 이전 항목에서 추가한 버킷 정책을 제거한다. 버킷 리스트를 확인하거나 브라우저에서 버킷에 저장된 콘텐츠에 접근할 수 있는지 확인한다. 정책을 삭제했으므로 접근이 제한돼야 한다.

2. 테스트 사용자가 액세스해 파일을 버킷에 저장할 수 있도록 정책을 생성하고 bucket- policy-allow-test-user.json으로 저장한다.

```json
{
    "Id": "Policy1560416549842",
    "Version": "2012-10-17",
    "Statement": [
      {
        "Sid": "ListAllBuckets",
        "Action": [
          "s3:ListBucket"
        ],
        "Effect": "Allow",
        "Resource": "arn:aws:s3:::awsseccookbook",
        "Principal": {
          "AWS": "arn:aws:iam::135301570106:user/testuser"
        }
      }
    ]
}
```

컨디션 항목은 옵션이다.

3. CLI로 생성한 정책을 추가한다.

```
aws s3api put-bucket-policy \
    --bucket awsseccookbook \
    --policy file://resources/bucket-policy-allow-test-user.json \
    --profile awssecadmin
```

4. CLI에서 testuser 사용자 계정으로 버킷 내용을 나열할 수 있는지 확인한다.

```
$ aws s3 ls awsseccookbook    --profile testuser
2019-06-12 21:08:05      155335 image-heartin-k.png
```

AWS 콘솔과 CLI로 버킷 정책을 생성하는 방법을 알아봤다. 다양한 조건을 적용해 연습해보자.

작동 원리

이번에는 S3 버킷 정책을 만들어봤다. 버킷 정책은 Sid, Principal, Effect, Action, Resource, Condition으로 구성돼 있다. Principal을 제외하면 1장의 'IAM 정책 만들기' 절에서 학습한 내용과 동일하다.

버킷 정책의 Principal은 계정, 사용자, 또는 모든 사용자(*로 표시)로 지정할 수 있다. Principal에는 자원에 대한 ARN(ARN요소를 사용해 지정)이나 표준 사용자 ID (표준 사용자 요소를 사용해 지정)도 사용할 수 있다.

버킷 정책에서 Resource는 버킷이나 객체며 버킷의 ARN을 사용한다. 버킷 ARN은 arn:aws:s3:::bucket_name 형식이어야 한다. 객체 리소스의 경우 arn:aws:s3::: bucket_name/key_name 형식으로 사용한다. 버킷의 모든 객체를 나타내려면 arn: aws:s3:::bucket_name/*를 사용할 수 있다. 그리고 모든 버킷을 나타내려면 arn: aws:s3:::*를 사용할 수 있다.

Condition 항목은 정책에 특정 정책을 선언할 수 있다. 이전 예제에서 정책을 생성할 때 Condition을 사용해봤다. 좀 더 실질적인 예제도 살펴보자.

추가 사항

버킷 정책은 Principal 요소를 제외하고 IAM 정책과 동일한 JSON 문서 구조를 갖고 있다. Principal은 정책의 설명이 적용되는 사용자나 엔티티다. IAM 정책은 IAM 사용자에게 연결돼 있으므로 주체가 없고, 해당 정책을 실행하는 IAM 사용자가 주체가 된다.

- 버킷 정책에서 Principal을 사용할 때 Root 사용자는 다음과 같이 사용할 수 있다.

```
"Principal" : {
    "AWS": "arn:aws:iam::135301570106:root"
}
```

- IAM 사용자는 다음과 같이 사용할 수 있다.

```
"Principal" : {
    "AWS": "arn:aws:iam::135301570106:user/testuser"
}
```

- 표준 사용자 ID는 다음과 같이 사용할 수 있다.

```
"Principal" : {
"CanonicalUser":"5df5b6014ae606808dcb64208aa09e4f19931b3123456e152c4dfa5
2d38bf8fd"
}
```

S3 접근 제어 목록[ACL] 생성에서 표준 ID가 어떻게 사용되는지 확인했다.
- 모든 사용자를 선언할 경우 다음과 같이 사용할 수 있다.

```
"Principal" : "*"
```

이제 S3 버킷 정책과 관련된 몇 가지 중요한 세부 사항을 알아본다.

- 현재 객체(예, s3:PutObject), 버킷(예, s3:CreateBucket) 또는 버킷 하위 리소스(예, PutBucketAcl)에서 작동하는 것을 비롯해 약 50개의 버킷 정책이 있다.
- S3 버킷 하위 리소스의 최신 리스트에는 BucketPolicy, BucketWebsite, AccelerateConfiguration, BucketAcl, BucketCORS, BucketLocation, Bucket Logging, BucketNotification, BucketObjectLockConfiguration, BucketPolicy Status, BucketPublicAccessBlock, BucketRequestPayment, BucketTagging, BucketVersioning, EncryptionConfiguration, InventoryConfiguration, LifecycleConfiguration, MetricsConfiguration, ReplicationConfiguration, AnalyticsConfiguration과 같은 권한이 포함돼 있다.
- S3 정책을 설정할 때 IAM 그룹은 보안 주체로 사용할 수 없다. IAM 그룹을 추가하면 Invalid principal in policy 에러 메시지가 나타난다.
- S3 정책으로 s3:x-amz-acl, s3:x-amz-copy-source, s3:x-amz-metadata-directive, s3:x-amz-server-side-encryption, s3:VersionId, s3:Location Constraint, s3:delimiter, s3:max-keys, s3:prefix, s3:x-amz-server-side-encryption-aws-kms-key-id, s3:ExistingObjectTag/<tag-key>, s3:Request ObjectTagKeys, s3:RequestObjectTag/<tag-key>, s3:object-lock-remaining-retention-days, s3:object-lock-mode, s3:object-lock-retain-until-date, s3:object-lock-legal-hold와 같은 조건을 Condition 항목에 사용할 수 있다.

참고 사항

- IAM 정책은 1장의 'IAM 정책 만들기' 절에서 참고할 수 있다.

- ACL, 버킷 정책, IAM 정책을 비교하려면 'S3 접근 제어 목록 생성' 절의 '추가 사항' 절을 참고한다.

CLI로 교차 계정에서 S3에 접근

이전에는 ACL과 버킷 정책을 이용해 AWS 계정의 버킷(이 계정을 A라고 함)에서 다른 계정(이 계정을 B라고 함)으로 접근하는 방법을 알아봤다. 로깅^{Logging}은 교차 계정 접근을 확인할 수 있는 좋은 방법이다. 로그를 다른 계정에 저장해 감사자에게 접근 권한을 제공하거나 계정이 손상된 경우 보호할 수 있다.

준비

실습을 위해 2개의 활성화된 AWS 계정(편의상 계정 A, 계정 B로 표현)이 필요하다.

1. **계정 B의 표준 ID 확인:** 필자의 표준 ID는 e280db54f21834544a8162b8fc5d23 851972d31e1ae3560240156fa14d66b952다.

2. **계정 A의 s3 버킷에 파일 업로드:** 필자는 awsseccookbook이라는 이름의 S3 버킷에 image-heartin-k.png 파일을 업로드한다. 실습에 사용한 버킷 이름과 파일 이름으로 변경한다.

3. **사용자에 계정 A와 B에 접근할 수 있는 관리자 권한 부여:** CLI 접근을 위한 사용자 프로필을 생성한다. 필자는 awssecadmin과 awschild1admin 프로필을 생성한다.

4. **계정 B에 접근할 수 없는 사용자나 그룹 생성:** 필자는 testusergroup 그룹을 만들고, testuser 사용자를 추가한다. child1_testuser CLI 프로필을 이용해 접근해보자.

원활한 실습을 위해 계정 B의 관리자와 사용자가 계정 A의 버킷에 업로드할 권한
이 없는지 확인한다.

 AWS Organizations 서비스를 사용해 여러 계정을 관리하고 쉽게 전환할 수 있다.

작동 방법

CLI를 이용해 교차 계정 접근을 시도해보자. 이번 장에서 제공하는 CLI 명령을 참
고해 실습을 진행할 수 있다.

다른 계정의 버킷에 파일 업로드

계정 B의 사용자가 계정 A의 버킷으로 파일을 업로드하는 방법을 알아본다.

1. 계정 B에 접근을 허용하는 정책을 만들고 acl-write-another-account.
   json 이름으로 저장한다.

```json
{
    "Owner": {
        "DisplayName": "awsseccookbook",
        "ID":
"5df5b6014ae606808dcb64208aa09e4f19931b3123456e152c4dfa52d38bf8fd"
    },
    "Grants": [
        {
            "Grantee": {
                "Type": "CanonicalUser",
                "ID":
"e280db54f21834544a8162b8fc5d23851972d31e1ae3560240156fa14d66b952"
```

```
            },
            "Permission": "WRITE"
        }
    ]
}
```

계정 A의 ID는 Owner 항목에서 제공되고 계정 B의 ID는 Grants 항목에서
제공한다.

2. 계정 A의 관리자로 로그인해 계정 A가 소유한 버킷의 ACL을 업데이트
한다.

```
aws s3api put-bucket-acl \
    --bucket awsseccookbook \
    --access-control-policy file://resources/acl-write-another-
account.json \
    --profile awssecadmin
```

계정 B의 관리자로 버킷에 객체를 업로드할 수 있어야 한다. 그러나 계정
B의 관리자가 아닌 경우 파일을 업로드할 수 없다.

```
[$ aws s3 cp image-heartin-k.png s3://awsseccookbook/image-from-b-admin.png \
>     --profile awschild1admin
[upload: ./image-heartin-k.png to s3://awsseccookbook/image-from-b-admin.png
 $
[$ aws s3 cp image-heartin-k.png s3://awsseccookbook/image-from-b-user.png \
>     --profile child1_testuser
[upload failed: ./image-heartin-k.png to s3://awsseccookbook/image-from-b-user.png An
 error occurred (AccessDenied) when calling the PutObject operation: Access Denied
```

 콘솔에서 권한을 부여하려면 버킷의 접근 제어 목록으로 이동해 계정 추가를 클릭하고 계정 ID를
입력한 후 필요한 권한을 부여한다.

3. 계정 B의 관리자에게 **s3:PutObject** 및 **s3:PutObjectAcl**을 수행할 수 있는 정책을 만들고 이 파일을 iam-policy-s3-put-obj-and-acl.json으로 저장한다.

```json
{
    "Version": "2012-10-17",
    "Statement": [
        {
            "Sid": "DelegateS3WriteAccess",
            "Effect": "Allow",
            "Action": [
                "s3:PutObject",
                "s3:PutObjectAcl"
            ],
            "Resource": "arn:aws:s3:::awsseccookbook/*"
        }
    ]
}
```

향후에 ACL을 사용하려면 **s3:PutObjectAcl** 권한이 필요하다.

4. 계정 B에서 관리자로 로그인해 계정 B에서 정책을 만든다.

```
aws iam create-policy \
    --policy-name MyS3PutObjAndAclPolicy \
    --policy-document file://resources/iam-policy-s3-put-obj-and-acl.json \
    --profile awschild1admin
```

정책을 생성하면 다음과 같은 메시지를 확인할 수 있다.

```
{
    "Policy": {
        "PolicyName": "MyS3PutObjAndAclPolicy",
        "PolicyId": "ANPAVRI40AA52LAMKDSEE",
        "Arn": "arn:aws:iam::380701114427:policy/MyS3PutObjAndAclPolicy",
        "Path": "/",
        "DefaultVersionId": "v1",
        "AttachmentCount": 0,
        "PermissionsBoundaryUsageCount": 0,
        "IsAttachable": true,
        "CreateDate": "2019-06-14T00:07:38Z",
        "UpdateDate": "2019-06-14T00:07:38Z"
    }
}
```

5. 생성한 정책을 사용자 그룹에 추가한다.

```
aws iam attach-group-policy \
   --group-name testusergroup \
   --policy-arn
arn:aws:iam::380701114427:policy/MyS3PutObjAndAclPolicy \
   --profile awschild1admin
```

정책을 사용자에 직접 추가할 수 있지만 사용자 그룹을 사용하는 것을 추천한다.

6. 계정 B에서 일반 사용자로 로그인해 버킷에 파일을 업로드한다.

```
aws s3 cp image-heartin-k.png s3://awsseccookbook/image-from-b- user.png \
   --profile child1_testuser
```

파일이 성공적으로 업로드된 것을 확인할 수 있다.

계정 A에서 관리자로 로그인한 후 파일을 다운로드하려고 하면 다음과 같은 에러 메시지를 확인할 수 있다.

```
$ aws s3 cp s3://awsseccookbook/image-from-b-user.png image-from-b.json \
|>    --profile awssecadmin
fatal error: An error occurred (403) when calling the HeadObject operation: Forbidden
```

7. bucket-owner-full-control ACL을 사용해 계정 B에 파일을 업로드한다.

```
aws s3 cp image-heartin-k.png s3://awsseccookbook/image-from-b- user.png \
  --acl bucket-owner-full-control \ --profile child1_testuser
```

이제 계정 A에서 파일을 다운로드할 수 있다.

```
$ aws s3 cp s3://awsseccookbook/image-from-b-user.png image-from-b.json \
>   --profile awssecadmin
download: s3://awsseccookbook/image-from-b-user.png to ./image-from-b.json
```

다음 절에서는 버킷 정책을 사용해 버킷 B가 항상 버킷 A에 권한을 부여하는 방법을 알아본다.

버킷 정책을 이용해 다른 계정의 버킷에 파일 업로드

이번 예제를 실습하기 전에 계정 A에 생성한 ACL을 삭제한다.

1. 계정 B의 일반 사용자^{non-administrator user}, testuser가 PutObject 작업을 수행할 수 있게 버킷 정책을 생성한다. 이때 사용자가 ACL을 통해 버킷 소유자에게 모든 권한을 부여해야 한다. bucket-policy-write-another-account-user.json으로 저장한다.

```
{
    "Id": "SomeUniqueId1",
    "Version": "2012-10-17",
    "Statement": [
        {
            "Sid": "AllPutForOtherAccountUser",
            "Action": [
                "s3:PutObject"
            ],
```

```
            "Effect": "Allow",
            "Resource": "arn:aws:s3:::awsseccookbook/*",
            "Condition": {
                "StringEquals": {"s3:x-amz-acl":"bucket-owner-full- control"}
            },
            "Principal": {
                "AWS": [
                    "arn:aws:iam::380701114427:user/testuser"
                ]
            }
        }
    ]
}
```

2. 생성한 정책을 버킷에 추가한다.

```
aws s3api put-bucket-policy \
    --bucket awsseccookbook \
    --policy file://resources/bucket-policy-write-another-account-user.json \
    --profile awssecadmin
```

3. 계정 B의 정책을 관리자가 아닌 사용자 계정 testuser에 추가해 s3:PutObject
   와 s3:PutObjectAcl의 작업을 허용한다. 이 단계는 앞 절에서 이미 수행했
   다. 앞 절에서 이 작업을 아직 수행하지 않은 경우(또는 정책을 삭제한 경우)
   이 부분을 추가해야 한다.

4. 계정 B에 testuser로 로그인 계정 A의 버킷에 파일을 업로드한다.

```
$ aws s3 cp image-heartin-k.png s3://awsseccookbook/image-from-b-user.png \
>     --profile child1_testuser
upload failed: ./image-heartin-k.png to s3://awsseccookbook/image-from-b-user.png An
 error occurred (AccessDenied) when calling the PutObject operation: Access Denied
$
$ aws s3 cp image-heartin-k.png s3://awsseccookbook/image-from-b-user.png \
>     --acl bucket-owner-full-control \
>     --profile child1_testuser
upload: ./image-heartin-k.png to s3://awsseccookbook/image-from-b-user.png
```

버킷 정책을 사용해 계정 B의 사용자가 ACL을 통해 계정 A의 버킷 소유자에게 모든 권한을 제공하게 해봤다. 그렇지 않으면 업로드가 실패한다.

작동 원리

'다른 계정의 버킷에 파일 업로드' 절에서는 계정 A의 정책으로 계정 B에 권한을 부여하는 방법을 살펴봤다. 그리고 사용자 그룹을 이용해 계정 B의 관리자가 권한을 위임하는 방법을 확인했다. 또한 계정 A의 소유자여도 계정 B에서 권한을 부여하지 않으면 사용자가 업로드한 파일에 접근할 수 없음을 확인했다.

계정 A가 파일에 접근하려면 계정 B의 사용자가 파일에 업로드할 때 권한을 부여해야 한다. 이때 ACL을 사용할 수 있다. 계정 B 사용자가 `s3:PutObjectAcl` 수행 권한을 갖게 되면 버킷에 대해 읽기 또는 ACL을 사용해 버킷을 소유하고 있는 계정 A에 권한을 부여할 수 있다. ACL을 사용하면 제약 조건을 적용할 수 없지만 버킷 정책으로 해결할 수 있다.

'버킷 정책을 이용해 다른 계정의 버킷에 파일 업로드' 절에서 버킷 정책으로 계정 B 사용자에게 직접 권한을 부여했다. 또한 계정 B의 사용자가 버킷 소유자를 제어하고자 항상 ACL을 사용해야 한다는 조건을 버킷 정책에 추가해봤다. 이때 ACL 지정을 위해 `s3:PutObjectAcl` 권한이 필요하다.

추가 사항

계정 A는 다음 방법 중 하나로 계정 B에 S3의 접근 권한을 부여할 수 있다.

- 계정 A 관리자는 버킷 정책이나 ACL을 통해 계정 B에 접근 권한을 부여한다. 계정 B 관리자는 사용자 정책으로 해당 권한을 사용자에게 위임한다. 계정 B의 사용자는 자신에게 부여된 권한에 따라 계정 A의 S3 자원에 접근

할 수 있다. '다른 계정의 버킷에 파일 업로드' 절에서 ACL을 사용해 이 접근 방식을 따랐으며 버킷 정책으로도 적용할 수 있다.

- 계정 A 관리자는 버킷 정책으로 계정 B의 사용자에게 접근 권한을 부여한다. 계정 B 관리자는 정책을 사용해 일반 사용자에게 권한을 위임한다. 계정 B의 사용자는 자신에게 부여된 권한에 따라 계정 A의 S3 자원에 접근할 수 있다. '버킷 정책을 이용해 다른 계정의 버킷에 파일 업로드' 절에서 이 접근 방식을 확인해봤다.

- 계정 A의 관리자는 계정 A의 S3 자원에 대해 필수 권한이 있는 역할을 생성한다. 이 역할은 계정 B와 신뢰 관계를 갖게 된다. 계정 B 관리자는 사용자 정책을 사용해 해당 권한을 사용자에게 위임할 수 있다. 그러면 계정 B의 사용자는 해당 역할을 사용할 수 있고 부여된 권한에 따라 계정 A의 S3 자원에 접근할 수 있다.

교차 계정 정책을 더 잘 이해하려면 몇 가지 시나리오를 살펴보자.

- 계정 A에서 버킷을 생성하고 모든 사람에게 PutObject ACL 권한을 부여했다(공개 접근 허용).
  - 같은 계정의 사용자가 권한이 없는데(정책이 추가되지 않음), AWS CLI로 버킷에 파일을 업로드할 수 있는가? 네
  - 다른 계정의 사용자가 권한이 없는데(정책이 추가되지 않음), AWS CLI로 버킷에 파일을 업로드할 수 있는가? 아니요
  - 다른 계정의 관리자 계정으로 권한이 없는데(정책이 추가되지 않음), AWS CLI로 버킷에 파일을 업로드할 수 있는가? 네
- 계정 A는 버킷을 생성하고 계정 ID를 사용해 계정 B에 PutObject ACL 권한을 부여했다
  - 권한이 없는(정책이 추가되지 않음) 계정B 사용자가 AWS CLI로 버킷에 파일을 업로드할 수 있는가? 아니요

- 관리자 권한을 가진 계정 B 사용자가 AWS CLI로 버킷에 파일을 업로드할 수 있는가? 네
- 계정 B는 계정 A에 교차 로그인할 수 있는 권한으로 파일을 업로드했지만 ACL은 없다.
  - S3를 소유하고 있는 계정에서 권한이 없는 사용자(정책이 추가되지 않음)가 해당 파일에 접근할 수 있는가? 아니요
  - S3를 소유하고 있는 계정에서 관리자 권한을 가진 사용자가 해당 파일을 읽을 수 있는가? 아니요
  - S3를 소유하고 있는 계정에서 관리자 권한을 가진 사용자가 해당 파일을 삭제할 수 있는가? 네
- 계정 A에 버킷을 생성하고 버킷 정책을 통해 계정 B의 사용자 testuser에게 PutObject 권한을 직접 부여했다.
  - testuser가 계정 B에서 추가 권한 없이 계정 A의 버킷에 파일을 업로드할 수 있는가? 아니요. 계정 B에서 사용자 정책으로 계정 A의 버킷에 대한 PutObject 권한을 부여해야 한다.
  - 관리자 권한으로 계정 B에서 계정 A의 버킷에 파일을 업로드할 수 있는가? 아니요. 이미 testuser에 권한을 위임해봤다.
- 계정 B 관리자가 계정 A가 부여한 것보다 더 많은 접근 권한을 사용자에게 위임할 수 있는가? 이로 인해 계정 A에서 권한이 재평가되므로 권한 오류가 발생하거나 다른 영향을 미치지 않는다.
- ACL 사용을 버킷 정책으로 강제로 사용하게 할 수 있는가? 네. 정책의 condition(조건) 항목을 통해 s3:x-amz-acl 조건 키의 값을 확인하는 방식 (예, bucket-owner-full-control 값)으로 사용할 수 있다.

참고 사항

- 1장의 'AWS Organizations로 역할 전환' 절에서 IAM 역할을 이용해 교차 계정에 접근하는 방법을 알아봤다.

▌CLI와 파이썬을 사용해 만료 기간이 있는 S3 사전 서명된 URL 사용

이번에는 CLI와 파이썬 SDK를 이용해 사전 서명된 URL을 사용하는 방법을 알아본다. 사전 서명된 URL의 만료 기간 안에 S3 자원에 접근할 수 있는 임시 권한을 부여할 수 있다. 이 기능은 콘솔에서 지원하지 않고 CLI로 API를 호출하거나 SDK를 이용해야 한다.

준비

다음 자원이 구성된 AWS 계정이 필요하다.

1. **버킷과 파일:** 이 실습에서 mission-impossible.txt라는 파일과 함께 버킷 이름 awsseccookbook을 사용한다. 실습을 위해 버킷 이름과 파일 이름을 각자 변경한다.
2. **S3에 관리자 권한이 있는 사용자 계정:** 관리자 권한이 있는 사용자에 대한 CLI 프로필을 생성한다. 이번 실습에서는 이 프로필을 awssecadmin으로 사용한다.

파이썬 코드 실행을 위해 파이썬과 Boto3보토3를 설치한다.

1. python3를 설치한다.
2. boto3를 설치한다(pip3가 설치됐다면 다음과 같이 boto3를 설치).

```
pip3 install boto3
```

작동 방법

우선 CLI로 사전 서명된 URL을 생성하고 그 후에 파이썬 SDK로 생성하는 방법을 알아본다.

CLI로 사전 서명된 URL 생성

CLI로 사전 서명된 URL을 생성하고 테스트할 수 있다.

1. 다음과 같이 CLI에서 사전 서명된 URL을 생성할 수 있다.

```
aws s3 presign s3://awsseccookbook/image-heartin-k.png \
    --expiry 100 \
    --profile awssecadmin
```

   이 명령은 만료 시간이 있는 서명된 URL을 나타낸다.

```
$ aws s3 presign s3://awsseccookbook/mission-impossible.txt \
>       --expires-in 300 \
|>      --profile awssecadmin
https://awsseccookbook.s3.amazonaws.com/mission-impossible.txt?AWSAccessKeyId=AKIAR7
AE2DY5NZX6NNPN&Signature=VwQ61zSbRipJlvXxWK1K6RkZ8No%3D&Expires=1560483746
```

2. URL을 복사해 붙여 넣은 후 지정된 시간 내에 브라우저에서 실행한다. 파일 내용을 확인할 수 있어야 한다.

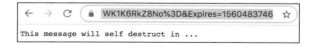

   지정된 시간 이후에 URL을 실행하면 액세스 거부 오류 메시지가 나타난다.

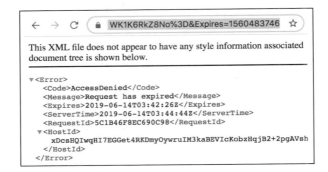

다음으로 파이썬 SDK를 사용해 사전 서명을 하는 방법을 살펴보자.

파이썬 SDK로 사전 서명된 URL 생성

파이썬 SDK로 사전 서명된 URL을 생성하고 테스트할 수 있다.

1. 다음 코드를 사용해 s3presign.py라는 파일을 만든다

```
import boto3

boto3.setup_default_session(profile_name='awssecadmin') s3_client =
boto3.client('s3')

url = s3_client.generate_presigned_url('get_object', Params={'Bucket':
'awsseccookbook', 'Key': 'mission- impossible.txt'}, ExpiresIn=300)
print(url)
```

2. python3 s3presign.py 코드를 실행한다. 이 코드를 실행하면 사전 서명된
   URL을 반환한다.

```
$ python3 s3presign.py
https://awsseccookbook.s3.amazonaws.com/mission-impossible.txt?AWSAccessKeyId=AK
IAR7AE2DY5NZX6NNPN&Signature=w4GajRADHtU7neiHy4eMxAOBcZk%3D&Expires=1560491940
```

이전에 했던 방법과 마찬가지로 지정된 만료 시간이 지나기 전과 후에 브라우저에서 사전 서명된 URL로 접속해본다.

작동 원리

'CLI로 사전 서명된 URL 생성' 절에서 CLI를 이용해 사전 서명된 URL을 생성해봤다. 그리고 '파이썬 SDK로 사전 서명된 URL 생성' 절에서 파이썬 SDK를 사용해 사전 서명된 URL을 생성해봤다. 파이썬 SDK를 수행할 때 사용한 boto3 라이브러리는 파이썬용 AWS SDK다. 파이썬을 사용해 EC2, S3 같은 AWS 서비스 생성, 구성, 관리를 할 수 있다.

사전 서명과 관련된 대부분의 API는 사전 서명된 시간이 지정된 URL을 생성하고자 다음 항목들을 허용한다.

- 버킷과 객체[Bucket and object]
- 만료 기간[Expiry date and time]
- HTTP/S[HTTP method S]
- 보안 자격증명[security credentials]

코드를 작성할 때 버킷, 객체, 만료 기간을 지정해봤다. HTTP 작업은 GET 수행 이었고 보안 자격증명을 위해 작업에 대한 권한이 있는 사용자 프로필(get-object)을 지정해봤다. 유효한 자격증명을 가진 사람은 사전 서명된 URL을 생성할 수 있다. 그러나 사용자에게 작업(예, get_object)을 수행할 권한이 없으면 작업을 수행할 수 없다.

추가 사항

CLI 명령과 파이썬 코드를 사용해 사전 서명된 URL을 생성해봤다. 다음은 자바에서 사전 서명을 수행하는 방법을 보여준다.

```
GeneratePresignedUrlRequest generatePresignedUrlRequest = new
    GeneratePresignedUrlRequest(bucketName, objectKey)
        .withMethod(HttpMethod.PUT)
        .withExpiration(expiration);
URL url = s3Client.generatePresignedUrl(generatePresignedUrlRequest);
```

AWS에서 제공하는 문서를 참고해 지원되는 다른 SDK를 참고할 수 있다.

참고 사항

- 사전 서명된 URL과 관련된 파이썬 및 Boto3의 더 많은 사용 사례는 다음 링크를 참고할 수 있다.

  https://boto3.amazonaws.com/v1/documentation/api/latest/guide/s3-presigned-urls.html.

▌S3 데이터 암호화

이번에는 서버 측 암호화 기술을 사용해 유휴 S3의 데이터를 암호화하는 방법을 알아본다. 서버 측 암호화는 S3 관리 키(SSE-S3)를 사용한 서버 측 암호화, KMS 관리 키(SSE-KMS)를 사용한 서버 측 암호화, 고객 측에 제공된 키(SSE-C)를 사용한 서버 측 암호화가 있다. 클라이언트 측 암호화에서는 데이터가 클라이언트 측에서 암호화된 다음 서버로 전송된다.

준비

다음 자원이 구성된 AWS 계정이 필요하다.

1. **S3 버킷:** 실습을 위해 S3 버킷을 생성한다. awsseccookbook이라는 이름의 버킷을 사용한다. 각자의 버킷 이름으로 변경해야 한다.
2. **S3 버킷에 대한 관리자 권한:** 관리자 권한이 있는 CLI 프로필을 생성한다. 이번 실습에서는 awssecadmin으로 사용자 프로필을 생성한다.
3. **KMS에서 생성한 고객 관리 키**^{customer-mamaged key}**:** 4장의 'KMS에 키 생성' 절을 참고해 키를 생성하고 이름을 MyS3Key라고 지정한다.

작동 방법

AWS 서버 측 암호화를 알아본다.

S3 관리 키(SSE-S3)로 서버 측 암호화

다음과 같이 SSE-S3을 사용해 콘솔에서 객체를 업로드할 수 있다

1. AWS 콘솔에서 S3 버킷으로 이동한다.
2. 업로드를 클릭하고 파일 추가를 클릭한다. 파일을 선택하고 다음을 클릭한다. 권한 설정과 속성 설정은 기본값으로 선택한다.
3. 속성 설정 탭의 암호화 항목에서 Amazon S3 master key를 선택한다. 다음 화면을 참고해 파일 업로드를 완료한다. 업로드 후 속성에서 확인할 수 있다.

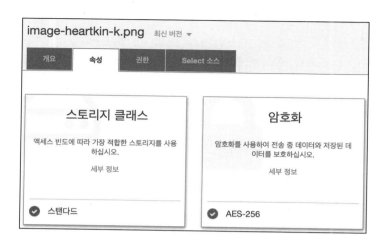

 S3가 동일한 키를 사용해 복호화하기 때문에 파일을 열거나 다운로드할 때 파일을 확인할 수 있는 점을 유의해야 한다.

다음처럼 기존 파일에 적용한 암호화를 SSE-S3로 변경할 수 있다.

1. S3 버킷에서 속성 탭을 선택한다.
2. 암호화를 선택하고 AES-256을 선택한 다음 저장한다.

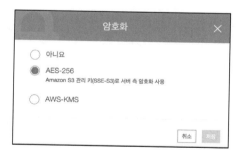

다음 명령으로 CLI에서 SSE-S3 암호화를 적용해 파일을 업로드할 수 있다.

```
aws s3 cp image-heartin-k.png s3://awsseccookbook/image-heartin-k.png \
```

```
--sse AES256 \
--profile awssecadmin
```

다음으로 KMS 관리 키를 이용해 서버 측 암호화를 실행해보자.

KMS 관리 키(SSE-KMS)로 서버 측 암호화

다음과 같이 SSE-KMS를 사용해 콘솔에서 파일을 업로드할 수 있다.

1. AWS 콘솔에서 S3 버킷으로 이동한다.
2. 업로드를 클릭하고 파일 추가를 클릭한다. 파일을 선택하고 다음을 클릭한다. 권한 설정과 속성 설정은 기본값으로 선택한다.
3. 속성 설정 탭의 암호화 항목에서 AWS KMS master key를 선택한다. 그리고 KMS 키를 선택한다('준비' 절을 참고한다). 다음 화면을 참고해 파일 업로드를 완료한다.

다음처럼 기존 파일에 적용한 암호화를 SSE-KMS로 변경할 수 있다.

1. S3 버킷에서 속성 탭을 선택한다.
2. 암호화를 선택하고 AWS-KMS를 선택한 후 KMS 키를 선택한다(저장한다).
3. 객체의 속성 탭으로 이동한다.

4. 암호화로 이동하고 AWS-KMS를 선택한다. 그 후 KMS 키('준비' 절을 참고한다)를 선택하고 저장한다.

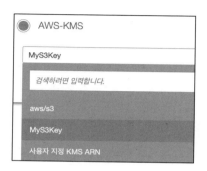

다음 명령으로 CLI에서 SSE-KMS 암호화를 적용해 파일을 업로드할 수 있다.

```
aws s3 cp image-heartin-k.png s3://awsseccookbook/image-heartin-k.png \
  --sse aws:kms \
  --sse-kms-key-id cd6b3dff-cfe1-45c2-b4f8-b3555d5086df \
  --profile awssecadmin
```

 sse-kms-key-id는 생성한 KMS 키의 ID다.

고객 관리 키(SSE-C)로 서버 측 암호화

다음과 같이 SSE-C를 사용해 CLI에서 파일을 업로드할 수 있다

1. 다음 명령으로 SSE-C를 사용해 CLI에서 파일을 업로드한다.

```
aws s3 cp image-heartin-k.png s3://awsseccookbook/image- heartin-k.png \
  --sse-c AES256 \
  --sse-c-key 12345678901234567890123456789012 \
```

```
--profile awssecadmin
```

2. SSE-C를 사용해 암호화된 파일을 검색하고 다음과 같이 이전 명령에서 사용한 것과 동일한 키를 제공한다.

```
aws s3 cp s3://awsseccookbook/image-heartin-k.png image- heartin-k1.png \
  --sse-c AES256 \
  --sse-c-key 12345678901234567890123456789012 \
  --profile awssecadmin
```

> SSE-C로 암호화된 파일을 다운로드하는 동안 sse-c 옵션을 지정하지 않으면 다음과 같은 예외가 발생한다. fatal error: An error occurred (400) when calling the HeadObject operation: Bad Request. SSE-C로 암호화된 파일을 다운로드하는 동안 암호화에 사용된 올바른 키(sse-c 옵션 사용)를 지정하지 않으면 다음과 같은 예외가 발생한다. fatal error: An error occurred (403) when calling the HeadObject operation: Forbidden.

작동 원리

S3 관리 키(SSE-S3)로 서버 측 암호화에서 SSE-S3 암호화를 사용해 콘솔에서 파일을 업로드해봤다. 기존 파일의 암호화에 사용된 키를 SSE-S3로 변경할 수 있고, 변경 후 SSE-S3 암호화를 사용해 객체를 업로드할 수 있다. CLI에서 SSE-S3 암호화를 수행할 때 sse 파라미터의 값은 선택이며 기본값은 AES256이다.

KMS 관리 키(SSE-KMS)로 서버 측 암호화에서 SSE-KMS 암호화를 사용해 파일을 암호화해봤다. 그리고 CLI를 이용해 SSe-KMS로 암호화한 파일을 업로드해봤다. CLI에서 SSE-S3 암호화를 수행할 때 sse 파라미터의 값은 선택이며 기본값은 AES256이다.

고객 관리 키(SSE-C)로 서버 측 암호화에서 SSE-C 암호화를 사용해 CLI에서 객체를 업로드해봤다. 다른 두 서버 측 암호화 기술 SSE-S3 및 SSE-KMS와 달리 콘솔에는 현재 SSE-C에 대한 옵션이 없고 API를 사용해야 한다. 이번 실습에서는 예시로 32자리 숫자를 키로 사용해봤다. 그러나 실제로는 키 생성 솔루션을 사용해 키가 생성된다. 이 책의 KMS 항목에서 자세히 살펴보겠다.

추가 사항

S3 암호화와 관련된 몇 가지 중요한 개념은 다음과 같다.

- S3의 데이터는 저장(AWS 디스크에 저장됨) 또는 전송(S3로 파일 전송)되는 동안 암호화될 수 있다. 서버 측 암호화를 사용하거나 클라이언트에서 암호화된 데이터를 업로드해 유휴 암호화를 수행할 수 있다.
- 파일을 저장할 때 S3 서버 측 암호화에는 대칭키가 사용된다.
- 파일을 전송할 때는 SSL/TLS(HTTPS)를 사용해 암호화하며 비대칭키를 사용한다.
- S3 기본 암호화(버킷 속성에서 설정 가능)는 SSE-S3나 SSE-KMS를 사용해 암호화 방식을 선택할 수 있다. 이 속성을 활성화하면 버킷의 기존 객체에는 영향을 미치지 않고 새로운 파일에만 적용된다.
- 클라이언트 측 암호화를 사용하면 자체적으로 키를 관리해야 한다. KMS를 사용해 SDK로 키를 관리할 수도 있다. 그러나 현재 모든 SDK에서 지원되는 것은 아니다
- 전송 구간 암호화는 클라이언트 측 암호화나 SSL/TLS(HTTPS)를 사용해 수행할 수 있다.
- 서버 측 암호화 유형인 SSE-S3와 SSE-KMS는 봉투 암호화를 사용하고 SSE-C는 봉투 암호화를 사용하지 않는다.

- SSE-S3는 AWS에서 모든 키를 관리하며, 주요 사항은 다음과 같다.
  - 봉투 암호화를 사용한다.
  - 대칭키를 암호화에 사용한다.
  - 각 객체는 고유의 파일로 암호화된다.
  - AES-256 알고리즘을 사용한다.
  - 데이터 키는 마스터 키로 암호화되며, 주기적으로 교체된다.
  - 사용 요금이 발생하지 않는다.
- SSE-KMS 키는 AWS KMS에서 관리하며, 주요 기능은 다음과 같다.
  - S3를 포함해 여러 서비스에서 키를 공유할 수 있다.
  - 고객은 마스터 및 데이터 키 생성, 마스터 키 비활성화 및 교체 등 키를 좀 더 효과적으로 제어할 수 있다.
  - 봉투 암호화를 사용한다.
  - 대칭키를 암호화에 사용한다.
  - 데이터 키는 마스터 키로 암호화된다.
  - AES-256 알고리즘을 사용한다.
  - 객체를 업로드할 때 암호화에 사용할 키를 선택할 수 있다.
  - CloudTrail로 KMS API 호출을 모니터링할 수 있고 감사에 활용할 수 있다.
  - 사용 요금이 발생한다.
- SSE-C 키의 주요 기능은 다음과 같다.
  - 고객이 키를 관리한다.
  - 고객은 데이터와 함께 키를 제공하고 S3는 이 키를 암호화하거나 삭제하는 데 사용한다.
  - 복호화를 위해 반드시 키를 제공해야 한다. 또한 봉투 암호화를 사용하지 않는다.

- 대칭키로 데이터를 암호화한다.
- AES-256 알고리즘을 사용한다.
- 대칭키도 업로드하기 때문에 데이터를 업로드하는 동안 HTTPS를 사용하게 된다.
- 사용 요금이 발생하지 않는다.
- 기본적으로 S3는 데이터에 대한 HTTP 및 HTTPS 액세스를 모두 허용한다. 다음 조건 요소를 사용해 버킷 정책으로 HTTPS를 시행할 수 있다.

```
"Condition": {
  "Bool": {
    "aws:SecureTransport": "false"
  }
}
```

HTTPS가 아닌 요청은 허용되지 않는다.

참고 사항

- 암호화와 관련된 더 많은 정보는 https://heartin.tech/en/blog-entry/important-points-remember-about-encryption에서 확인할 수 있다.

▌ 버전 관리로 데이터 보호

S3 버킷에서 버전 관리를 활성화하는 방법을 알아본다. 버킷에 버전 관리가 활성화돼 있으면 S3는 버킷에 있는 모든 파일은 버전별로 복사본을 갖게 된다. 버전 관리는 삭제 및 덮어쓰기와 같은 의도하지 않은 작업의 경우 데이터를 복구할 수 있는 수단을 제공해 데이터를 보호한다.

준비

이번 실습을 위해 사용할 수 있는 AWS 계정과 다음 구성이 필요하다.

1. **S3 버킷:** 실습을 위해 S3 버킷을 생성한다. awsseccookbook 이름의 버킷을 실습에 사용한다. 각자의 버킷 이름으로 변경한다.
2. **S3 버킷에 대한 관리자 관한:** 관리자 권한이 있는 CLI 프로필을 생성한다. 이번 실습에서는 awssecadmin으로 사용자 프로필을 생성한다.

작동 방법

다음 절차에 따라 버전 관리를 활성화할 수 있다.

1. S3 버킷 속성 탭에서 버전 관리를 클릭하고 버전 관리 가능을 선택한 후 저장한다.
2. 버전 관리를 중지하고 싶다면 같은 화면에서 버전 관리 일시 중지를 선택한 후 저장한다.

작동 원리

콘솔에서 버전 관리를 활성화하고 일시 중지해봤다. 버전 관리를 활성화한 후 S3는 모든 버전의 파일을 버전 ID로 저장한다. GET 요청을 하는 동안 반환할 버전의 ID를 지정할 수 있다. 이때 버전을 지정하지 않으면 S3는 객체의 최신 버전을 반환한다.

다음 방법 중 하나를 사용해 S3 버전을 복원할 수 있다.

- 복원하려는 버전을 검색하고 PUT 요청으로 버킷에 추가한다(권장).
- 필요한 버전이 최신 버전이 될 때까지 사용 가능한 다른 버전은 삭제한다.

버전 관리가 활성화된 객체를 삭제하면 삭제 마커가 최신 버전의 파일로 추가된다. 삭제 마커를 삭제하면 다른 버전의 삭제 마커가 작성된다. 버전 ID를 지정해 특정 버전의 객체를 삭제할 수 있다. 버전 관리를 삭제하면 삭제 마커가 삽입되지 않는다.

버전 관리가 활성화되면 비활성화할 수 없으며 일시 중지만 가능하다. 버전 관리가 일시 중단되면 더 이상 버전이 만들어지지 않는다. 하지만 이전 버전은 계속 남아있다. 버전 관리가 일시 중단되면 새 객체는 NULL 버전 ID로 저장되고 현재 파일이 된다.

추가 사항

버킷^{bucket} 및 버전 관리 구성^{versioning-configuration}을 제공하는 put-bucket-versioning 명령을 사용해 CLI에서 버전 관리를 활성화 및 일시 중단할 수 있다. 버전 관리 구성(versioning-configuration)은 MFADelete, 즉 MFA를 삭제(활성화 또는 비활성화)하는 파라미터와 버전 관리 상태(사용 가능 또는 일시 중지)를 나타내는 Status 파라미터 2가지로 구성돼 있다. 버전 관리 구성을 위해 --versioning-configuration MFADelete=Disabled, Status=Enabled와 같은 축약 양식을 사용하거나 --versioning-configuration file://resources/versioning-configuration인 JSON 파일을 지정할 수 있다. JSON 파일 형식은 다음과 같다.

```
{
    "MFADelete": "Disabled",
    "Status": "Enabled"
}
```

코드 파일과 함께 버전 관리를 활성화하고 일시 중단할 때 CLI 명령을 사용할 수 있다.

S3 버전 관리와 관련된 몇 가지 중요한 사항들은 다음과 같다.

- 버전 관리는 S3의 기능 중 하나다.
- 일시 중단된 버킷의 삭제 요청은 다음과 같이 진행된다.
  - 버전이 NULL인 버전이 있는 경우(버전이 일시 중단된 후 객체가 수정된 경우에만 존재) 버전이 삭제된 후 버전이 NULL인 삭제 마커가 삽입된다.
  - NULL 버전 ID를 가진 버전이 없으면 NULL 버전 ID를 가진 삭제 마커가 삽입된다.
- 스토리지 수명주기 관리 정책을 이용해 예전 버전의 데이터를 다른 S3 스토리지 클래스로 전환하거나 삭제할 수 있다.
- 스토리지 오브젝트 버전 관리에 MFA 삭제 활성화를 적용해 보호할 수 있다. 이 기능은 스토리지의 버전 관리 데이터를 삭제할 때 MFA를 이용해 한 번 더 인증을 요구한다. MFA 삭제 기능은 버전 관리의 부가 요소로 함께 저장된다.

버전 관리에 대한 이해를 돕기 위해 시나리오 기반의 질문들을 살펴보자.

- 버전 관리를 활성화하고 동일한 객체를 두 번 PUT(수정)해봤다. 그런 다음 버전 관리를 비활성화하고 동일한 객체를 두 번 PUT한다. 이 경우 몇 개의 객체 버전을 사용할 수 있는가? 3개다.
- 버전 1을 활성화하고 동일한 객체를 두 번 PUT해 버전 1 및 버전 2와 같은 두 가지 버전을 생성해봤다. 그런 다음 버전 3을 비활성화하고 동일한 객체를 다시 PUT해 버전 3을 생성해봤다. 나중에 객체를 삭제해봤다. 이 객체를 복원할 수 있을까? 그렇다면 어떤 버전이 최신 버전인가? 객체를 복원할 수 있으며 버전 2가 복원 이후에 최신 버전이 된다.

참고 사항

- https://docs.aws.amazon.com/AmazonS3/latest/dev/UsingMFADelete. html을 참고해 MFA 삭제를 사용해서 버전을 추가로 보호할 수 있다.

▌ 같은 계정에서 S3 교차 리전 복제

S3 버킷으로 교차 리전 복제를 구현하는 방법을 알아본다. 버킷에 대해 리전 간 복제가 활성화된 경우 버킷의 데이터가 다른 리전의 버킷에 비동기적으로 복사된다. 교차 리전 복제는 데이터의 내구성을 향상시키고 재해 복구를 지원한다. 규정 준수와 더 나은 레이턴시^{Latency}를 위해 데이터 복제가 수행될 수도 있다.

준비

이번 실습을 위해 사용할 수 있는 AWS 계정 및 다음과 같은 구성이 필요하다.

- 소스 버킷 계정의 S3에 대한 관리자 권한이 있는 사용자를 생성한다. 이번 실습에서는 awssecadmin 사용자를 생성해 진행한다.
- 두 개의 버킷을 생성한다. 하나는 각 리전에 생성하고 버전 관리를 활성화한다. 이번 실습에서는 us-east-1(버지니아 북부) 리전에 awsseccookbook 버킷을 생성하고 ap-south-1(뭄바이) 리전에 awsseccookbookmumbai 버킷을 생성한다.

작동 방법

다음 절차에 따라 S3 콘솔에서 교차 리전 복제를 활성화할 수 있다.

1. S3 버킷에서 관리 탭을 클릭하고 복제를 선택한다.

2. 규칙 추가를 클릭한다. 내 모든 콘텐츠를 선택하고 다른 옵션들은 기본값을 유지하며 다음을 클릭한다.

3. 다음 화면에서 대상 버킷을 선택한다. 다른 옵션들은 그대로 유지하고 다음을 클릭한다.

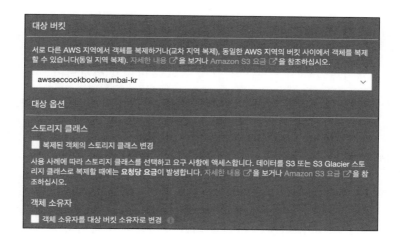

4. 구성 규칙 옵션에서 S3에 필요한 IAM 역할을 생성하고 규칙 이름을 입력한 후 다음을 클릭한다.

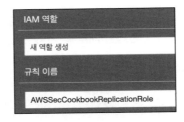

5. 검토 단계에서 설정을 확인한 후 저장을 클릭한다.

6. 소스 버킷에 파일을 업로드하고 대상 버킷에 파일이 복제됐는지 확인한다. 복제가 완료되면 파일의 개요 탭에서 복제 상태가 COMPLETED인지 확인한다.

   자동 생성된 역할의 권한과 신뢰 관계 관련 정책은 replication-permissions-policy.json과 assume-role-policy.json 같은 코드 파일로 제공된다.

작동 원리

하나의 계정에서 리전 간 데이터를 복제하는 방법을 알아봤다. 전체 버킷을 복제했지만, 접두사나 태그를 이용해 객체 단위로 복제 대상을 지정할 수도 있다. 복제된 객체의 스토리지 클래스를 지정할 수 있지만 이번 실습에서는 기본값으로 설정해봤다.

교차 리전 복제를 위한 조건은 다음과 같다.

1. 소스와 대상 버킷은 버전 관리를 활성화해야 하며 다른 리전에 있어야 한다.
2. 하나의 대상 버킷으로만 복제할 수 있다.
3. S3에 대상 버킷에 복제할 수 있는 권한이 있어야 한다.

교차 리전 복제를 구성할 때 IAM 역할을 생성해봤다. 자동으로 생성된 역할에는 소스 버킷에 대한 s3:Get과 s3:ListBucket 권한이 부여되고 대상 버킷에 대해

s3:ReplicateObject, s3:ReplicateDelete, s3:ReplicateTags, s3:GetObjectVersionTagging 권한이 부여된다.

추가 사항

CLI에서 리전 간 복제를 활성화하는 단계를 다음과 같이 요약할 수 있다.

1. S3가 사용할 수 있는 IAM 역할을 생성한다. 소스 버킷에는 s3:Get 권한과 s3:ListBucket 권한을 부여하고 대상 버킷에 s3:ReplicateObject, s3:ReplicateDelete, s3:ReplicateTags, s3:GetObjectVersionTagging 권한을 부여한다.
2. 복제 구성 JSON을 제공하는 aws s3api put-bucket-replication 명령을 사용해 버킷에 대한 복제 구성을 생성(또는 업데이트)한다.

CLI 명령과 JSON 형식의 정책을 코드 파일로 사용할 수 있다. S3 교차 리전 복제와 관련된 몇 가지 세부 정보를 살펴보자.

- 교차 영역 복제는 SSL을 통해 구성된다.
- 교차 리전 복제를 활성화한 후 추가되는 파일부터 적용된다.
- 소스 버킷 소유자에게 객체 읽기 권한이나 ACL 읽기 권한이 없는 경우 객체가 복제되지 않는다.
- 기본적으로 소스 객체의 ACL이 복제된다. 그러나 대상 버킷 소유자의 소유권을 변경할 수 있다.
- SSE-C 암호화를 사용하는 객체는 복제를 지원하지 않는다.
- SSE-KMS 암호화를 사용해 객체를 복제하려면 S3가 객체 복호화에 필요한 KMS 키를 제공해야 한다. 원본 및 대상 리전의 S3와 관련된 KMS 요청으로 인해 사용하는 계정에서 KMS 요청 제한을 초과할 수 있다. 이 경우 AWS에

서 KMS 요청 한도 증가를 요청할 수 있다

- 복제는 비동기적으로 발생하므로 복제하는 데 다소 시간이 걸릴 수 있다 (객체 크기에 따라 최대 몇 시간이 걸릴 수 있다).

- 하위 리소스 변경에 대한 복제는 지원하지 않는다. 예를 들어 자동화된 수 명주기 관리 규칙은 복제되지 않는다. 하지만 복제하는 동안 객체의 스토 리지 클래스에서 변경을 구성할 수 있다.

- 대상 버킷에서 파일을 복제할 수 없다.

- 소스 버킷에서 버전을 삭제해도 대상 버킷의 버전은 삭제되지 않는다. 이를 통해 데이터에 추가적인 보호를 추가할 수 있다. `DeleteMarkerReplication` 이 활성화된 경우 삭제 마커가 이전 스키마와 함께 복제된다. 그러나 새 스키마는 삭제 마커 복제를 지원하지 않으므로 삭제 조치가 복제되지 않 는다.

참고 사항

- https://docs.aws.amazon.com/AmazonS3/latest/dev/replication.html에 서 S3 교차 리전 복제와 관련된 정보를 확인할 수 있다.

▌ 다른 계정에서 S3 교차 리전 복제

서로 다른 계정에서 S3 교차 리전을 사용하는 방법을 알아본다.

준비

이번 실습을 위해 사용할 수 있는 AWS 계정 및 다음과 같은 구성이 필요하다.

- 소스 버킷 계정의 S3에 대한 관리자 권한이 있는 사용자를 생성한다. 이번 실습에서는 awssecadmin 사용자를 생성해 진행한다.
- 각 계정에 S3 버킷을 하나씩 생성하고 버전 관리를 각각 활성화한다. 이번 실습에서는 소스 계정의 us-east-1(버지니아 북부) 리전에 awsseccookbook 버킷을 생성하고 대상 계정의 ap-south-1(뭄바이) 리전에 awsseccookbookmumbai 버킷을 생성한다.

작동 방법

다음 절차에 따라 S3 콘솔에서 교차 리전 복제를 활성화할 수 있다.

1. S3 버킷에서 관리 탭을 클릭하고 복제를 클릭한다.
2. 규칙 추가를 클릭한다. 그리고 내 모든 콘텐츠를 선택한다.

 이전 실습과 동일한 화면은 표시하지 않았다. 확인이 필요하면 앞 절을 참고하라.

3. 다음 화면에서 다른 계정의 버킷을 선택하고 저장을 클릭한다.

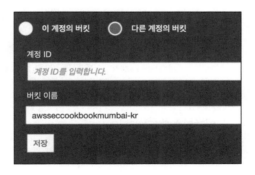

4. 객체 소유자를 대상 버킷 소유자로 변경을 선택하고 다음을 클릭한다.

5. 구성 규칙 옵션에서 S3에 필요한 IAM 역할을 생성하고(이전과 동일) 버킷 정
책을 대상 버킷에 추가한다.

대상 버킷의 정책은 다음과 같다.

```
{
    "Version": "2008-10-17",
    "Id": "S3-Console-Replication-Policy",
    "Statement": [
        {
            "Sid": "S3ReplicationPolicyStmt1",
            "Effect": "Allow",
            "Principal": {
                "AWS": "arn:aws:iam::135301570106:root"
            },
            "Action": [
                "s3:GetBucketVersioning",
                "s3:PutBucketVersioning",
                "s3:ReplicateObject",
                "s3:ReplicateDelete",
                "s3:ObjectOwnerOverrideToBucketOwner"
            ],
```

```
            "Resource": [
                "arn:aws:s3:::awsseccookbookbackupmumbai",
                "arn:aws:s3:::awsseccookbookbackupmumbai/*"
            ]
        }
    ]
}
```

6. 규칙을 검토하고 저장한다. 자동 생성된 역할의 권한 및 신뢰 관계 정책은
   코드 파일과 함께 replication-permissions-policy-other-account.json과
   assume-role-policy.json에서 확인할 수 있다.

7. 대상 버킷이 있는 계정에 로그인하고 5단계에서 복사한 대상 버킷의 버킷
   정책을 업데이트한다.

8. 소스 버킷에 객체를 업로드하고 객체가 대상 버킷에 복제됐는지 확인한
   다. 또한 대상 계정이 업로드된 파일의 소유자인지 확인한다.

작동 원리

서로 다른 계정에서 교차 리전 복제를 구성해봤다. 교차 리전에 대한 일반적인 작
업은 '같은 계정에서 S3 교차 리전 복제' 절을 참고한다. 다른 계정에서 교차 리전
을 복제하면 누군가 소스 버킷에 불법적으로 접근 권한을 획득해 데이터를 삭제
하거나 복제하는 상황에서 데이터를 안전하게 보호할 수 있다.

교차 리전 복제를 구성할 때 IAM 역할을 생성해봤다. 자동 생성된 역할에서 소스 버
킷에는 s3:Get과 s3:ListBucket 권한을 부여하고 대상 버킷에 s3:ReplicateObject,
s3:ReplicateDelete, s3:ReplicateTags, s3:GetObjectVersionTagging 권한을 부
여했다. 계정 간 교차 리전 복제에 필요한 대상 버킷 소유자로 객체 소유권을 변경
하는 옵션을 선택한 경우 대상 정책에 s3:ObjectOwnerOverrideToBucketOwner 액

션이 포함된다. 이 액션은 소유자에 대한 재정의가 필요하며, 재정의가 없으면 버킷 계정은 복제된 파일이나 해당 속성에 접근할 수 없다.

계정 간 교차 리전 복제를 구성하려면 다른 계정의 대상 버킷에도 버킷 정책을 사용해 소스 계정에 권한을 제공해야 한다. 생성된 신뢰 관계 정책에는 s3.amazon.com이 신뢰할 수 있는 엔티티로 구성돼 있다. 신뢰 정책(역할 정책)으로 신뢰 관계가 형성된 엔티티는 sts:AssumeRole 작업을 통해 역할을 수행할 수 있다. 신뢰 관계가 형성된 정책을 사용하면 소스 계정의 S3 서비스가 대상 계정에서 신뢰 관계가 형성된 역할을 사용할 수 있게 된다. 정책은 assume-role-policy.json 코드 파일로 제공된다.

추가 사항

CLI에서 계정 간 교차 리전 복제를 구현하는 절차는 다음과 같다.

1. S3에서 참조할 수 있는 IAM 역할을 생성하고 소스 버킷에 s3:Get*와 s3:ListBucket 액션을 수행할 수 있는 권한을 부여한다. 그리고 대상 버킷에 s3:ReplicateObject, s3:ReplicateDelete, s3:ReplicateTags, s3:GetObjectVersionTagging, s3:ObjectOwnerOverrideToBucketOwner 역할을 수행할 수 있는 권한을 부여한다.
2. 복제 구성 JSON을 제공하는 aws s3api put-bucket-replication 명령을 사용해 버킷의 복제 구성을 생성(또는 업데이트)한다. 그리고 AccessControlTranslation을 사용해 소유권 대상을 버킷에 제공한다.
3. put-bucket-policy 하위 명령을 이용해 대상 버킷의 정책을 업데이트한다.

CLI 명령과 정책이 담긴 JSON 파일은 참조용 코드 파일과 함께 제공된다.

S3의 데이터 보안과 관련된 몇 가지 개념과 기능을 살펴보자.

- S3 객체 잠금 기능을 사용하면 객체를 삭제하거나 덮어 쓰지 못하게 할 수 있다. WORM$^{Write-Once-Read-Many}$ 모델에 유용하다.

- 요청과 데이터 전송에 대한 비용을 요청자가 지불하도록 요청자 지불 특성을 사용할 수 있다. 요청자 지불이 활성화된 동안 버킷에 대한 익명 액세스는 비활성화된다.

- 버킷과 함께 태그를 사용해 프로젝트 등 다양한 사용 기준의 비용을 추적할 수 있다.

- 서버 액세스 로깅을 활성화하면 S3는 버킷에 대한 상세한 요청 사항을 기록한다.

- CloudTrail 데이터 이벤트 기능을 사용해 객체 수준 API 활동을 기록할 수 있다. 동일한 리전에서 기존 CloudTrail 기능을 제공해 S3 버킷의 속성에서 활성화할 수 있다.

- 이벤트가 발생할 때 알림을 받도록 버킷 속성에서 **이벤트**를 구성할 수 있다. 접두사나 접미사를 기반으로 이벤트를 구성할 수 있다. 지원되는 이벤트로는 PUT, POST, COPY, 멀티파트 업로드 완료, 객체 생성 이벤트, RSS에서 손실된 객체, 영구적으로 삭제, 마커 삭제, 모든 객체 삭제 이벤트, 복원 시작과 복원 완료가 있다.

- S3 Transfer Acceleration은 클라이언트와 버킷 간에 장거리 객체를 안전하게 전송할 수 있는 기능이다.

- 허용하려는 출처, 그리고 각 출처에 지원되는 HTTP 메서드^{method} 및 기타 작업별 정보를 식별하는 규칙을 지정하는 CORS 기능을 이용해 교차 출처 요청을 허용하도록 버킷을 구성할 수 있다.

- 버킷, 접두사 또는 태그를 이용해 **스토리지 클래스 분석**을 활성화할 수 있다. 이 기능으로 S3 액세스 패턴을 분석하고 객체를 Standard-IA로 전환할 주기를 확인할 수 있다.

- S3는 일일 스토리지 메트릭(무료 및 기본적으로 활성화)과 요청 및 데이터 전송 메트릭(유료 및 옵트인 필요)의 두 가지 메트릭 유형을 지원한다. 버킷, 스토리지 유형, 접두사, 객체, 또는 태그별로 지표를 필터링할 수 있다.

참고 사항

- 이 장에서는 S3에서 제공하는 중요한 보안 기능을 알아봤다. S3의 자세한 내용은 https://cloudmaterials.com/en/book/amazon-s3-and-overview-other-storage-services에서 확인할 수 있다.

## 03

Cognito의 사용자 풀과 자격증명 풀 관리

3장에서는 아마존 코그니토^Amazon Congito 서비스를 알아본다. Cognito는 아마존의 서버리스^serverless 사용자 자격증명 관리 서비스다. 아마존 Cognito는 자격증명 공급자와 자격증명 브로커로 사용할 수 있고, 아이덴티티 공급자로 자체 사용자 풀을 관리할 수 있다. Cognito는 자격증명 브로커로, 아마존, 구글, 페이스북, 트위터^Twitter와 같은 다른 자격증명 공급자를 활용할 수 있도록 도와준다. 이 책의 대부분의 다른 장에서는 AWS의 인프라 보안과 관련된 서비스를 설명하지만 3장에서는 주로 사용자 풀, 사용자 가입, 인증과 권한 부여 흐름, 연합 자격증명 로그인과 같은 애플리케이션 보안 개념을 중심으로 알아본다.

3장에서 다루는 내용은 다음과 같다.

- 아마존 Cognito 사용자 풀 생성

- 아마존 Cognito 앱 클라이언트 생성
- 사용자 생성과 가입
- 관리자 인증 방식
- 클라이언트 인증 방식
- Cognito 그룹 작업
- Cognito 자격증명 풀

기술 요구 사항

이번 장에서는 AWS 계정이 필요하다. 인증 및 권한 부여와 같은 사용자 관리와 관련된 보안 개념의 기본 지식은 이번 장을 이해하는 데 도움이 된다.

이번 장에서 활용할 코드 파일은 https://github.com/PacktPublishing/AWS-Security-Cookbook/tree/master/Chapter03에서 확인할 수 있다.

아마존 Cognito 사용자 풀 생성

콘솔을 이용해 아마존 Cognito 사용자 풀을 생성해본다.

준비

이번 실습을 위해 활성화된 AWS 계정이 필요하다.

작동 방법

AWS 관리 콘솔에서 Congnito 사용자 풀을 생성하는 방법은 다음과 같다.

1. 콘솔에서 Cognito 서비스로 이동한다. 사용자 풀과 자격증명 풀을 관리하는 옵션이 표시돼야 한다.

2. 사용자 풀 관리를 선택한다.

3. 사용자 풀 생성을 클릭한다. 콘솔에서는 기본값 검토(변경해야 하는 것만 변경) 또는 설정을 순서대로 진행(각 설정을 하나씩 검토/변경) 두 가지 방법으로 사용자 풀을 생성할 수 있다.

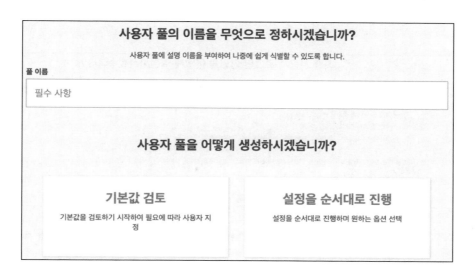

4. 풀 이름을 입력하고 기본값 검토를 클릭한다. 풀 이름과 속성 값들(필수 속성, 별칭 속성, 사용자 이름 속성, 사용자 지정 속성), 암호 정책(최소 암호 길이, 암호 정책,

사용자 가입 하용), 이메일 구성(발신 이메일 주소, Amazon SES를 통해 이메일 전송), 확인 구성(MFA, 확인), 태그, 앱 클라이언트, 트리거 등의 항목을 볼 수 있다. 이번 실습에서는 비밀번호 설정과 기타 항목을 기본값으로 선택한다. '추가 사항' 절에서 기본 설정을 확인할 수 있다.

5. 속성 값에서 사용자 이름과 함께 로그인에 사용할 별칭을 추가한다.

필수 속성	email
별칭 속성	별칭 속성 선택...
사용자 이름 속성	사용자 이름 속성 선택...
대/소문자를 구분하지 않도록 설정하시겠습니까?	예
사용자 지정 속성	사용자 지정 속성 선택...

속성 값 항목에서 수정 버튼을 클릭하거나 **별명 속성 선택**(또는 기타) 링크를 클릭해 속성 구성 단계로 이동한다. 그리고 다음과 같이 별칭 속성을 추가한다.

최종 사용자 로그인 방법을 어떻게 설정하시겠습니까?

사용자가 이메일 주소, 전화 번호, 사용자 이름 또는 기본 설정 사용자 이름과 암호를 사용하여 로그인하도록 선택할 수 있습니다. 자세히 알아보기. 자세히 알아보기

- ◉ **사용자 이름** - 사용자는 사용자 이름과 여러 대안 옵션을 사용하여 가입하고 로그인할 수 있습니다.
  - ☑ 확인된 이메일 주소로 로그인 허용
  - ☑ 확인된 전화 번호로 로그인 허용
  - ☑ 기본 설정 사용자 이름(사용자가 변경할 수 있는 사용자 이름)으로 로그인 허용

- ○ **이메일 주소 또는 전화 번호** - 사용자는 이메일 주소나 전화 번호를 "사용자 이름"으로 사용하여 가입하고 로그인할 수 있습니다.
  - ○ 이메일 주소 허용
  - ○ 전화 번호 허용
  - ○ 이메일 주소 및 전화 번호 허용(사용자가 하나 선택 가능)

6. 페이지 끝에서 다음 단계를 클릭한 다음 왼쪽에서 검토를 클릭해 업데이트된 속성을 확인한다. 다음 화면처럼 별칭 속성이 추가된 내용을 확인할 수 있다.

필수 속성	email
별칭 속성	email, phone_number, preferred_username
사용자 이름 속성	사용자 이름 속성 선택...
대/소문자를 구분하지 않도록 설정하시겠습니까?	예
사용자 지정 속성	사용자 지정 속성 선택...

7. 풀 생성을 클릭해 사용자 풀을 만든다. 성공하면 성공 메시지가 나타난다.

> 사용자 풀이 성공적으로 생성되었습니다.

이메일을 보내도록 SES를 구성하지 않았으므로 다음과 같은 경고가 표시될 수도 있다.

발신 이메일 주소	기본값
Amazon SES를 통해 이메일 전송	아니요
	참고: Cognito에서 자동으로 이메일을 전송하도록 선택했습니다. 모범 사례로, 하루 이메일 한도 때문에 고객이 Amazon SES를 통해 프로덕션 사용자 풀에 대한 이메일을 보내도록 제안합니다. 이메일 모범 사례에 대해 자세히 알아보십시오.

프로덕션 사용자 풀의 경우 아마존 SES를 통해 SMS 메시지를 보내는 것이 좋다.

8. Cognito 대시보드의 홈으로 이동해 Manage user pools^{사용자 풀 관리}를 클릭하고 사용자 풀을 확인한다.

작동 원리

대부분의 기본값을 유지하면서 사용자 속성의 구성을 변경하는 아마존 Cognito 사용자 풀을 생성했고 몇 가지 별칭 속성을 생성해봤다.

기본적으로 사용자 이름을 사용해 로그인할 수 있다. 추가 속성을 별칭 속성으로 추가한 다음 이를 사용해 로그인할 수 있다. 별칭 속성에 허용되는 값은 이메일, 전화, 선호하는 사용자 이름이다. 다음 화면과 같이 이메일이나 전화번호 중 하나 또는 둘 다를 사용자 이름으로 사용한 다음 사용자 이름 대신 로그인에 사용할 수 있다.

별칭 속성이나 사용자 이름 속성 중 하나만 지정할 수 있다. 콘솔에서는 라디오 버튼을 실행해 사용되며 AWS CLI 또는 AWS SDK를 사용해 API를 사용하는 경우 그중 하나만 지정해야 한다.

추가 사항

이번 실습에서 사용자 풀을 생성하고자 **기본값 검토** 옵션을 선택했다. 이와 관련된 내용을 살펴본다.

사용자 풀 이름은 `MyFirstUserPool`로 설정했다.

풀 이름	MyFirstUserPool

속성 값은 기본적으로 이메일은 필수 속성으로 돼 있고 별칭 속성, 사용자 이름 속성, 사용자 지정 속성은 선택할 수 있다.

필수 속성	email	✏
별칭 속성	별칭 속성 선택...	
사용자 이름 속성	사용자 이름 속성 선택...	
대/소문자를 구분하지 않도록 설정하시겠습니까?	예	
사용자 지정 속성	사용자 지정 속성 선택...	

현재 기본 암호 정책은 다음과 같이 구성돼 있다.

최소 암호 길이	8	✏
암호 정책	대문자, 소문자, 특수 문자, 숫자	
사용자 가입이 허용됩니까?	사용자가 스스로 가입할 수 있음	

검토 페이지의 다른 항목에는 다음과 같은 값들과 풀 생성 버튼이 있다.

발신 이메일 주소	기본값	✏
Amazon SES를 통해 이메일 전송	예	
MFA	MFA 활성화...	✏
확인	이메일	
태그	사용자 풀에 사용할 태그 선택	✏
앱 클라이언트	앱 클라이언트 추가...	✏
트리거	트리거 추가...	✏

풀 생성

이번 실습에서 콘솔을 이용해 사용자 풀을 생성해봤다. `aws cognito-idp create-user-pool` 명령을 사용해 기본 구성으로 사용자 풀을 생성하고 `pool-name`과 `region`을 선택할 수 있다.

문서를 참고해 명령으로 모든 사용자 풀 설정을 직접 지정할 수 있지만 구성 값이 지정된 JSON 파일을 사용해 쉽고 안전하게 사용자 풀을 설정할 수 있다. `generate-cli-skeleton` 하위 명령을 사용해 AWS CLI 명령의 샘플을 입력하면 CLI JSON 파일을 생성할 수 있다. 그런 다음 `aws cognito-idp create-user-pool` 명령을 사용해 사용자 풀 템플릿을 작성하고 JSON 파일을 `cli-input-json` 파라미터로 선택할 수 있다.

예를 들어 다음 JSON 파일을 사용해 이메일 확인을 통해 사용자 풀을 만들 수 있다.

```
{
    "PoolName": "MyUserPoolWithEmailVerification",
```

```
    "AutoVerifiedAttributes": [
        "email"
    ]
}
```

 일반적으로 이메일이나 연락처 확인을 추가하는 것이 좋다. 사용자 계정을 자체적으로 확인해 비밀번호를 재설정할 수 있기 때문이다. 확인 절차가 없으면 사용자는 관리자에게 문의해 사용자 확인이나 비밀번호 재설정을 받아야 한다.

사용자 풀을 생성하면서 속성과 관련된 항목만 설정했다. 사용자 풀 검토 화면 왼쪽의 사이드바에서 다른 파라미터를 선택해 사용자 정의 설정을 할 수 있다. 현재 다음 항목들에 대한 설정을 지원한다. 일반 설정^{General Settings} 항목에서 **사용자 및 그룹**^{Users and groups}, 속성^{Attributes}, 정책^{Policies}, MFA와 확인^{MFA and verification}, 고급 보안^{Advanced Security}, 메시지 사용자 지정^{Message customizations}, 태그^{Tags}, 디바이스^{Devices}, 앱 클라이언트^{App clients}, 트리거^{Triggers}, 분석^{Analytics}, 앱 통합^{App integration} 항목에서 앱 클라이언트 설정^{App client settings}, 도메인 이름^{Domain name}, UI 사용자 지정^{UI customization}, 리소스 서버^{Resource servers}, 연동^{Federation} 항목에서 **자격증명 공급자**^{Identity providers}, 속성 매핑^{Attribute mapping}을 사용할 수 있다.

참고 사항

- 사용자 ID와 관련된 보안 개념은 https://cloudmaterials.com/en/blog-entry/basic-security-concepts-related-user-identity에서 확인할 수 있다.

▌아마존 Cognito 클라이언트 앱 생성

이전 실습에서 생성한 사용자 풀을 위해 앱 클라이언트를 생성해본다. 로그인, 가입 및 비밀번호 분실과 같은 인증되지 않은 호출을 수행하려면 앱 클라이언트가 필요하다.

준비

'아마존 Cognito 사용자 풀 생성' 절을 참고해 사용자 풀을 생성한다.

작동 방법

다음 절차를 참고해 사용자 풀용 앱 클라이언트를 생성할 수 있다.

1. 아마존 Congnito 대시보드에서 **사용자 풀 관리**를 선택하고 생성한 사용자 풀을 클릭한다.

 사이드바의 앱 클라이언트 메뉴 항목으로 이동해 사용자 풀을 만들 때 앱 클라이언트를 만들 수도 있다.

2. 사이드바에서 앱 클라이언트를 클릭한다.
3. 앱 클라이언트 추가를 클릭한다.
4. 클라이언트 보안키 생성 선택을 취소하고 ADMIN_NO_SRP_AUTH와 USER_PASSWORD_AUTH를 선택한다.

Which app clients will have access to this user pool?

The app clients that you add below will be given a unique ID and an optional secret key to access this user pool.

App client name

MyFirstAppClient

Refresh token expiration (days)

30

☐ Generate client secret

☑ Enable sign-in API for server-based authentication (ADMIN_NO_SRP_AUTH)   Learn more.

☐ Only allow Custom Authentication (CUSTOM_AUTH_FLOW_ONLY)   Learn more.

☑ Enable username-password (non-SRP) flow for app-based authentication (USER_PASSWORD_AUTH)
Learn more.

Set attribute read and write permissions

Cancel   Create app client

필요한 경우 Set attribute read and write permissions^{속성 읽기 및 쓰기 권한 설정} 링크를 클릭해 이 앱 클라이언트에 대한 속성 읽기와 쓰기 권한을 설정할 수 있다.

5. Create app client^{앱 클라이언트 생성}을 클릭해 앱 클라이언트를 생성한다.

작동 원리

이번에는 다음 설정으로 API 클라이언트를 생성해봤다.

1. Generate client secret^{클라이언트 보안키 생성} 선택을 취소했다.

2. ADMIN_NO_SRP_AUTH를 선택했다.

3. USER_PASSWORD_AUTH를 선택했다.

추가 사항

이번 실습에서 콘솔을 이용해 Cognito 사용자 풀을 생성해봤다. `create-user-pool-list`의 하위 명령인 `cognito-idp`를 이용해 CLI에서도 생성할 수 있다.

Cognito 사용자 인증과 관련된 몇 가지 추가 개념을 살펴본다.

- 다음과 같이 다른 타입의 인증 방식을 Cognito에서 지원한다.
  - Client-side authentication flow
  - Server-side authentication flow
  - Custom authentication flow
  - Admin authentication flow
  - User migration authentication flow
- Custom authentication flow는 콘솔에서 앱 클라이언트를 생성하며 only allow custom authentication flow^{사용자 정의 인증만 허용}를 선택하거나 ExplicitAuthFlows 항목에서 CUSTOM_AUTH_FLOW_ONLY를 지정하지 않으면 다른 인증 방식과 함께 사용할 수 있다.
- 람다^{Lambda} 트리거를 이용해 사용자 지정 Cognito 인증 방식을 구성할 수 있다.

트리거 워크플로 사용자 정의

람다 함수^{function}를 이용해 Cognito 워크플로를 사용자 정의^{Customize}할 수 있다. 현재 사전 가입, 사전 인증, 사용자 지정 메시지, 사후 인증, 게시 확인, 인증 문제 정의, 인증 문제 생성, 인증 문제 응답 확인, 사용자 마이그레이션, 사전 토큰 생성 등을 지원한다.

사용자 풀의 Triggers^{트리거} 탭에서 AWS 람다 함수를 트리거로 구성할 수 있다.

페이지 하단에 더 많은 트리거 옵션이 있다.

각 트리거 옵션을 테스트해 Cognito 사용 실력을 향상시켜보자.

참고 사항

- Cognito 자격증명 풀 작업에 지원되는 트리거 목록은 https://docs.aws.amazon.com/cognito/latest/developerguide/cognito-user-identity-pools-working-with-aws-lambda-triggers.html에서 확인할 수 있다.

▌ 사용자 생성과 가입

이번에는 관리자에 의한 사용자 생성과 가입을 통해 자체 서명으로 사용자를 생성하는 방법을 알아본다.

준비

'아마존 Cognito 사용자 풀 생성' 절을 참고해 사용자 풀을 생성한다. CLI로 사용자 풀을 만드는 방법은 코드 파일과 함께 설명이 제공된다. 실습을 위한 기본 구성으로 사용자 풀을 생성했으며, ID는 us-east-1_Q1cydt6I0이다. 실습하는 동안 본인의 ID로 교체해 실습을 진행한다.

자체 승인을 받은 사용자 가입의 경우 이메일 확인 기능이 있는 사용자 풀이 필요하다. '아마존 Cognito 사용자 풀 생성' 절에 설명한 대로 이메일 확인을 통해 CLI에서 ID가 us-east-1_cRtc8peWU인 사용자 풀을 생성했다. 실습하는 동안 본인의 ID로 교체해 실습을 진행한다.

실습을 위해 관리자 권한이 있는 사용자가 필요하며 AWS CLI에서 프로필을 구성해야 한다. 실습을 위한 기본 구성으로 이름이 awssecadmin인 사용자 CLI 프로필을 생성한다. 실습하는 동안 본인의 ID로 교체해 실습을 진행한다.

작동 방법

먼저 관리자 권한을 가진 사용자를 생성하고 자체 가입을 통해 사용자를 생성해 본다.

관리자 권한을 가진 사용자 생성

admin-create-user 명령으로 관리자 프로필을 가진 사용자를 생성한다.

```
aws cognito-idp admin-create-user \
    --user-pool-id us-east-1_Q1cydt6I0 \
    --username testuser \
    --temporary-password Passw0rd$ \
    --profile awssecadmin
```

해당 명령을 수행하면 다음과 같은 응답 메시지를 확인할 수 있다.

```
{
    "User": {
        "Username": "testuser",
        "Attributes": [
            {
                "Name": "sub",
                "Value": "3c309173-99f5-442f-a3c8-f533a0490259"
            }
        ],
        "UserCreateDate": 1569393053.452,
        "UserLastModifiedDate": 1569393053.452,
        "Enabled": true,
        "UserStatus": "FORCE_CHANGE_PASSWORD"
    }
}
```

이제 자체 가입 시 관리자 확인을 통해 사용자를 생성하는 방법을 알아본다.

자체 로그인 시 관리자 확인으로 사용자 생성

자체 가입을 통해 사용자를 만들려면 먼저 앱 클라이언트를 만들어야 한다. 지원하는 인증 방식을 기반으로 앱 클라이언트를 만들 수 있다.

1. 다음 명령으로 클라이언트 앱을 생성한다.

```
aws cognito-idp create-user-pool-client \
    --user-pool-id us-east-1_Q1cydt6I0 \
    --client-name UserPoolClientForSignUp \
    --profile awssecadmin
```

해당 명령을 수행하면 다음 응답 메시지를 확인할 수 있다.

```
{
    "ChallengeParameters": {},
    "AuthenticationResult": {
        "AccessToken": "eyJraWQiOiJKcUdKTW1TVXd4QWdZQ09YbXlcL1Z
ZDY00TIwLTRjZmEtNGVkZi04MjNjLWYwMjczMTU0YjA2ZSIsInRva2VuX3VzZSI
C51cy1lYXN0LTEuYW1hem9uYXdzLmNvbVwvdXMtZWFzdC0xX1ExY3lkDZJMCIs
MzOGpzZ2pnczYzYmUwY2lkcSIsInVzZXJuYW1lIjoidGVzdHVzZXIifQ.jOF7CU
CNEzHOpigX2PZo_H1cWH-QwP0oeGBYfV7IS_i18BQ4xTp8j94KBMACAbAvwx280
Kdt2Q",
        "ExpiresIn": 3600,
        "TokenType": "Bearer",
        "IdToken": "eyJraWQiOiI4QitKSndcL2tPNVV1UFVMcmpxMDg2enJ
OGpzZ2pnczYzYmUwY2lkcSIsImV2ZW50X2lkIjoiYjRkNjQ5MjAtNGNmYS00ZWR
W1hem9uYXdzLmNvbVwvdXMtZWFzdC0xX1ExY3lkDZJMCIsImNvZ25pdG86ODdXNl
ENiXUS0oZ7I6EalHhQJhTJRmEDeV_FwORQjcXPUtCfUh8gXAczoXv9Ns0_gPlJe
JyBhxLsDQS4XKCa3fQpZbN_3ZYG1wFcHFph0E5mgoFhBuc0fMKA_R7drW1oeis5
    }
}
```

2. 생성된 앱 클라이언트를 사용해 사용자를 등록한다.

```
aws cognito-idp sign-up \
    --client-id 7bb4jnd3mdva5hmkodkghrraog \
    --username testuser2 \
    --password Passw0rd$
```

해당 명령을 수행하면 다음 응답 메시지를 확인할 수 있다.

```
{
    "ChallengeParameters": {},
    "AuthenticationResult": {
        "AccessToken": "eyJraWQiOiJKcUdKTW1TVXd4QWdZQ09YbXlcL1Z
ZDY0OTIwLTRjZmEtNGVkZi04MjNjLWYwMjczMTU0YjA2ZSIsInRva2VuX3VzZSI
C51cy1lYXN0LTEuYW1hem9uYXdzLmNvbVwvdXMtZWFzdC0xEXY3lkdDZJMCIs
MzOGpzZ2pnczYzYmUwY2lkcSIsInVzZXJuYW1lIjoidGVzdHVzZXIifQ.jOF7CU
CNEzHOpigX2PZo_H1cWH-QwP0oeGBYfV7IS_i18BQ4xTp8j94KBMACAbAvwx280
Kdt2Q",
        "ExpiresIn": 3600,
        "TokenType": "Bearer",
        "IdToken": "eyJraWQiOiI4QitKSndcL2tPNVV1UFVMcmpxMDg2enJ
OGpzZ2pnczYzYmUwY2lkcSIsImV2ZW50X2lkIjoiYjRkNjQ5MjAtNGNmYS00ZWR
W1hem9uYXdzLmNvbVwvdXMtZWFzdC0xEXY3lkdDZJMCIsImNvZ25pdG86dXNl
ENiXUS0oZ7I6EalHhQJhTJRmEDeV_FwORQjcXPUtCfUh8gXAczoXv9Ns0_gPlJe
JyBhxLsDQS4XKCa3fQpZbN_3ZYG1wFcHFph0E5mgoFhBuc0fMKA_R7drW1oeis5
    }
}
```

3. 생성된 계정을 관리자가 확인한다.

```
aws cognito-idp admin-confirm-sign-up \
   --user-pool-id us-east-1_Q1cydt6I0 \
   --username testuser2 \
   --profile awssecadmin
```

이제 관리자 인증(서버 측) 또는 클라이언트 측 인증 방식(SRP 또는 사용자
이름이 있는 비밀번호 사용)과 같은 인증 방식을 사용해 생성된 사용자로 로
그인할 수 있다.

사용자 가입 시 자체 확인으로 사용자 생성

다음 절차를 참고해 자체 서명과 자체 확인을 통해 사용자를 생성할 수 있다.

1. 사용자 이메일 확인을 지원하는 사용자 풀을 만들고 해당 풀을 위한 앱 클
   라이언트를 생성한다.

```
aws cognito-idp create-user-pool-client \
  --user-pool-id us-east-1_cRtc8peWU \
  --client-name UserPoolClientForSignUp \
  --profile awssecadmin
```

해당 명령을 수행하면 다음 응답 메시지를 확인할 수 있다.

```
{
    "UserPoolClient": {
        "UserPoolId": "us-east-1_cRtc8peWU",
        "ClientName": "UserPoolClientForSignUp",
        "ClientId": "5r4f3tpvi026j51atur29uqlme",
        "LastModifiedDate": 1569408972.854,
        "CreationDate": 1569408972.854,
        "RefreshTokenValidity": 30,
        "AllowedOAuthFlowsUserPoolClient": false
    }
}
```

2. 이메일로 가입해 사용자 계정을 생성한다.

```
aws cognito-idp sign-up \
  --client-id 5r4f3tpvi026j51atur29uqlme \
  --username testuser3 \
  --password Passw0rd$ \
  --user-attributes Name=email,Value=awsseccookbook@gmail.com
```

해당 명령을 수행하면 다음 응답 메시지를 확인할 수 있다.

```
{
    "UserConfirmed": false,
    "CodeDeliveryDetails": {
        "Destination": "a***@g***.com",
        "DeliveryMedium": "EMAIL",
        "AttributeName": "email"
    },
    "UserSub": "1157998d-9f1e-4624-b3a2-fbc003a89b81"
}
```

그리고 다음과 같은 이메일을 확인할 수 있다.

Your verification code [Inbox ×]

no-reply@verificationemail.com
to me ▾

Your confirmation code is 923042

← Reply   ➡ Forward

3. 이메일로 전달받은 확인 코드를 사용해 자체 확인 절차를 진행한다.

```
aws cognito-idp confirm-sign-up \
    --client-id 5r4f3tpvi026j51atur29uqlme \
    --username testuser3 \
    --confirmation-code 923042
```

적절한 앱 클라이언트를 사용하면서 관리자 인증(서버 측) 또는 클라이언트 측 인증(SRP 또는 사용자 이름이 있는 비밀번호 사용)과 같은 인증 방식을 사용해 해당 사용자로 로그인할 수 있다.

작동 원리

관리자가 사용자를 만들거나 확인할 때 앱 클라이언트를 지정할 필요가 없다. 그러나 사용자가 자체 서명이나 자체 확인을 수행하는 경우 사용자가 추가된 사용자 풀의 앱 클라이언트를 사용해야 한다. 또한 사용자 생성이나 사용자 승인과 같은 관리자 작업에는 AWS 관리자 개발자 자격증명이 필요하다. 그러나 사용자 자체 서명이나 사용자 자체 확인에는 프로필이 필요 없다.

관리자가 임시 비밀번호를 사용해 사용자를 작성하면 사용자 상태는 FORCE_CHANGE_Status로 설정된다. 다음에 로그인할 때 사용자는 비밀번호를 반드시 변경해야 한다. 사용자가 가입할 때 관리자가 계정을 승인하거나 사용자가 자신을 확인할 때까지 계정이 확인되지 않는다. 관리자가 승인할 때 이메일이나 비밀번호는 선택 사항이다. 자체 확인 시 이메일과 같은 자체 확인에 사용되는 수단을 지정해야 한다.

추가 사항

이번에는 기본 인증만 지원하는 앱 클라이언트를 생성해 사용해봤다. 그리고 Cognito 사용자 풀과 함께 사용할 수 있는 여러 가지 인증 방식을 확인했다.

참고 사항

- Cognito 자체 서명 API에 대해 지원되는 옵션들은 https://docs.aws. amazon.com/cli/latest/reference/cognito-idp/sign-up.html에서 확인할 수 있다.

▎ 관리자 인증 방식

이번에는 서버 측 인증 방식과 AWS 개발자 자격증명을 이용해 AWS CLI로 API를 호출해 관리자 인증 방식을 구성하는 방법을 알아본다.

준비

'아마존 Cognito 사용자 풀 생성' 절을 참고해 사용자 풀을 생성한다. CLI로 사용자 풀을 만드는 방법은 코드 파일과 함께 설명이 제공된다. 실습을 위한 기본 구성으로 사용자 풀을 생성했으며, ID는 us-east-1_Q1cydt6I0이다. 실습하는 동안 본인의 ID로 교체해 실습을 진행한다.

실습을 위해 관리자 권한이 있는 사용자가 필요하며 AWS CLI에서 프로필을 구성해야 한다. 실습을 위한 기본 구성으로 이름이 awssecadmin인 사용자 CLI 프로필을 생성한다. 실습하는 동안 본인의 ID로 교체해 실습을 진행한다.

작동 방법

ADMIN_NO_SRP_AUTH가 활성화된 사용자 풀 클라이언트를 생성해 다음과 같이 서버 측 관리자 인증 방식에 사용할 수 있다.

1. ADMIN_NO_SRP_AUTH와 같은 인증 방식으로 사용자 풀 클라이언트를 생성한다.

```
aws cognito-idp create-user-pool-client \
    --user-pool-id us-east-1_Q1cydt6I0 \
    --client-name MyClientForServerSideFromCLI \
    --explicit-auth-flows ADMIN_NO_SRP_AUTH \
    --region us-east-1 \
    --profile awssecadmin
```

해당 명령을 수행하면 다음 응답 메시지를 확인할 수 있다.

```
{
    "UserPoolClient": {
        "UserPoolId": "us-east-1_Q1cydt6I0",
        "ClientName": "MyClientForServerSideFromCLI",
        "ClientId": "6c5f8dn6s38jsgjgs63be0cidq",
        "LastModifiedDate": 1569392010.067,
        "CreationDate": 1569392010.067,
        "RefreshTokenValidity": 30,
        "ExplicitAuthFlows": [
            "ADMIN_NO_SRP_AUTH"
        ],
        "AllowedOAuthFlowsUserPoolClient": false
    }
}
```

2. 사용자를 생성한다.

```
aws cognito-idp admin-create-user \
    --user-pool-id us-east-1_Q1cydt6I0 \
    --username testuser \
    --temporary-password Passw0rd$ \
    --profile awssecadmin
```

해당 명령을 수행하면 다음 응답 메시지를 확인할 수 있다.

```
{
    "User": {
        "Username": "testuser",
        "Attributes": [
            {
                "Name": "sub",
                "Value": "3c309173-99f5-442f-a3c8-f533a0490259"
            }
        ],
        "UserCreateDate": 1569393053.452,
        "UserLastModifiedDate": 1569393053.452,
        "Enabled": true,
        "UserStatus": "FORCE_CHANGE_PASSWORD"
    }
}
```

 TIP 이전 단계에서 생성한 사용자를 다시 사용할 수도 있다.

3. 관리자 역할로 인증 프로세스를 시작한다.

```
aws cognito-idp admin-initiate-auth \
    --user-pool-id us-east-1_Q1cydt6I0 \
    --client-id 6c5f8dn6s38jsgjgs63be0cidq \
    --auth-flow ADMIN_NO_SRP_AUTH \
    --auth-parameters USERNAME=testuser,PASSWORD=Passw0rd$ \
    --profile awssecadmin
```

해당 명령을 수행하면 다음 응답 메시지를 확인할 수 있다.

```
{
    "ChallengeName": "NEW_PASSWORD_REQUIRED",
    "Session": "N02drbF3ldLJd91x4m7_iTRYiMSy9uuKpYHgHxMGb4qX1JMM
xDYVOODUP4VxIMsCPv370IfCKqgbC4Umazkd4K99ASKyg7M00My5l490yE6dJVyN
S68enmgXkPSaFGiYFvmnvQLK7DVBO7dwHaBubGYFJYzgR7BYOkzWDRTfS3Uqr3at
IHGuKnFulYe2-1i_UuWOjfhg6dYK2JX2oGyZE6_jSiRXCEfAimTyul8jdaw6ILvk
aO9cJAq544ocAyjwJBaqM1sKmutwVhVRu_UkVKIjxyBEAzt4VHFJR1ZV06lyiyYp
    "ChallengeParameters": {
        "USER_ID_FOR_SRP": "testuser",
        "requiredAttributes": "[]",
        "userAttributes": "{}"
    }
}
```

4. 새로운 비밀번호로 인증 요청에 응답한다.

```
aws cognito-idp admin-respond-to-auth-challenge \
    --user-pool-id us-east-1_fYsb1Gyec \
    --client-id 6c5f8dn6s38jsgjgs63be0cidq \
    --challenge-name NEW_PASSWORD_REQUIRED \
    --challenge-responses USERNAME=testuser,NEW_PASSWORD=NewPassw0rd$ \
    --session <session-id> \
    --profile awssecadmin
```

해당 명령을 수행하면 다음 응답 메시지를 확인할 수 있다.

```
{
    "ChallengeParameters": {},
    "AuthenticationResult": {
        "AccessToken": "eyJraWQiOiJKcUdKTW1TVXd4QWdZQ09YbXlcL1ZJ
ZTAwZjQ1LTdkNjUtNDM3OC04ZTBkLTJlNTE2NmM5ZDA4MyIsInRva2VuX3VzZSI6
C51cy1lYXN0LTEuYW1hem9uYXdzLmNvbVwvdXMtZWFzdC0xX1ExY3lkdDZJMCIsI
Mz0GpzZ2pnczYzYmUwY2lkcSIsInVzZXJuYW1lIjoidGVzdHVzZXIifQ.lVJ3g8B
J9Bl6jk0hgDjlyXAbsH4NhOTszZUt6Us9Vxrtc1iwXI2vvK9zTJFLhlKa4460RE4
aBsRA",
        "ExpiresIn": 3600,
        "TokenType": "Bearer",
        "RefreshToken": "eyJjdHki0iJKV1QiLCJlbmMi0iJBMjU2R0NNIiw
CvurNmt33yO6eLLy-gu29SO_DV7ArZnBHQcDbkaCr5A8PLQzPzGaZdx8EAh3Niu6
w-gAB0tsBWydcqCISRb9zgAWnvwni8QjAV4A.Sczo1GJg5xy1q243.DYSZKQxK67
ckD6A1snBHDOq2BdXaQeYPM4ocicnhoepPz9XgvyAMn7BcEKpCWHZ90hrLya04Oe
DZXGonrx58rbfm8bZXSh-TnaHlOZj6SJWTGV_HhEX2THvpnRy18wWGFCYlsFQGet
UcJTZeX4syWQLC9IPQgpKd9bdyeWBK1GuYyeLcWdPq-HRqhQiTFghJvFMbLTCWwX
Q8JqVuEmvWt6OxvE2f3XzL-fYkSymquMaFmbA0K8swYGv4iDUYXMrHEBAOmdki9m
0IJnICXXcjtXh8UPpBU7cDCP04uBjf1IE-716-AZO6pn55oi0K_8oqPzDSqT39ge
RCx-bkMGFMlKmrISahGEd0FPlmqhKy5Rn0-8HVsmNap2VMnEeWDThqL7ZYCfSYds
        "IdToken": "eyJraWQiOiI4QitKSndcL2tPNVV1UFVMcmpxMDg2enJs
0GpzZ2pnczYzYmUwY2lkcSIsImV2ZW50X2lkIjoiMjVlMDBmNDUtN2Q2NS00Mzc4
W1hem9uYXdzLmNvbVwvdXMtZWFzdC0xX1ExY3lkdDZJMCIsImNvZ25pdG86dXNlc
p8Hvt-32z14BcIL2vJrNygaJzmc4tG3eULqAYcjqqUeswBslv_DDtYGMKbfAITON
mCQ8pnk15zd4Hp3mrHSWtzxLp9PRNHvG4_LuJ5RT36ZU7Sp_pQ-lY7gzzSduq-xP
    }
}
```

5. 변경한 비밀번호로 로그인한다.

```
aws cognito-idp admin-initiate-auth \
    --user-pool-id us-east-1_Q1cydt6I0 \
    --client-id 6c5f8dn6s38jsgjgs63be0cidq \
    --auth-flow ADMIN_NO_SRP_AUTH \
    --auth-parameters USERNAME=testuser,PASSWORD=NewPassw0rd$ \
    --profile awssecadmin
```

성공적으로 로그인하면 AccessToken, RefreshToken, IdToken을 호출한다.

6. Refresh Token을 사용해 AccessToken을 생성한다.

```
aws cognito-idp admin-initiate-auth \
```

```
--user-pool-id us-east-1_Q1cydt6I0 \
--client-id 6c5f8dn6s38jsgjgs63be0cidq \
--auth-flow REFRESH_TOKEN_AUTH \
--auth-parameters REFRESH_TOKEN=<RefreshToken> \
--profile awssecadmin
```

해당 명령을 수행하면 다음 응답 메시지를 확인할 수 있다.

```
{
    "ChallengeParameters": {},
    "AuthenticationResult": {
        "AccessToken": "eyJraWQiOiJKcUdKTW1TVXd4QWdZQ09YbXlcL1Z
ZDY0OTIwLTRjZmEtNGVkZi04MjNjLWYwMjczMTU0YjA2ZSIsInRva2VuX3VzZSI
C51cy1lYXN0LTEuYW1hem9uYXdzLmNvbVwvdXMtZWFzdC0xX1ExY3lkdDZJMCIs
MzOGpzZ2pnczYzYmUwY2lkcSIsInVzZXJuYW1lIjoidGVzdHVzZXIifQ.jOF7CU
CNEzHOpigX2PZo_H1cWH—QwP0oeGBYfV7IS_i18BQ4xTp8j94KBMACAbAvwx280
Kdt2Q",
        "ExpiresIn": 3600,
        "TokenType": "Bearer",
        "IdToken": "eyJraWQiOiI4QitKSndcL2tPNVV1UFVMcmpxMDg2enJ
OGpzZ2pnczYzYmUwY2lkcSIsImV2ZW50X2lkIjoiYjRkNjQ5MjAtNGNmYS00ZWR
W1hem9uYXdzLmNvbVwvdXMtZWFzdC0xX1ExY3lkdDZJMCIsImNvZ25pdG86dXNl
ENiXUS0oZ7I6EalHhQJhTJRmEDeV_FwORQjcXPUtCfUh8gXAczoXv9Ns0_gPlJe
JyBhxLsDQS4XKCa3fQpZbN_3ZYG1wFcHFph0E5mgoFhBuc0fMKA_R7drW1oeis5
    }
}
```

7. 구성된 내용을 정리한다.

앱 클라이언트 삭제는 다음과 같다.

```
aws cognito-idp delete-user-pool-client \
    --user-pool-id us-east-1_Q1cydt6I0 \
    --client-id 6c5f8dn6s38jsgjgs63be0cidq \
    --profile awssecadmin
```

사용자 삭제는 다음과 같다.

```
aws cognito-idp admin-delete-user \
```

```
--user-pool-id us-east-1_Q1cydt6I0 \
--username testuser \
--profile awssecadmin
```

생성된 앱 클라이언트와 사용자 풀은 이번 장에서 살펴볼 기능의 실습이 완료될 때까지 사용할 수 있다.

작동 원리

관리자 인증 흐름은 관리자별 인증 API를 사용하려면 관리자 자격증명이 필요하다. 관리 API는 일반적으로 자바나 .Net과 같은 서버 측 프로그래밍 언어를 사용해 작성된 안전한 서버 측 애플리케이션에서 사용된다.

Cognito는 기본적으로 SRP 기반 인증을 사용한다. 관리자 API가 SRP 없이 사용자 이름과 비밀번호를 전달할 수 있도록 ADMIN_NO_SRP_AUTH를 활성화했다.

이번 실습에서 사용한 API 명령을 살펴본다.

- create-user-pool-client 하위 명령을 사용해 CLI에서 사용자 풀을 생성했다.
- admin-create-user 하위 명령을 사용해 사용자를 생성했다.
- admin-initial-auth 하위 명령을 사용해 admin API로 사용자 인증을 구성했다.
- admin-respond-to-auth-challenge 하위 명령을 사용해 인증 요청에 응답했다.
- 마지막으로 delete-user-pool-client 하위 명령을 사용해 사용자 풀 클라이언트를 삭제한 다음 cognito-idp admin-delete-user 하위 명령을 사용해 사용자를 삭제했다.

추가 사항

SRP는 SRP^{Secure Remote Password} 프로토콜로 하나 이상의 사용자가 암호를 알고 암호 키 설정을 위해 암호 인증키를 사용하는 방식이다. SRP 기반 인증은 iOS, 안드로이드, 자바스크립트 기반 SDK에서 지원된다. 현재 서버 기반 프로그래밍 언어 SDK는 SRP를 지원하지 않는다

이번 실습에서 RefreshToken, AccessToken, IdToken이라는 세 가지 유형의 토큰을 확인했다. 이 토큰은 OIDC^{OpenID Connect} 공개 표준에 따라 정의된 JWT^{JSON Web Token} 형식을 준용한다. IdToken은 이름, 이메일, 전화번호를 비롯해 사용자의 신원에 대한 청구로 구성되며 AccessToken은 리소스에 대한 접근 권한을 부여하는 데 사용된다. AccessToken과 IdToken은 수명이 짧은 반면 RefreshToken은 오래 지속되며 새로운 IdToken이나 AccessToken을 얻는 데 사용된다.

참고 사항

- Cognito 사용자 풀 클라이언트 API에 지원되는 옵션과 사용법은 https://docs.aws.amazon.com/cli/latest/reference/cognito-idp/create-user-pool-client.html에서 확인할 수 있다.

▌클라이언트 인증 방식

이번에는 일반 API와 함께 클라이언트 측 인증 방식을 구성하는 방법을 알아본다. AWS CLI 사용자 이름과 비밀번호 기반 인증을 구현한다. iOS, 안드로이드 또는 자바스크립트 기반의 실제 앱에서 비밀번호 대신 SRP를 사용할 수 있다.

준비

'아마존 Cognito 사용자 풀 생성' 절을 참고해 사용자 풀을 생성한다. CLI로 사용자 풀을 만드는 방법은 코드 파일과 함께 설명이 제공된다. 실습을 위한 기본 구성으로 사용자 풀을 생성했으며 ID는 us-east-1_Q1cydt6I0이다. 실습하는 동안 본인의 ID로 교체해 실습을 진행한다.

실습을 위해 관리자 권한이 있는 사용자가 필요하며 AWS CLI에서 프로필을 구성해야 한다. 실습을 위한 기본 구성으로 이름이 awssecadmin인 사용자 CLI 프로필을 생성한다. 실습하는 동안 본인의 ID로 교체해 실습을 진행한다.

작동 방법

다음과 같이 USER_PASSWORD_AUTH 인증 방식을 사용해 AWS CLI에서 클라이언트 측 인증 방식을 구성할 수 있다.

1. USER_PASSWORD_AUTH 인증 방식을 사용하는 앱 클라이언트를 생성한다.

```
aws cognito-idp create-user-pool-client \
   --user-pool-id us-east-1_Q1cydt6I0 \
   --client-name my-user-pool-client \
   --explicit-auth-flows USER_PASSWORD_AUTH \
   --profile awssecadmin
```

해당 명령을 수행하면 다음 응답 메시지를 확인할 수 있다.

```
{
    "UserPoolClient": {
        "UserPoolId": "us-east-1_Q1cydt6I0",
        "ClientName": "my-user-pool-client",
        "ClientId": "5lbibammet3kd39of0n6vqj2am",
        "LastModifiedDate": 1569413589.967,
        "CreationDate": 1569413589.967,
        "RefreshTokenValidity": 30,
        "ExplicitAuthFlows": [
            "USER_PASSWORD_AUTH"
        ],
        "AllowedOAuthFlowsUserPoolClient": false
    }
}
```

2. 사용자를 생성한다.

```
aws cognito-idp admin-create-user \
    --user-pool-id us-east-1_Q1cydt6I0 \
    --username testuser4 \
    --temporary-password Passw0rd$ \
    --profile awssecadmin
```

해당 명령을 수행하면 다음 응답 메시지를 확인할 수 있다.

```
{
    "User": {
        "Username": "testuser4",
        "Attributes": [
            {
                "Name": "sub",
                "Value": "68b42d94-28bb-4b0e-ad2c-33c077a66c41"
            }
        ],
        "UserCreateDate": 1569414353.672,
        "UserLastModifiedDate": 1569414353.672,
        "Enabled": true,
        "UserStatus": "FORCE_CHANGE_PASSWORD"
    }
}
```

3. 사용자 계정과 비밀번호로 인증을 시작한다.

```
aws cognito-idp initiate-auth \
    --client-id 5lbibammet3kd39of0n6vqj2am \
    --auth-flow USER_PASSWORD_AUTH \
    --auth-parameters USERNAME=testuser4,PASSWORD=Passw0rd$
```

해당 명령을 수행하면 다음 응답 메시지를 확인할 수 있다.

```
$ aws cognito-idp initiate-auth \
>     --client-id 5lbibammet3kd39of0n6vqj2am \
>     --auth-flow USER_PASSWORD_AUTH \
>     --auth-parameters USERNAME=testuser4,PASSWORD=Passw0rd$
{
    "ChallengeName": "NEW_PASSWORD_REQUIRED",
    "Session": "lFIRyYmq-JK2TM-JY8WL6mjh4KfX3mP_ncZBeq8V94bckI-
LDxip0oHtWWRWlfktN2m5BuHbXxTdUlJ4pY-P-atN2qdjb3zzS2IchmYlElqf_y
C53S8R2E7j69eYUsQxTdb1HBUiG7rrUoAW0oOdE0cB4JThdY6HJAkDrV9dwNx-M
qOHgHvvBSl6WSNTCQW5gscQALMRfAyxjPDSiGauuzuPzpgg53P1kQnhQTu27d8p
Nge7HSzRCbn2hjgSRkfR67TFA7ufh8LSdULrBVHfZUGu2fqxy6x14tyeopvGi8u
    "ChallengeParameters": {
        "USER_ID_FOR_SRP": "testuser4",
        "requiredAttributes": "[]",
        "userAttributes": "{}"
    }
}
```

4. 인증 요청을 받으면 비밀번호를 다시 설정해 응답한다.

```
aws cognito-idp respond-to-auth-challenge \
    --client-id 5lbibammet3kd39of0n6vqj2am \
    --challenge-name NEW_PASSWORD_REQUIRED \
    --challenge-responses USERNAME=testuser4,NEW_PASSWORD=NewPassw0rd$ \
    --session <session-id>
```

Session-id를 이전 단계에서 발급받은 세션 ID로 변경한다. 성공하면 다음과 같은 응답을 확인할 수 있다.

```
{
    "ChallengeParameters": {},
    "AuthenticationResult": {
        "AccessToken": "eyJraWQiOiJKcUdKTW1TVXd4QWdZQ09YbXlcL1ZJ
Yzg4OGQwLWEzY2UtNGY1My1hZmZiLTBhOTc2NzIwYTQzYyIsInRva2VuX3VzZSI6
C51cy1lYXN0LTEuYW1hem9uYXdzLmNvbVwvdXMtZWFzdC0xX1ExExY3lkdDZJMCIsI
V0M2tkMzlvZjBuNnZxajJhbSIsInVzZXJuYW1lIjoidGVzdHVzZXI0In0.dPnt-P
0drrxVduUo4eudJd7XT2M1DG6t0sfE7qRILpCsoC_bHtTrQ7IbATMFtK7WlPZIZJ
9Izt5g",
        "ExpiresIn": 3600,
        "TokenType": "Bearer",
        "RefreshToken": "eyJjdHki0iJKV1QiLCJlbmMi0iJBMjU2R0NNIiw
j3s6SX8o_A6jdVi3CySi1oMnz5bqei_6nvKpKbV2TXlJJwtaqABjQDdh9Qz45g7s
38ujBbi6Fx1fypA5MmL6NsQS8SaN-rP1Pbqg.Js9-D0V7mszVjDmA.LerhS1x1HR
ILCxeGBGRby-4UlcnM9VR_UVGllATWNzIbL-kfmfJjoKgh4pW7jiwnKlr4rNgW5O
h0hg7XAlI1ezq0FECPNyhJd2THqWrQ5r7UNu_PDShAuRH-QZzWqs6IQnzCC5FoLe
uRj_OBPhMrX8QrNyTPc-w5eiaZy5AnPw2ip2-12fz0YzH6EBADNUli07MvL6iloe
E1bOBrMGhdHQOic0YiVaaYeZKurTd63qKq4_5e1siwiPn32nS8blrEZDW2hUfr_f
P1LM7NcqeNrvOj3EISKAgLC_Qzm_6uoxWtPQwrCHeZ_0WXbkdzZ_yLYD_hQz6Cwz
fApv6aEa_HJCKKcfMQt0Y9Jh_EkFGfkBvGl_9vMN2NKgt1Ogs0Do5u_-eseiYrMP
        "IdToken": "eyJraWQiOiI4QitKSndcL2tPNVV1UFVMcmpxMDg2enJs
M2tkMzlvZjBuNnZxajJhbSIsInV2ZW50X2lkIjoiNWNj0Dg4ZDAtYTNjZS00ZjUz
W1hem9uYXdzLmNvbVwvdXMtZWFzdC0xX1ExY3lkdDZJMCIsImNvZ25pdG86dXNlc
H6HfTzNwDtxNvRIQjnLJSQ4LIRlGWfG5ofjfuLNvKfYSYUkqv7hLp8-339uCE1uY
QZk04LUVu3yXIIPBI3qAAAtXRNxLPwqV3aZkJyqCRpddw2O9q9SJPHKuHzzyidTT
    }
}
```

 TIP 토큰을 리프레시(refresh)해서 다른 토큰을 생성할 수 있다.

5. 새로운 사용자 이름과 비밀번호로 로그인한다.

```
aws cognito-idp initiate-auth \
    --client-id 5lbibammet3kd39of0n6vqj2am \
    --auth-flow USER_PASSWORD_AUTH \
    --auth-parameters USERNAME=testuser4,PASSWORD=NewPassw0rd$
```

이전 단계를 참고해 AccessToken, RefreshToken, IdToken을 호출해야 한

다. 그리고 사용이 끝나면 사용자와 앱 클라이언트를 삭제할 수 있다.

작동 원리

이번 실습에서는 `create-user-pool-client` 하위 명령을 사용해 인증 방식이 `USER_PASSWORD_AUTH`인 앱 클라이언트를 생성했다. 그리고 `admin-create-user` 하위 명령과 함께 관리자 자격증명을 사용해 사용자를 생성했다. 자체 가입을 통해 생성된 사용자를 사용할 수도 있다.

또한 `initialize-auth` 하위 명령을 사용해 인증을 시작했다. 그리고 사용자가 관리자 API를 사용해 만들 때 비밀번호를 변경해야 하므로 `respond-to-auth-challenge` 하위 명령을 사용해 암호를 변경했다. 또한 새로운 사용자 이름과 비밀번호를 사용해 로그인했다

추가 사항

클라이언트 측 앱을 개발하고자 iOS, 안드로이드 또는 자바스크립트 독립형 아마존 Cognito SDK를 사용할 수 있다. iOS, 안드로이드, 웹 또는 리액트[React] 플랫폼에서 클라이언트 측 애플리케이션을 개발하고자 다른 많은 프레임워크와 SDK를 결합한 프레임워크인 아마존 Amplify를 사용할 수도 있다.

참고 사항

- Cognito 클라이언트 측 인증 방식의 자세한 내용은 https://docs.aws. amazon.com/cognito/latest/developerguide/amazon-cognito-user-pools-authentication-flow.html#amazon-cognito-user-pools-client-side-authentication-flow에서 확인할 수 있다.

- AWS Amplify에 대한 정보는 https://aws.amazon.com/amplify에서 확인할 수 있다.

❙ Cognito 그룹 작업

이번에는 두 개의 그룹을 만들고 그룹에 사용자를 할당해본다.

준비

'아마존 Cognito 사용자 풀 생성' 절을 참고해 사용자 풀을 생성한다. CLI로 사용자 풀을 만드는 방법은 코드 파일과 함께 설명이 제공된다. 실습을 위한 기본 구성으로 사용자 풀을 생성했으며 ID는 us-east-1_Q1cydt6I0이다. 실습하는 동안 본인의 ID로 교체해 실습을 진행한다.

실습을 위해 관리자 권한이 있는 사용자가 필요하며 AWS CLI에서 프로필을 구성해야 한다. 실습을 위한 기본 구성으로 이름이 awssecadmin인 사용자 CLI 프로필을 생성한다. 실습하는 동안 본인의 ID로 교체해 실습을 진행한다.

testuser1, testuser2, testuser3의 세 사용자가 필요하다. 이 장의 이전 실습을 기반으로 콘솔이나 CLI에서 사용자를 작성할 수 있다.

작동 방법

다음 절차에 따라 콘솔에서 그룹을 만들고 사용자를 그룹에 할당한다.

1. Cognito 대시보드에서 사용자 풀로 이동한다.
2. 사용자 및 그룹을 클릭한다.

3. 그룹 탭을 클릭한다.

4. 그룹 생성을 클릭한다.

5. 이름, 설명을 입력하고 그룹 생성을 클릭한다.

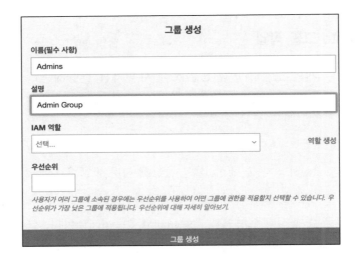

6. 추가로 CAdmins라는 그룹을 하나 더 생성하고 설명에 Content Admins라고 입력한다.

7. 그룹 목록에서 Admins 그룹을 선택한다.

8. 사용자 추가를 클릭하고 더하기(+) 버튼을 선택해 testuser1을 추가한다.

9. 사용자 추가를 클릭하고 더하기(+) 버튼을 선택해 testuser2를 추가한다.

10. 그룹 목록으로 돌아가 CAdmins 그룹을 클릭한다.

11. 사용자 추가를 클릭하고 더하기(+) 버튼을 선택해 testuser2를 추가한다.

12. 사용자 추가를 클릭하고 더하기(+) 버튼을 선택해 testuser3을 추가한다.

작동 원리

아마존 Cognito 사용자 풀을 사용해 사용자를 그룹으로 분류할 수 있다. 단일 사용자는 여러 그룹에 속할 수 있다. 사용자 콘솔 내에서 Add to group^{그룹에 추가}를 클릭해 사용자를 그룹에 추가할 수도 있다.

역할을 사용하지 않고 그룹을 생성했다. 실제로는 그룹을 AWS 역할과 연결하고 AWS 서비스에 대한 선택적 접근 방식을 제공할 수 있다. 애플리케이션 내에서 이러한 그룹 이름을 기반으로 사용자 정의 역할이나 권한을 가질 수 있다.

추가 사항

이번에는 콘솔에서 그룹을 생성해봤다. 다음 명령을 사용하면 CLI에서도 그룹을 생성할 수 있다.

```
aws cognito-idp create-group \
    --group-name 'Admins' \
    --user-pool-id us-east-1_Q1cydt6I0 \
    --description 'Admins Group' \
    --profile awssecadmin
```

그리고 다음 명령으로 CLI에서 사용자를 추가할 수 있다.

```
aws cognito-idp admin-add-user-to-group \
    --user-pool-id us-east-1_Q1cydt6I0 \
    --username testuser4 \
    --group-name Admins \
    --profile awssecadmin
```

다음 명령으로 사용자 그룹을 나열할 수 있다.

```
aws cognito-idp admin-list-groups-for-user \
    --username testuser4 \
    --user-pool-id us-east-1_Q1cydt6I0 \
    --profile awssecadmin
```

해당 명령을 수행하면 다음 응답 메시지를 확인할 수 있다.

```
{
    "Groups": [
        {
            "GroupName": "Admins",
            "UserPoolId": "us-east-1_Q1cydt6I0",
            "Description": "Admin Group",
            "LastModifiedDate": 1569428801.371,
            "CreationDate": 1569428801.371
        },
        {
            "GroupName": "CAdmins",
            "UserPoolId": "us-east-1_Q1cydt6I0",
            "Description": "Content Admins",
            "LastModifiedDate": 1569429006.324,
            "CreationDate": 1569429006.324
        }
    ]
}
```

애플리케이션에서 사용자 그룹을 확인한 다음 특별한 권한을 제공할 수 있다.

참고 사항

- Cognito 사용자 풀 그룹에 대한 자세한 내용은 https://docs.aws.amazon. com/cognito/latest/developerguide/cognito-user-pools-user-groups. html에서 확인할 수 있다.

▌Cognito 자격증명 풀

아마존 자격증명을 사용해 애플리케이션에 로그인해본다. 페이스북, 구글, 트위터 같이 지원되는 다른 공급자와 동일한 작업을 수행할 수 있다. Cognito 내의 절차는 모든 공급자와 유사하지만 공급자 쪽에서 수행해야 하는 구성은 공급자마다 다를 수 있다. 하나의 공급자를 사용해보면 전체 프로세스에 대한 이해도를 높일 수 있다.

준비

실습을 위해 동작하는 AWS 계정과 AWS 개발자 포털 계정이 필요하다.

작동 방법

먼저 아마존 개발자 포털을 통해 애플리케이션의 보안 프로필 ID를 생성한 다음 해당 ID를 사용해 Cognito 내에서 구성을 수행해야 한다.

아마존 개발자 포털 구성

다음 절차에 따라 애플리케이션의 보안 프로필 ID를 생성할 수 있다.

1. AWS 자격증명을 이용해 https://developer.amazon.com/loginwithamazon/console/site/lwa/overview.html에 로그인한다.

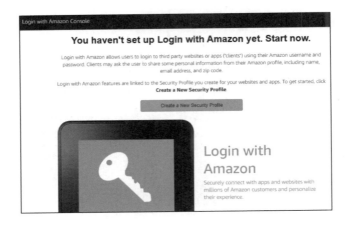

2. Create a New Security Profile을 클릭하고 Security Profile Name, Security Profile Description, Consent Privacy Notice URL, Consent Logo Image 등의 프로필 상세 내용을 입력한 후 Save를 클릭한다.

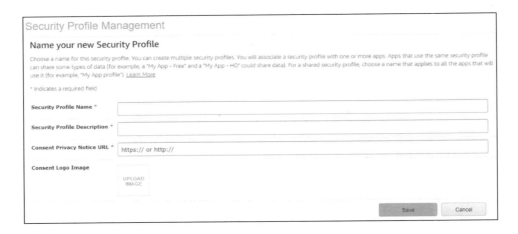

저장되면 다음 화면과 비슷한 내용을 확인할 수 있다.

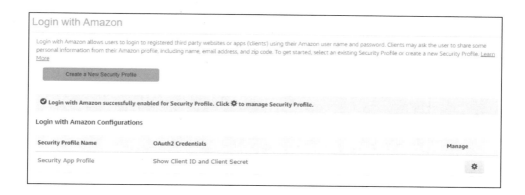

3. 우측 하단의 Manage 탭에서 Setting 버튼을 클릭한다. 프로필의 세부 사항을 확인하고 필요한 경우 편집할 수 있다. 그리고 Cognito에서 구성되는 동안 필요한 Security Profile ID도 확인할 수 있다.

4. Web Settings 탭을 클릭하고 Allowed Origins에 AWS 계정 로그인 URL을 입력한다.

이제 AWS 관리 콘솔에서 Cognito를 구성해본다.

Cognito 구성

아마존 개발자 포털에서 보안 프로필을 구성한 후에는 Cognito 콘솔에서 다음과
같이 구성할 수 있다.

1. Cognito 서비스 콘솔로 이동한다.
2. 자격증명 풀 관리를 클릭한다.
3. 새 자격증명 풀 만들기를 클릭한다.
4. 풀에서 사용할 이름을 입력한다.

5. 인증 공급자 항목을 펼치고 Amazon 탭을 선택한다. 그리고 AWS 개발자 포털에서 생성한 Amazon 앱 ID를 입력한다.

▼ 인증 공급자 ⓘ

Amazon Cognito는 Amazon Cognito 로그인 또는 퍼블릭 공급자를 이용하는 다음 인증 방법을 지원합니다. 사용자가 이러한 퍼블릭 공급자를 이용하여 인증할 수 있도록 하는 경우 여기에서 애플리케이션 식별자를 지정할 수 있습니다. 경고: 자격 증명 풀이 연결된 애플리케이션 ID를 변경할 경우 기존 사용자가 Amazon Cognito를 이용하여 인증할 수 없게 됩니다. 퍼블릭 자격 증명 공급자에 대해 자세히 알아보기

| Cognito | **Amazon** | Apple | Facebook | Google+ | Twitter / Digits | OpenID | SAML |

| 사용자 지정 |

Amazon 앱 ID   [예: amzn1.application.188a56d827a7d6555a8b67a5d]

6. 로그인을 할 수 있도록 다음과 같이 HTML로 버튼과 자바스크립트 코드를 만든다.

   1. 다음 코드는 index.html 파일 안에 버튼을 생성한다.

```
<a href="#" id="LoginWithAmazon">
    <img border="0" alt="Login with Amazon"
src="https://images-na.ssl-images-amazon.com/images/G/
01/lwa/btnLWA_gold_156x32.png" width="156" height="32" />
</a>
```

   2. 자바스크립트용 아마존(LWA) SDK로 로그인 구성을 추가한다.

```
<div id="amazon-root"></div>
```

   3. 자바스크립트용 LWA SDK에는 amazon-root 요소가 포함돼야 한다.

```
<script type="text/javascript">
window.onAmazonLoginReady = function() {
    console.log("amazon on ready");
    amazon.Login.setClientId('amzn1.application-oa2-
```

```
client.3fec84fc612940cd850a3562c557b629');
    console.log("client id is" +
amazon.Login.getClientId());
};
(function(d) {
    var a = d.createElement('script'); a.type =
'text/javascript';
    a.async = true; a.id = 'amazon-login-sdk';
    a.src =
'https://assets.loginwithamazon.com/sdk/na/login1.js';
    d.getElementById('amazon-root').appendChild(a);
})(document);;
</script>
```

4. CLIENT-ID를 AWS 개발자 포털에서 발급받은 ID로 교체한다.

5. 버튼의 **onClick** 핸들러에 토큰을 검색하는 데 필요한 코드를 추가한다.

```
script type="text/javascript">
document.getElementById('LoginWithAmazon').onclick =
function() {
    options = { scope : 'profile' };
    amazon.Login.authorize(options, function(response) {
        if ( response.error ) {
            alert('oauth error ' + response.error);
            return;
        }
        alert('success: ' + response.access_token);
        AWS.config.region = 'us-east-1';
        if (true) { // logged in
            AWS.config.credentials = new
AWS.CognitoIdentityCredentials({
                IdentityPoolId: 'us-east-1:30cf7838-5877-4c67-
b591-1093faa416ea',
                Logins: {
```

```
                    'www.amazon.com': response.access_token, }
    });
```

6. 액세스 토큰을 회수한 후 AWS Cognito에서 동일한 토큰을 사용한다. 지역
   을 us-east-1로 설정하고 자격증명 풀을 만드는 동안 얻은 **IdentityPoolID**
   를 사용한다.

```
AWS.config.credentials.get(function(){
    console.log("inside aws credentials get");
    // Credentials will be available when this function is called. var
accessKeyId = AWS.config.credentials.accessKeyId;
    var secretAccessKey = AWS.config.credentials.secretAccessKey;
    var sessionToken = AWS.config.credentials.sessionToken;
    console.log('You are now logged in.' +sessionToken );
    alert('success: and the session token is ' + sessionToken); });
    } else {
    console.log('There was a problem logging you in.');
    }
});
<code> </code>
```

 TIP 완성된 index.html 파일은 코드 파일과 함께 제공된다. 필요한 경우 ID를 교체해야 한다.

7. 파일을 도메인이나 하위 도메인 폴더에 업로드하고 브라우저에서 접근한
   후 버튼을 클릭해 로그인한다. 로그인 프로세스가 완료되면 콘솔에서 토
   큰을 확인할 수 있다(크롬의 경우 개발자 도구에서 확인할 수 있다). Cognito
   콘솔에서 페더레이션^{federation} 엔티티의 사용 여부를 확인할 수 있다.

위 절차를 참고해 다른 자격증명 공급자를 이용하는 방법을 연습한다.

작동 원리

이번 실습에서 아마존 개발자 포털을 이용해 보안 프로필을 생성하고 이를 사용해 로그인할 수 있도록 Cognito 자격증명 풀을 구성해봤다. 아마존과 대부분의 다른 자격증명 공급자는 HTTPS가 활성화된 인증 도메인에서만 호출해야 하므로 이 HTTPS를 지원하는 도메인이 필요하다. 로그인을 위해 자바스크립트 코드로 HTML 파일을 작성했다. 이 책에서는 자바스크립트 코드의 자세한 설명은 다루지 않는다.

이번 실습에서는 아마존을 자격증명 공급자로 사용했지만 그 외에 다음과 같은 자격증명 공급자를 Cognito 사용자 풀에서 지원한다. 지원하는 자격증명 공급자에는 아마존, 페이스북, 구글, 트위터 같은 로그인 용도의 공용 공급자가 있고 OpenID 연결 공급자connect provider, SAML 자격증명 공급자Identity Provider, 개발자 인증 자격증명Developer Authenticated Identities 등이 있다.

추가 사항

AWS IAM의 SAML 자격증명 공급자 구성을 사용해 Shibboleth 또는 마이크로소프트 ADFS^{Active Directory Federation Service}와 같은 AWS와 SAML 호환 자격증명 공급자 간에 신뢰 관계를 구성할 수 있다. IAM에서 ADFS로 로그인을 설정하는 절차는 다음과 같이 요약할 수 있다.

1. FederationMetadata.xml 파일을 ADFS 서버에서 다운로드한다.

2. IAM 대시보드로 이동한다.

3. 다음 절차를 참고해 자격증명 공급자를 생성한다.

    1. 왼쪽 사이드바에서 Identity providers^{자격증명 공급자}를 클릭한다.

    2. Identity providers^{공급자 생성}를 클릭한다.

    3. Provider Type^{공급자 유형}을 SAML로 선택한다.

    4. Provider Name^{공급자 이름}을 입력한다.

    5. Metadata Document^{메타데이터 문서}에서 Choose File^{파일 선택}을 클릭하고 1단계에서 다운로드한 FederationMetadata.xml 파일을 업로드한다.

    6. 다음 단계를 클릭한다.

    7. 설정 내용을 확인한 후 Create^{생성}를 클릭하고 자격증명 공급자 생성을 마친다.

4. 다음 단계를 참고해 페더레이션 사용자가 SAML 2.0으로 IAM 역할을 사용할 수 있도록 역할을 생성한다.

    1. IAM 대시보드의 왼쪽 사이드바에서 Roles^{역할}를 클릭한다.

    2. Create role^{역할 만들기}을 클릭한다.

    3. Select type of trusted entity^{신뢰할 수 있는 유형의 개체 선택}에서 SAML 2.0 federation을 클릭한다.

    4. SAML provider에서는 3번째 단계에서 생성한 공급자를 선택한다.

    5. Allow programmatic and AWS Management Console access^{프로그래밍 방식 및 AWS Management console 액세스 허용}를 선택한다. 이때 속성과 값이 자동으로 생성된다. 그리고 Next: Permissions^{다음: 권한}를 클릭한다.

6. 새로운 역할에 대한 정책을 선택한다. 그리고 Review^{검토}를 클릭한다.

7. Role name^{역할 이름}과 Role description^{역할 설명}을 입력한다.

8. 위 단계를 반복해 필요한 역할을 추가로 생성한다.

 자격증명 공급자의 정의를 따라 사용자는 로그인 프로세스 중에 AWS 역할을 참조한다. AD와 ADFS를 통한 페더레이션 로그인 설정을 완료하려면 AD(Active Directory)와 ADFS 가이드를 참고하라.

참고 사항

- Cognito 자격증명 풀에 대한 추가 내용은 https://docs.aws.amazon.com/cognito/latest/developerguide/cognito-identity.html에서 확인할 수 있다.

- SAML 2.0 연동 사용자가 관리 콘솔에 액세스할 수 있는 방법은 https://docs.amazonaws.cn/en_us/IAM/latest/UserGuide/id_?roles_providers_enable-console-saml.html에서 확인할 수 있다.

KMS와 CloudHSM으로 키 관리

암호화는 키를 사용해 평문을 암호문으로 변환하는 프로세스다. 동일한 키를 사용해 암호문을 평문으로 변환할 수 있는데, 이를 복호화라고 한다. AWS 키 관리 서비스^{KMS, Key Management Service}는 공유 하드웨어 보안 모듈^{HSM, Hardware Security Modules}을 사용하면서 암호화키를 생성하고 관리할 수 있게 도와준다. CloudHSM은 AWS 내에서 암호화키를 관리할 수 있지만 보안 강화를 위해 전용 HSM을 사용할 수 있는 서비스다. 4장에서는 AWS KMS와 AWS CloudHSM을 함께 사용하기 위한 방법을 알아본다.

4장에서 다루는 내용은 다음과 같다.

- KMS에 키 생성
- 외부 키 구성 요소로 키 사용

- KMS 키 교체
- 프로그래밍 방식으로 권한 부여
- 키 정책과 조건 사용
- 교차 계정에 고객 관리 키 공유
- CloudHSM 클러스터 생성
- CloudHSM 클러스터 초기화와 활성화

기술 요구 사항

실습을 위해 활성화된 AWS 계정이 필요하다. 대칭키, 비대칭키, 퍼블릭 키(공개키) 구조[PKI, Public Key Infrastructure]를 알고 있다면 이번 장을 이해하는 데 도움이 된다.

이번 장의 실습에서 사용하는 코드 파일들은 https://github.com/PacktPublishing/ AWS-Security-Cookbook/tree/master/Chapter04에서 확인할 수 있다.

KMS에 키 생성

KMS에서 키를 생성해본다. 일반적으로 키는 S3의 데이터 암호화 등 용도에 맞게 만들어지며 이름을 지정하게 된다. 다양한 AWS 서비스에서 키를 사용하므로 이름을 적절하게 지정하는 게 좋다.

준비

실습을 위해 활성화된 AWS 계정이 필요하다.

작동 방법

다음 절차를 참고해 KMS에서 CMK를 생성할 수 있다.

1. 콘솔에서 KMS 서비스로 이동한다.
2. 왼쪽 사이드바에서 고객 관리형 키를 선택하고 키 생성을 클릭한다.
3. 다른 설정은 기본값을 유지하고, 별칭과 설명을 입력한 후 다음을 클릭한다.

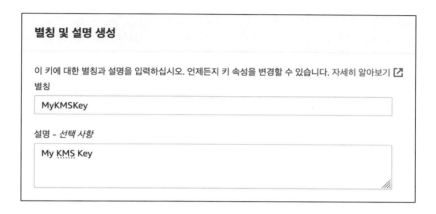

4. 키 관리 권한 정의 페이지가 나올 때까지 다음을 클릭한다. 해당 페이지에서 KMS API를 이용해 키를 관리할 사용자를 선택한다.

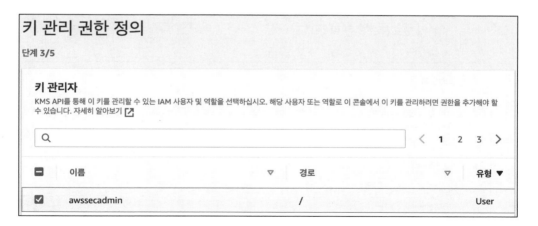

같은 페이지에서 키 관리자가 이 키를 삭제할 수 있게 하고 다음을 클릭한다.

키 삭제

☑ 키 관리자가 이 키를 삭제하도록 허용합니다.

취소   이전   다음

5. 키 사용 권한 정의 페이지에서 고객 관리 키를 사용해 데이터를 암호화하고 암호 해독할 수 있는 IAM^{Identity and Access Management} 사용자와 역할을 선택한다.

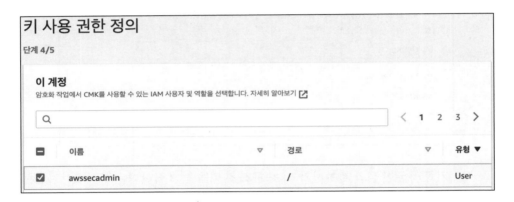

6. 같은 페이지에서 키를 사용할 다른 계정을 추가할 수 있다. 지금은 설정하지 않고 다음을 클릭한다.

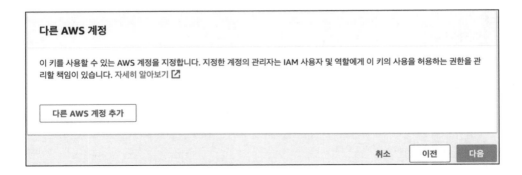

7. 정책을 검토하고 다음을 클릭하면 키가 성공적으로 생성됐다는 메시지가 나타난다. AWS에서 생성한 정책은 review-generated-policy.json으로 참고할 수 있게 코드 파일로 저장된다.

작동 원리

이번 실습에서 키에 대한 별칭과 설명을 정의해봤다. 그리고 다음 단계에서 태그를 추가할 수 있지만 생략해봤다. 그리고 IAM 사용자 또는 역할을 주요 관리자로 추가해봤다. 키 관리자는 키를 관리할 수 있지만 기본적으로 해당 키를 사용해 데이터를 암호화하거나 해독할 수 있는 권한이 없다.

그리고 이 키를 사용할 수 있는 사용자를 추가해봤다. 이 목록에 추가하지 않으면 키 관리자도 이 키를 사용할 수 없다. 관리자는 자신을 사용자로 추가할 수 있으며 다른 AWS 계정이 이 키를 사용하게 허용할 수도 있다. 그러면 해당 계정의 관리자가 해당 계정 내의 사용자나 역할에 권한을 위임할 수 있다

다음으로 주요 정책 설정을 검토해봤다. 수정이 필요한 경우 이 단계에서 설정을 변경할 수 있다. 이제 CMK 아래에 키가 표시된다.

추가 사항

KMS에서 사용할 수 있는 표준 옵션을 사용해 키를 생성해봤다. 요구 사항에 따라 다양한 옵션을 사용할 수 있으며 이번 실습에서는 키 관리자가 키를 삭제할 수 있는 옵션을 선택해봤다. 보안 요구 사항에 따라 주요 관리자가 키를 삭제하지 못하도록 이 옵션을 취소할 수 있다.

AWS KMS 서비스에 관련된 중요 사항들은 다음과 같다.

- 마스터 키는 고객 관리 키^{CMK, Customer Master Key} 엔티티를 사용하는 AWS KMS 의 기본 리소스다.

- AWS KMS CMK는 최대 4KB 크기의 데이터를 암호화할 수 있으며 일반적으로 데이터 키를 암호화하는 데 사용한다. 이 데이터 키는 실제 데이터를 암호화하는 데 사용된다. 데이터 키는 AWS KMS 서비스 내에서 생성하거나 관리되지 않는다.

- KMS는 리전별 서비스이므로 KMS에서 관리하는 키는 리전별로 다르다. 따라서 KMS 키를 사용하려면 해당 서비스도 같은 리전에 있어야 한다. 예를 들어 S3 데이터를 암호화하고자 생성한 키를 사용하려면 S3 버킷이 동일한 리전에 있어야 한다.

- S3 관리자 권한이 있는 사용자가 파일을 암호화하는 데 사용되는 키의 사용자로 등록되지 않은 경우 KMS 키 암호화를 사용해 암호화한 파일을 볼 수 없다.

- AdministratorAccess 권한(관리자 접근)이 있는 사용자는 KMS 키 암호화를 사용해 암호화된 파일을 볼 수 있다. AdministratorAccess 권한(관리자 접근)이 있는 사용자는 자신을 주요 관리자나 주요 사용자로 추가할 수 있다.

- SystemAdministrator 권한을 가진 사용자는 KMS 키 암호화를 사용해 암호화된 파일을 볼 수 있는 권한이 없다.

- SystemAdministrator 권한을 가진 사용자는 자신을 주요 관리자나 주요 사용자로 추가할 권한이 없다.

- 키 관리자에게 키를 사용해 데이터를 암호화하거나 해독할 수 있는 권한이 부여되지 않는다. 그러나 키 관리자는 정책을 수정해 자신을 키 사용자로 추가할 수 있다. 이는 감사나 로그 기록과 관련이 있다.
- 키를 바로 삭제할 수 없다. 키 관리자는 키를 비활성화하거나 7일에서 30일 사이의 대기 기간을 설정하고 삭제 예약을 할 수 있다.
- 키가 비활성화되면 해당 키를 다시 활성화할 때까지 해당 키로 암호화된 데이터를 해독할 수 없다.
- 키가 삭제되면 해당 키로 암호화된 데이터를 복호화할 수 없다.

참고 사항

- 암호화와 관련된 중요한 개념은 https://heartin.tech/en/blog-entry/important-points-remember-about-encryption에서 확인할 수 있다.
- KMS 키 정책과 관련된 내용은 https://docs.aws.amazon.com/kms/latest/developerguide/key-policies.html에서 확인할 수 있다.
- KMS를 효과적으로 사용할 수 있도록 AWS의 암호화 개념은 https://docs.aws.amazon.com/crypto/latest/userguide/cryptography-concepts.html에서 확인할 수 있다.
- https://d0.awsstatic.com/whitepapers/KMS-Cryptographic-Details.pdf에서 KMS Cryptographic Details 백서를 통해 KMS 암호화 세부 내용을 확인할 수 있다.

▌외부 키 구성 요소로 키 사용

AWS KMS 내에서 키를 생성하면 AWS는 해당 키 구성 요소를 생성하고 관리한다. AWS 외부에서 생성된 자체 키 구성 요소를 사용해 키를 생성할 수 있다. 이번에는 외부 키 구성 요소를 AWS KMS로 가져오는 방법을 알아본다.

준비

실습을 위해 활성화된 AWS 계정이 필요하다.

작동 방법

외부에서 생성된 키 구성 요소를 가져와 AWS KMS에서 키를 생성해본다. 그리고 AWS KMS 서비스에서 키 가져 오기 래퍼^{wrapper}를 다운로드하고 로컬 컴퓨터에서 키를 생성한 다음 가져와 본다. 마지막으로 가져오기 래퍼로 구성된 키 구성 요소를 업로드해 키를 생성해본다.

외부 키 구성 요소로 키 생성

다음 절차에 따라 외부 키에 대한 구성 요소를 만들 수 있다.

1. 콘솔에서 KMS 서비스로 이동한다.
2. 키 생성을 클릭한다.
3. 별칭과 설명을 입력하고 고급 옵션 메뉴를 펼쳐 외부를 선택한다. 여기서 보안, 가용성, 내구성을 확인할 수 있다.

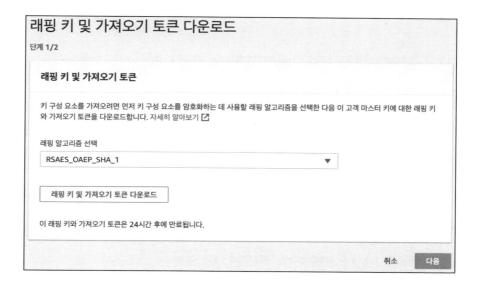

▼ 고급 옵션

키 구성 요소 원본
선택에 대한 도움말 🔗

○ KMS
● 외부
○ 사용자 지정 키 스토어(CloudHSM)

대칭 256비트 키를 키 관리 인프라에서 KMS로 가져와서 다른 고객 마스터 키와 같은 방식으로 사용할 수 있습니다.

☐ 가져온 키 사용과 관련된 보안, 가용성 및 지속성의 의미 🔗을(를) 이해합니다.

4. 태그 추가 화면에서 필요한 경우 태그를 추가한다.

5. 키 관리 권한 정의 페이지에서 키 관리자를 추가한다.

6. 키 사용 권한 정의 페이지에서 키 사용자를 추가한다. 필요한 경우 다른 계정을 추가할 수 있다.

7. 키 정책 검토 및 편집 페이지에서 정책을 확인하고 완료를 클릭한다. 이 정책은 래핑 키를 다운로드하고 토큰을 추가할 때 사용된다.

8. 래핑 키 및 가져오기 토큰 다운로드 페이지에서 래핑 알고리즘을 선택하고 래핑 키 및 가져오기 토큰 다운로드를 클릭한다.

래핑 키 및 가져오기 토큰 다운로드

단계 1/2

래핑 키 및 가져오기 토큰

키 구성 요소를 가져오려면 먼저 키 구성 요소를 암호화하는 데 사용할 래핑 알고리즘을 선택한 다음 이 고객 마스터 키에 대한 래핑 키와 가져오기 토큰을 다운로드합니다. 자세히 알아보기 🔗

래핑 알고리즘 선택

RSAES_OAEP_SHA_1 ▼

[래핑 키 및 가져오기 토큰 다운로드]

이 래핑 키와 가져오기 토큰은 24시간 후에 만료됩니다.

취소 다음

importParameters.zip 파일을 저장하고 다음을 클릭하면 래핑된 키 구성 요소 업로드 페이지로 이동한다. KMS 키 구성 요소를 생성하고 KMS에 반환하는 과정은 KMS 키 교체 단계에서 확인해본다.

OpenSSL로 키 구성 요소 생성

OpenSSL을 이용해 키 구성 요소를 생성할 수 있다.

1. OpenSSL 웹 사이트에서 최신 버전의 OpenSSL을 다운로드한다. 현재 링크는 www.openssl.org이고 openssl-1.0.2t.tar.gz를 다운로드해봤다.
2. 다운로드한 파일의 압출을 해제한다.
3. importParameters.zip 압축을 해제하고 OpenSSL 폴더에 복사한다.
4. OpenSSL 폴더에서 다음 명령을 수행한다.

```
openssl rand -out PlaintextKeyMaterial.bin 32
```

이 명령을 수행하면 PlaintextKeyMaterial.bin 파일이 생성된다.

5. inkey 파라미터에 래핑 키의 이름을 부여하고 동일한 폴더에서 다음 명령을 수행한다.

```
openssl rsautl -encrypt \
   -in PlaintextKeyMaterial.bin \
   -oaep \
   -inkey wrappingKey_f963711d-c91e-49ae-
```

```
b923-4722926e2b85_10281245 \ -keyform DER \
  -pubin \
  -out EncryptedKeyMaterial.bin
```

이 명령을 수행하면 EncryptedKeyMaterial.bin 파일이 생성된다.

콘솔에서 키 생성

다음 절차를 따라 콘솔을 이용해 키 구성 요소를 AWS KMS에 업로드할 수 있다.

1. 래핑된 키 구성 요소 항목에서 파일 선택을 클릭하고 EncryptedKeyMaterial.
   bin 파일을 선택한다.
2. 가져오기 토큰 항목에서 파일 선택을 클릭하고 KMS에서 다운로드한 토큰을
   선택한다.

3. 만료 옵션은 기본값을 유지하고 키 구성 요소 업로드를 클릭한다. 필요한 경우 만료 옵션을 선택할 수 있다. 이제 키가 사용 가능한 상태로 준비됐다.

작동 원리

이번 실습에서 외부 키 구성 요소를 이용해 고객 마스터 키[CMK]를 생성해봤다. 그리고 래핑 키에 사용 가능한 암호화 알고리즘을 선택해 다운로드해봤다. 이 래핑 키는 키 구성 요소를 암호화하고 AWS KMS 서비스에 안전하게 업로드하는 데 사용되는 퍼블릭 키다. 래핑 키와 함께 AWS KMS 서비스의 가져오기 토큰도 다운로드해봤다. 가져오기 토큰은 업로드된 키가 다운로드한 래핑된 토큰에 올바르게 사용됐는지 확인하는 데 사용된다.

추가 사항

외부 키 자료를 업로드하기 전에 SHA_1을 사용해 외부 키 자료를 래핑해봤다. Select wrapping algorithm[래핑 알고리즘 선택] 드롭다운 메뉴에서 좀 더 안전한 대안을 선택할 수 있다.

래핑 알고리즘 선택
RSAES_OAEP_SHA_1
RSAES_OAEP_SHA_256
RSAES_OAEP_SHA_1
RSAES_PKCS1_V1_5

AWS KMS로 키를 가져오는 방법을 좀 더 자세히 살펴보면 다음과 같다.

- 자체 키 구성 요소를 추가할 때는 무작위로 구성 요소가 생성되게 해야 하며 내구성의 책임을 진다.

- 추가한 키 구성 요소를 사용해 만료 날짜를 설정하고 수동으로 삭제할 수 있다. 또한 키 구성 요소를 CMK로 가져와 재사용하게 할 수 있다.
- AWS 키 구성 요소가 포함된 CMK의 구성 요소는 즉시 삭제할 수 없다. 이 경우 7~30일의 기간을 설정해 CMK 삭제 예약을 할 수 있다.
- CMK가 삭제되면 삭제된 CMK로 암호화된 데이터는 복호화할 수 없다. 이는 AWS 키 구성 요소가 있는 CMK와 외부에서 추가한 키 구성 요소가 있는 CMK 모두에 해당된다.
- CMK에 추가한 구성 요소는 해당 CMK와 영구적으로 연결된다.
- 필요한 경우 키 구성 요소만 다시 추가할 수 있다. 단, 해당 CMK에 다른 키 구성 요소를 추가할 수 없다.
- CMK가 외부 키 구성 요소로 구성됐고 암호화에 사용된 경우 동일한 키 구성 요소를 사용하더라도 다른 CMK로 복호화할 수 없다.
- 키 구성 요소를 다른 CMK에 추가하기 전에 기존에 사용했던 CMK를 삭제해야 한다.
- 키 구성 요소가 삭제되면 기존 CMK에 키 구성 요소를 다시 추가할 수 있다.
- 리전에 장애가 발생해 CMK에 영향을 미치는 경우 AWS는 추가한 키 구성 요소를 자동으로 복원하지 않는다. 따라서 키 구성 요소에 대한 사본이 있어야 다시 추가할 수 있다.

참고 사항

- https://docs.aws.amazon.com/kms/latest/developerguide/importing-keys-import-key-material.html에서 AWS KMS의 키 생성 및 가져 오기에 대한 명령을 확인할 수 있다.

KMS 키 교체

키를 정기적으로 교체하는 것은 모범 사례 중 가장 추천하는 방식 중 하나다. 규제나 회사의 정책에 요구 사항으로 주기적인 키 교체를 명시한 경우도 많으며, 이러한 정책으로 어떤 주기로 키를 교체해야 하는지 규정을 정하기도 한다. 이번에는 키를 교체하는 다양한 사례를 확인해본다.

준비

실습을 위해 활성화된 AWS 계정이 필요하다. 'KMS에 키 생성' 절을 참고해 CMK를 생성한다.

작동 방법

AWS 키 구성 요소를 사용해 CMK를 1년(365일) 주기로 교체할 수 있다.

1. 콘솔에서 KMS service로 이동한다.
2. CMK에서 원하는 키의 별칭이나 키 ID를 클릭한다.
3. 키 교체 탭을 클릭한다.
4. 매년 이 CMK를 자동으로 교체합니다.를 선택한다.

5. 저장을 클릭한다.

작동 원리

CMK는 1년 단위로 교체하는 옵션을 설정하면 AWS는 매년 CMK를 교체한다. 이 경우 백업 키를 복사해 유지하게 되는데, 이 키는 교체된 키로 암호화된 데이터를 복호화하는 데 사용한다. AWS 사용자가 백업 키를 삭제할 때까지 보관한다.

추가 사항

AWS KMS 키 교체와 관련된 정보를 살펴본다.

- 1년 주기(365일)로 키를 자동 교체하는 옵션은 AWS 키 구성 요소를 사용하는 CMK에서만 지원한다.
- AWS 키 구성 요소를 사용해 CMK 순환 주기를 변경할 수 있다.
- 키 교체를 사용하면 데이터 키는 교체되지 않고 마스터 키만 교체된다.
- 키 교체를 사용하면 새로운 백업 키를 사용해 암호화된다. 이전 백업 키를 사용해 암호화된 데이터는 복사된 백업 키를 사용해 복호화된다. AWS는 사용자가 CMK를 삭제할 때까지 모든 백업 키를 사용 가능한 상태로 유지한다.
- 키 교체를 사용하면 비활성화하더라도 해당 키를 사용해 암호화된 데이터를 해독하고자 이전 백업 키를 계속 사용할 수 있다.
- 키 교체를 사용하면 교체를 비활성화하거나 다시 활성화하더라도 백업 키의 수명이 1년 미만이면 이전에 설정했던 교체 주기에 따라 키가 교체된다. 백업 키의 수명이 365일 이상일 경우 즉시 교체되고 이후에 365일마다 변경된다.
- 키가 삭제 대기 중일 때는 키 교체가 적용되지 않는다. 삭제가 취소되면 백업 키의 수명이 1년 미만이면 이전에 설정했던 교체 주기에 따라 키가 교체된다. 백업 키의 수명이 365일 이상일 경우 즉시 교체되고 이후에 365일마다 변경된다.

- AWS CloudHSM 클러스터가 지원하는 사용자 지정 키 스토어에는 키 교체를 지원하지 않는다. 이때 CMK의 오리진 필드 값은 `AWS_CloudHSM`이다. 이 경우 새 키를 사용하려면 수동으로 교체하고, 암호화된 데이터나 별칭을 변경해야 하다.
- AWS 관리형 키는 3년으로 지정된 교체 주기를 변경할 수 없다.
- 아마존 CloudWatch Events에서 KMS CMK 키 교체 이벤트를 사용해 모니터링할 수 있다.
- AWS KMS API를 사용해 키 교체 설정을 활성화하거나 비활성화할 수 있다.
- 수동으로 키를 교체할 때 별칭을 사용해 CMK를 참고하도록 구성하는 게 좋다. 기존 CMK 대신 새 대상 CMK에 설정하도록 별칭을 통해 업데이트할 수 있다.
- 수동으로 키를 교체하더라도 기존 CMK가 사용 가능하다면 AWS KMS는 백업 키를 식별해 복호화에 사용하도록 할 수 있다.
- AWS KMS API의 `update-alias` 하위 명령을 사용해 별칭을 업데이트할 수 있다.

참고 사항

다음 링크에서 키 교체와 관련 세부 내용을 확인할 수 있다.

https://docs.aws.amazon.com/kms/latest/developerguide/rotate-keys.html

▌프로그래밍 방식으로 권한 부여

KMS는 암호화, 복호화, 키 읽기 같은 API 작업을 수행할 때 임시로 세분화된 권한을 부여할 수 있다. 권한 부여를 통해 소유하고 있는 계정에 접근하거나 다른 계정에 접근 권한을 부여할 수도 있다. AWS KMS를 사용해 데이터를 암호화, 복호화할 수 있도록 사용자에게 접근 권한을 부여해본다.

준비

실습을 위해 활성화된 AWS 계정과 두 명의 사용자 계정(관리자 권한이 있는 사용자와 권한이 없는 사용자)이 필요하다. 각 사용자에 대해 CLI 프로필을 생성하고 각각 awssecadmin, testuser라고 하겠다.

이전 단계를 참고해 KMS 키를 생성한다. 또는 다음 명령을 AWS CLI에서 실행해 KMS 키를 생성한다.

```
aws kms create-key --profile awssecadmin
```

이 명령을 실행하면 다음과 같은 결과를 확인할 수 있다.

```
{
    "KeyMetadata": {
        "AWSAccountId": "135301570106",
        "KeyId": "1ab77c7a-7ca4-4387-a4c5-2fba3cb5c0f5",
        "Arn": "arn:aws:kms:us-east-1:135301570106:key/1ab77c7a-7ca4-4387-a4c5-2fba3cb5c0f5",
        "CreationDate": 1572327372.686,
        "Enabled": true,
        "Description": "",
        "KeyUsage": "ENCRYPT_DECRYPT",
        "KeyState": "Enabled",
        "Origin": "AWS_KMS",
        "KeyManager": "CUSTOMER"
    }
}
```

그리고 다음 명령을 실행해 테스트 사용자에게 권한이 있는지 확인한다.

```
aws kms encrypt \
   --plaintext "hello 3" \
   --key-id 1ab77c7a-7ca4-4387-a4c5-2fba3cb5c0f5 \
```

```
--profile testuser
```

위 명령을 실행하면 다음과 같은 에러 메시지를 확인할 수 있다.

```
An error occurred (AccessDeniedException) when calling the Encrypt operation: User:
 arn:aws:iam::135301570106:user/testuser is not authorized to perform: kms:Encrypt
on resource: arn:aws:kms:us-east-1:135301570106:key/1ab77c7a-7ca4-4387-a4c5-2fba3cb
5c0f5
```

앞서 실행한 명령에서처럼 키 ARN, 별칭(사용 가능한 경우)과 같은 키 ID만 지정할 수 있다.

작동 방법

testuser에게 암호화 권한을 부여한 후 다음과 같이 사용할 수 있다.

1. 사용자의 ARN을 제공해 create-grant 하위 명령으로 testuser에게 암호화 권한을 부여한다.

```
aws kms create-grant \
    --key-id 1ab77c7a-7ca4-4387-a4c5-2fba3cb5c0f5 \
    --grantee-principal arn:aws:iam::135301570106:user/testuser \
    --operations "Encrypt" \
    --profile awssecadmin
```

이 명령을 실행하면 다음과 같은 결과를 확인할 수 있다.

```
{
    "GrantToken": "AQpAZTZmYjE0NTAzZTA4MzE1ZmY0NGJjYWE2MTM0M2RjY2ZhNjAyYjc1OGRkZGQ0
MjhhMTdmZWQyMTdkNjBiODQyNyKIAgEBAgB45vsUUD4IMV_0S8qmE0Pcz6YCt1jd3UKKF_7SF9YLhCcAAAD
fMIHcBgkqhkiG9w0BBwaggc4wgcsCAQAwgcUGCSqGSIb3DQEHATAeBglghkgBZQMEAS4wEQQMReW8CIXsP0
Ah1kW1AgEQgIGXgcA_BfKYkjNhr0PJTJ1JAX-xl8YrQeMl-c4gpGA8dvxdUsIcx7QLfPoJrQWHRNEqOSbxa
yTZmgUhNSnnHOzWghDn0hhvVWQsoMlRiAhKG9V2e-ziu_zlYnJYWadlNbKPna0m7JoB2WMtNnbZ8hq_lArz
WtdiWqJwSnyoY0q5yLPJEYhXawuI6r0Ra1CK2e-MnH-wBAe7dyogOhKOSJMuu2Y-0MwsgoXefh0DFx3NmrL
8N8-6FgW-ov4",
    "GrantId": "3a128e48932ebb663ed0cc2c8285de7e1d03171dcd9ab2fc37cfba1605bea2fe"
}
```

2. 다음 명령으로 testuser가 데이터를 암호화할 수 있다.

```
aws kms encrypt \
    --plaintext "hello 3" \
    --key-id 1ab77c7a-7ca4-4387-a4c5-2fba3cb5c0f5 \
    --profile testuser
```

이 명령을 실행하면 다음과 같은 결과를 확인할 수 있다.

```
{
    "User": {
        "Path": "/",
        "UserName": "testuser",
        "UserId": "AIDAR7AE2DY5LQZJINX3D",
        "Arn": "arn:aws:iam::135301570106:user/testuser",
        "CreateDate": "2019-06-11T05:40:03Z",
        "PasswordLastUsed": "2019-06-11T10:45:44Z"
    }
}
```

3. 다음 명령을 사용해 키에 대한 권한을 확인한다.

```
aws kms list-grants \
    --key-id 1ab77c7a-7ca4-4387-a4c5-2fba3cb5c0f5 \
    --profile awssecadmin
```

이 명령을 실행하면 다음과 같은 결과를 확인할 수 있다.

```
{
    "CiphertextBlob": "AQICAHh+JhXUvzoC5jvshclNQLN4hURhxRnwL6kpkSXVXmg8AGghVEmYYUD
t06KbfnBBKVgAAAAZTBjBgkqhkiG9w0BBwagVjBUAgEAME8GCSqGSIb3DQEHATAeBglghkgBZQMEAS4wEQQ
MZVZhOWlRNd/P6+ojAgEQgCLfNqlfHLsd1QktOK5NM/ETomCKtp7oVzGuPh7QZpTO7c4m",
    "KeyId": "arn:aws:kms:us-east-1:135301570106:key/1ab77c7a-7ca4-4387-a4c5-2fba3c
b5c0f5"
}
```

4. GrantID를 확인해 권한을 회수한다.

```
aws kms revoke-grant \
    --key-id 1ab77c7a-7ca4-4387-a4c5-2fba3cb5c0f5 \
    --grant-id
3a128e48932ebb663ed0cc2c8285de7e1d03171dcd9ab2fc37cfba1605bea2fe
    --profile awssecadmin
```

5. testuser로 암호화를 시도하고 list-grant 하위 명령으로 암호화 권한이
   회수됐는지 확인한다.

   2단계에서 encrypt 하위 명령을 실행하면 다음과 같은 화면을 확인할 수 있다.

```
An error occurred (AccessDeniedException) when calling the Encrypt operation: User:
arn:aws:iam::135301570106:user/testuser is not authorized to perform: kms:Encrypt on
 resource: arn:aws:kms:us-east-1:135301570106:key/1ab77c7a-7ca4-4387-a4c5-2fba3cb5c0
f5
```

   3단계에서 encrypt 하위 명령을 실행하면 다음과 같은 화면을 확인할 수
   있다.

마찬가지로 다른 작업에도 권한을 부여할 수 있다.

작동 원리

이번 실습에서 aws kms CLI 명령의 create-grant 하위 명령을 사용해 암호화를 할수 있는 권한이 없는 testuser에게 권한을 부여해봤다. testuser는 권한을 부여받은 후 암호화를 할 수 있었다.

그런 다음 aws kms CLI 명령의 revoke-grant 하위 명령을 사용해 권한을 회수해봤다. 또한 list-grants와 같은 하위 명령을 사용해 평문을 암호화하기 위한 키 ID와 encrypt에 대한 권한을 확인해봤다.

추가 사항

이번 실습에서는 하나의 작업에만 권한을 부여했지만 다음 명령을 이용해 여러 작업에도 권한을 부여할 수 있다.

```
aws kms create-grant \
    --key-id 1ab77c7a-7ca4-4387-a4c5-2fba3cb5c0f5 \
    --grantee-principal arn:aws:iam::135301570106:user/testuser \
    --operations "Encrypt" "Decrypt" \
    --profile awssecadmin
```

AWS에서 프로그래밍 방식으로 권한을 부여하고 회수하는 방법과 관련된 중요한 개념은 다음과 같다.

- 사용 가능한 권한 부여에는 Encrypt, Decrypt, GenerateDataKey, GenerateDataKeyWithoutPlaintext, ReEncryptFrom, ReEncryptTo, CreateGrant, RetireGrant, DescribeKey 등이 있다.
- AWS KMS API의 encrypt 하위 명령을 사용해 암호화키로 일반 텍스트를 암호화할 수 있다.

- 암호화에 사용된 동일한 키로 AWS KMS API의 decrypt 하위 명령을 사용해 복호화할 수 있다.

- AWS KMS API의 re-encrypt 하위 명령을 사용해 클라이언트 측에 일반 텍스트를 노출시키지 않고 새로운 CMK를 사용해 서버 측의 데이터를 복호화하거나 재암호화할 수 있다. 이 명령을 사용해 암호문의 암호화 콘텍스트를 변경할 수도 있다.

- 암호화 콘텍스트는 추가 인증 확인을 구성하는 선택적 추가 키-값 세트다. 복호화와 재암호화에 사용된 것과 동일한 암호화 콘텍스트를 사용해야 한다. 암호화 콘텍스트는 공개이기 때문에 AWS CloudTrail 로그 내에 일반 텍스트로 표시되므로 암호화 작업 모니터링과 감사에 유용하다.

- 권한 부여는 키 정책의 대안으로 사용할 수 있다.

- 같은 계정에서 create-grant 명령과 함께 키 ID나 키 ARN을 사용할 수 있다. 다른 계정의 사용자는 ARN을 지정해야 한다.

- create-grant 하위 명령에는 암호화 콘텍스트를 강제로 승인하게 하는 파라미터가 있다.

- 권한 부여를 생성하면 즉시 반영되지 않을 수 있다. 이 경우 create grant 명령에서 수신한 grant 토큰을 사용하면 지연을 피할 수 있다.

- list-grants 하위 명령은 키에 대한 모든 권한 부여 항목을 나열하는 데 사용되며 페이지네이팅paginating을 위해 파라미터 starting-token, page-size, max-items를 제공한다.

- AWS CLI에서 제공하는 페이지네이션 파라미터에는 starting-token, page-size, max-items가 있고 각기 다음 역할을 한다.
    - max-items 파라미터는 API에서 반환해야 하는 최대 항목 수를 나타낸다.
    - max-items에서 지정된 것보다 많은 API 호출이 생기면 NextToken이 제공되며 다음 요청에서 시작 토큰으로 전달된다.

- page-size 파라미터는 단일 API 호출에서 검색할 최대 수를 지정한다. 예를 들어 페이지 크기가 10이고 최대 항목이 100이면 백그라운드에서 10개의 API 호출이 작성된 다음 100개의 항목이 반환된다.
- revoke-grant 하위 명령은 계정의 루트 사용자에 의해 실행되며 Retire Principal과 GranteePrincipal은 RetireGrant를 실행하고자 허용된다.
- AWS 문서에는 권한을 부여할 때 retire-grand 하위 명령을 사용할 것을 권장한다. 하지만 권한 부여에 의존하고 있는 작업이 있다면 revoke-grand 하위 명령으로 부여된 권한을 회수해야 한다.
- list-retirable-grants 하위 명령을 사용하면 지정된 RetiringPrincipal 이 있는 모든 권한을 나열할 수 있다.
- list-retirable-grants 하위 명령은 반환해야 하는 권한을 제한하고자 limit과 marker 파라미터를 제공한다. limit은 반환해야 하는 최대 항목이고, marker는 limit보다 많은 항목을 반환해야 하는 경우 기존 요청과 함께 반환되는 NextMaker 값이다.

참고 사항

- https://docs.aws.amazon.com/cli/latest/reference/kms/create-grant.html 링크에서 CLI로 권한을 부여하는 방법을 확인할 수 있다.

▌키 정책과 조건 사용

이번에는 키 조건을 넣고 정책을 사용하는 방법을 알아본다. CMK에 첨부된 리소스 기반의 정책을 키 정책이라고 한다. KMS 리소스에 대한 접근을 관리하고자 키 정책만 사용하거나 IAM 정책과 권한 부여를 함께 사용할 수 있다.

일반적으로 권한 정책은 접근 권한을 제공할 리소스, 제공되는 작업과 해당 권한을 얻는 사람을 지정한다. IAM 정책이라고 하는 사용자, 그룹, 역할 등의 IAM 자격증명이나 리소스 기반 정책을 사용하는 S3, KMS 등의 서비스에 정책을 연결할 수 있다.

준비

실습을 위해 S3 버킷을 생성한다. 이번 실습에서는 us-east-1에서 생성한 awscookbook 이라는 버킷을 사용한다.

작동 방법

다음과 같이 조건 키와 함께 키 정책을 사용할 수 있다.

1. 콘솔에서 기본 구성으로 키를 생성한다.
    1. 별칭과 설명을 입력한다. 이번 실습에서 별칭은 testkey, 설명은 test key로 입력해봤다.
    2. 옵션으로 다음 단계에서 태그를 추가할 수 있다.
    3. 다음 단계에서 키 관리자를 추가하지 않는다.
    4. 키 사용자도 추가하지 않는다.
    5. 정책을 검토하고 **완료**를 클릭한다.

키 정책 검토 및 편집

단계 5/5

```
 1 {
 2     "Id": "key-consolepolicy-3",
 3     "Version": "2012-10-17",
 4     "Statement": [
 5         {
 6             "Sid": "Enable IAM User Permissions",
 7             "Effect": "Allow",
 8             "Principal": {
 9                 "AWS": "arn:aws:iam::135301570106:root"
10             },
11             "Action": "kms:*",
12             "Resource": "*"
13         }
14     ]
15 }
```

취소   이전   완료

2. 이 KMS CMK를 다음과 같은 리전에서 S3 버킷의 암호화키로 추가할 수 있다.

1. S3 버킷에서 속성 탭으로 이동한다.

2. 기본 암호화를 클릭한다.

3. AWS–KMS를 선택한다.

4. 방금 생성한 키를 선택한다.

5. 저장을 클릭한다.

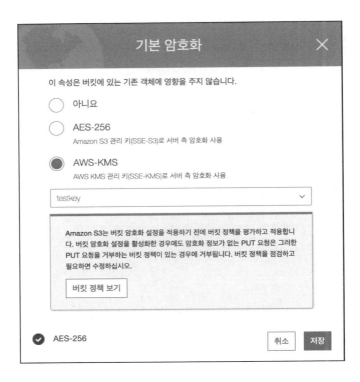

3. S3에 파일을 업로드하고 암호화와 복호화가 잘 작동하는지 확인한다.

   1. 파일을 S3에 업로드한다.

   2. 업로드한 파일을 선택하고 Open을 클릭한다.

4. 다음 키 정책을 추가하면 S3 서비스에서 키 사용을 거부할 수 있다.

   1. KMS 대시보드로 이동한다.

   2. 수정을 원하는 키 정책을 클릭한다.

   3. 키 정책 탭을 클릭한다.

   4. 정책 보기로 전환을 클릭한다.

5. 편집을 클릭하고 다음 정책을 추가한 후 저장한다.

```
{
    "Effect":"Deny",
    "Principal":{
        "AWS":"arn:aws:iam::135301570106:root"
    },
    Action":[
        "kms:Encrypt",
        "kms:Decrypt",
        "kms:ReEncrypt*",
        "kms:GenerateDataKey*",
        "kms:CreateGrant",
        "kms:ListGrants",
        "kms:DescribeKey"
    ],
    "Resource":"*",
    "Condition":{
        "StringEquals":{
            "kms:ViaService":"s3.us-east-1.amazonaws.com"
        }
    }
}
```

5. 3번째 단계에서 확인했던 파일을 다시 선택하고 Open을 클릭한다. 파일을 볼 수 없으며 다음과 같은 에러 메시지가 나타난다. 앞서 KMS에서 S3가 키를 사용할 수 있는 권한을 회수했으므로 복호화할 수 없어 에러 메시지가 확인됐다.

← → C 🔒 awscookbook.s3.amazonaws.com/testfile.txt?response-content-disposition=

This XML file does not appear to have any style information associated with it. The document tree

▼<Error>
　<Code>AccessDenied</Code>
　<Message>Access Denied</Message>
　<RequestId>0D902A72AA995D8A</RequestId>
▼<HostId>
　　gn6zrR8YDZ5y7eFwvzqOWujZOzQPpUG1Cvt4k6cF/boItqGJEc+JFr5BYosccmX8V6yZ/korne8=
　</HostId>
</Error>

S3 콘솔에서 열기를 클릭하지 않고 브라우저에서 URL을 직접 파일을 열어 보면 복호화 시도를 하지 않기 때문에 키 조건 정책이 있는 파일은 표시되지 않는다.

작동 원리

이번 실습에서 기본 권한으로 키를 생성하고 S3 버킷의 파일을 성공적으로 암호화/복호화했다. 그리고 kms:ViaService 조건 키를 사용해 S3 서비스에 대한 CMK 사용을 거부했고, 동일한 파일을 복호화하려 했지만 실패했다.

실습 1단계에서 확인한 것처럼 기본키 정책은 계정 소유자의 루트 사용자에게 모든 권한을 부여하고 CMK에 접근하는 데 필요한 IAM 정책을 활성화한다. 또한 키 관리자는 CMK를 관리하고 키 사용자는 CMK를 사용할 수 있다. 그리고 ViaService API 내에서 S3 서비스를 사용하고자 S3 서비스의 리전을 지정해야 하다. 버킷이 us-east-1에 있기 때문에 us-east-1을 사용했다.

JSON 형식으로 구성된 키 정책은 다음 요소를 포함하고 있다.

- **Effect:** 권한 허용 여부를 지정한다.
- **Principal:** 권한을 부여받을 대상을 지정한다. 허용되는 대상은 AWS 계정(루트), IAM 사용자, IAM 역할, 지원되는 AWS 서비스가 있다.
- **Action:** 허용하거나 거부할 작업(예, kms:Encrypt)을 지정한다.

- **Resource**: 정책을 적용할 리소스를 지정한다. 모든 자원을 나타내고자 * 를 지정해봤다.
- **Condition**: 선택적 요소로 키 정책이 적용되는 조건을 지정하는 데 사용된다.

선택적 Sid 파라미터를 지정할 수도 있다. Sid는 명령문 식별자를 나타내며 정책을 설명하는 문자열 값을 포함할 수 있다.

추가 사항

키 정책 사용에 대한 몇 가지 중요한 정보를 확인해본다.

- KMS 리소스에 대한 접근을 관리하고자 키 정책만 사용하거나 키 정책과 함께 IAM 정책과 권한 부여를 사용할 수 있다.
- KMS CMK에 접근하려면 키 정책만 사용하거나 IAM 정책이나 권한 부여와 함께 사용해야 한다.
- CMK는 KMS의 기본 리소스다.
- CMK의 ARN은 다음 형식을 따른다.

  ```
  arn:aws:kms:<region>:<account ID>: key/<key ID>
  ```

- 일부 KMS 작업에서는 별칭을 리소스로 사용할 수도 있다. 별칭 ARN의 형식은 다음과 같다.

  ```
  arn:aws:kms:<region>:<account ID>:alias/<alias name>
  ```

- 루트 사용자를 포함한 모든 사용자는 키 정책이 허용하는 경우에만 CMK에 접근할 수 있다.
- 콘솔에서 CMK를 생성할 때 기본키 정책은 계정 소유자의 루트 사용자에게 모든 권한을 부여하고 CMK에 접근하는 데 필요한 IAM 정책을 활성화한다. 또한 키 관리자는 CMK를 관리하고 키 사용자는 CMK를 사용할 수

있다. CMK를 만들 때 기본키 정책은 프로그래밍 방식으로 계정 소유자의 루트 사용자에게 모든 권한을 부여한다. 또한 CMK에 액세스하는 데 필요한 IAM 정책을 활성화한다.

- 키 관리자를 추가하면 키 관리자의 세부 정보가 정책 문서에 추가된다.
- 키 관리자 정책에 포함되는 주요 작업은 다음과 같다. kms:Create*, kms:Describe*, kms:Enable*, kms:List*, kms:Put*, kms:Update*, kms:Revoke*, kms:Disable*, kms:Get*, kms:Delete*, kms:TagResource, kms:UntagResource, kms:ScheduleKeyDeletion, kms:CancelKeyDeletion
- AWS는 일부 기본 권한에 와일드카드를 추가해 AWS가 동일한 접두어로 시작하는 새 작업을 생성하면 관리자가 자동으로 권한을 획득한다.
- 키 사용자를 추가하면 키 사용자의 세부 사항이 정책 문서에 추가된다.
- 키 사용자 정책에 포함되는 주요 작업은 다음과 같다. kms:Encrypt, kms:Decrypt, kms:ReEncrypt*, kms:GenerateDataKey*, kms:DescribeKey
- AWS는 글로벌 조건 키와 서비스별 키를 제공한다.
- 글로벌 조건 키는 다음과 같은 정보를 갖고 있다. aws:PrincipalTag, aws:PrincipalType, aws:RequestTag, aws:SourceIp, aws:SourceVpc, aws:SourceVpce, aws:TagKeys, aws:TokenIssueTime, aws:userid, aws:username
- AWS KMS 조건 키는 다음 사항을 포함한다. kms:BypassPolicyLockout SafetyCheck, kms:CallerAccount, kms:EncryptionContext, kms:Encryption ContextKeys, kms:ExpirationModel, kms:GrantConstraintType, kms:Grant IsForAWSResource, kms:GrantOperations, kms:GranteePrincipal, kms:KeyOrigin, kms:ReEncryptOnSameKey, kms:RetiringPrincipal, kms:ValidTo, kms:Via Service, kms:WrappingAlgorithm, kms:WrappingKeySpec

- https://docs.aws.amazon.com/kms/latest/developerguide/key-policies. html 링크에서 키 정책과 관련된 추가 사항을 확인할 수 있다.
- https://docs.aws.amazon.com/kms/latest/developerguide/policy-conditions. html 링크에서 KMS 조건 키의 자세한 내용을 확인할 수 있다.

▌ 교차 계정에 고객 관리 키 공유

이번에는 CMK를 서로 다른 계정에서 사용하는 방법을 알아본다.

준비

실습을 위해 두 개의 AWS 계정이 필요하다. 첫 번째 계정은 ID가 **135301570106**이고, 두 번째 계정은 ID가 **380701114427**이다. 1장에서 AWS 조직을 사용해 생성한 계정을 재사용하고 있다.

작동 방법

먼저 첫 번째 계정에 CMK를 생성한다. 그런 다음 두 번째 계정에서 사용할 수 있는 권한을 부여하고 CMK를 사용해 두 번째 계정에서 첫 번째 계정의 CMK를 사용할 수 있는지 테스트한다.

키를 생성하고 다른 계정에 권한 부여

다음 절차를 참고해 두 번째 계정이 사용할 수 있는 키를 생성한다.

1. KMS 대시보드로 이동한다. 키 생성을 클릭하고 **별칭과 설명**을 입력해 키 생성을 시작한다.

2. 옵션으로 다음 단계에서 태그를 설정할 수 있다.

3. 다음 단계에서 키 관리자를 추가한다.

4. 키 사용 권한 정의 페이지에서 **다른 AWS 계정** 항목으로 이동한다.

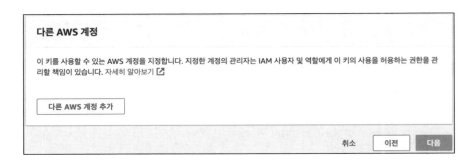

5. **다른 AWS 계정 추가**를 클릭한다.

6. 두 번째 AWS 계정 ID를 입력하고 다음을 클릭한다.

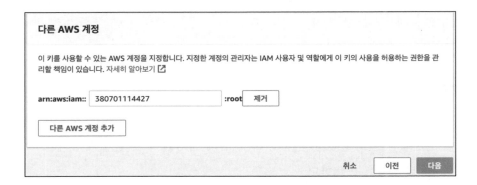

7. 키 정책 검토 및 편집 페이지에서 **완료**를 클릭한다. 다음과 같은 정책을 확인할 수 있다.

```
{
    "Sid":"Allow attachment of persistent resources",
    "Effect":"Allow",
    "Principal":{
        AWS":"arn:aws:iam::380701114427:root"
    },
    "Action":[
        "kms:CreateGrant",
        "kms:ListGrants",
        "kms:RevokeGrant"
    ],
    "Resource":"*",
    "Condition":{
        "Bool":{
            "kms:GrantIsForAWSResource":"true"
        }
    }
}
```

새롭게 생성한 키의 ARN은 arn:aws:kms:us-east-1:135301570106:key/d791248f-c742-4ed9-a081-cfa314dd6903이다.

두 번째 계정에서 관리자가 키 사용

두 번째 계정의 관리자가 두 번째 계정의 키를 사용할 수 있게 구성해본다.

1. 두 번째 계정에서 관리자 계정으로 CLI를 이용해 데이터를 암호화한다.

```
aws kms encrypt \
    --plaintext "hello 4" \
    --key-id arn:aws:kms:us-east-1:135301570106:key/d791248f-
c742-4ed9-a081-cfa314dd6903 \
    --profile awschild1admin
```

이 명령을 실행하면 다음과 같은 결과를 확인할 수 있다.

```
{
    "CiphertextBlob": "AQICAHgAn+wuJ5cOyzgLN21IJKa50Jcy2hJTTmILJbmxbp392wE920ZRG6baitBiM
pD/0aijAAAAZTBjBgkqhkiG9w0BBwagVjBUAgEAME8GCSqGSIb3DQEHATAeBglghkgBZQMEAS4wEQQMW9jzsbPNp
JAvGd+aAgEQgCL4VAqVMNcnLmOPcdM+/m0zFPFxZ66pjeRMb4zVKbgQwpxt",
    "KeyId": "arn:aws:kms:us-east-1:135301570106:key/d791248f-c742-4ed9-a081-cfa314dd690
3"
}
```

이제 두 번째 계정에서 일반 사용자가 키를 사용하도록 설정해본다.

두 번째 계정에서 일반 사용자가 키 사용

CMK를 관리자가 아닌 일반 사용자가 사용하려면 두 번째 계정의 관리자가 다음 절차에 따라 권한을 위임해야 한다.

1. IAM 대시보드로 이동한다.
2. 정책을 클릭한다.
3. 정책 생성을 클릭한다.
4. JSON 탭으로 이동한다.
5. 다음 정책을 입력한다.

```
{
    "Version": "2012-10-17",
    "Statement": [
      {
        "Sid": "Delegate CMK access from 135301570106",
        "Effect": "Allow",
        "Action": [
          "kms:Encrypt",
          "kms:Decrypt",
          "kms:ReEncrypt*",
          "kms:GenerateDataKey*",
```

```
            "kms:DescribeKey"
        ],
        "Resource": "arn:aws:kms:us-
east-1:135301570106:key/d791248f-c742-4ed9-a081-cfa314dd6903"
      }
    ]
}
```

6. 정책 검토를 클릭한다.

7. 정책 이름과 설명을 입력한다.

8. 정책 생성을 클릭한다.

9. 사용자를 클릭한다.

10. 권한을 부여할 사용자를 선택한다.

11. 권한 추가를 클릭한다.

12. 기존 정책 직접 연결을 클릭한다.

13. 새롭게 생성한 정책을 선택하고 다음: 검토를 클릭한다.

14. 권한 추가를 선택한다.

15. 두 번째 계정의 일반 사용자 계정으로 CLI를 이용해 데이터를 암호화한다.

```
aws kms encrypt \
    --plaintext "hello 5" \
    --key-id arn:aws:kms:us-east-1:135301570106:key/d791248f-c742-4ed9-
081-cfa314dd6903 \
    --profile child1_testuser
```

이 명령을 실행하면 다음과 같은 결과를 확인할 수 있다.

```
{
    "CiphertextBlob": "AQICAHgAn+wuJ5c0yzgLN21IJKa50Jcy2hJTTmILJbmxbp392wHeifaQJMSxhFz5c
W0TgNQEAAAAZTBjBgkqhkiG9w0BBwagVjBUAgEAME8GCSqGSIb3DQEHATAeBglghkgBZQMEAS4wEQQMc6KZwgWQ0
0Ut6TUMAgEQgCKevCclS+xpt7x90SttjsMlGBNw2qxk4FoTYhrlED1CSCSp",
    "KeyId": "arn:aws:kms:us-east-1:135301570106:key/d791248f-c742-4ed9-a081-cfa314dd690
3"
}
```

새로운 CMK를 생성해봤다. 기존 CMK를 편집할 수 있고 다른 계정을 추가할 수도 있다.

작동 원리

이번 실습에서 두 번째 계정의 권한을 이용해 첫 번째 계정에 CMK를 생성해봤다. 그리고 CLI의 관리자 프로필과 일반 사용자 프로필을 이용해 첫 번째 계정의 데이터를 성공적으로 암호화해봤다.

일반 사용자로 암호화하려면 두 번째 계정의 관리자가 접근 권한이 필요한 사용자나 역할에 권한을 부여해야 한다. 콘솔에서 IAM 정책을 생성했고 이 정책을 testuser에 추가해봤다.

정책의 구조에 대한 자세한 내용은 '키 정책과 조건 사용' 절을 참고한다.

추가 사항

AWS CLI에서 데이터를 암호화해봤다. S3 및 EC2와 같은 대부분의 서비스는 계정 간 키 권한 부여를 지원하지만 콘솔에서 키를 자동으로 선택하는 기능은 지원하지 않을 수 있다. 자세한 내용은 각 서비스의 가이드를 참고하라. 콘솔에서 제한이 있는 경우 키의 ARN을 지정해 API로 수행할 수 있다.

참고 사항

- https://docs.aws.amazon.com/kms/latest/developerguide/key-policy-modifying-external-accounts.html에서 교차 계정의 CMK 사용에 대한 정보를 확인할 수 있다.

┃ CloudHSM 클러스터 생성

이번에는 AWS CloudHSM 클러스터를 생성하는 방법을 알아본다. CloudHSM은 자체 암호화키를 생성하고 사용하는 AWS의 하드웨어 보안 모듈HSM, Hardware Security Module이다. 반면 AWS KMS는 HSM의 자원을 공유하고 대칭키만 사용할 수 있지만 CloudHSM은 대칭키와 비대칭키를 모두 지원한다.

준비

실습을 위해 활성화된 AWS 계정이 필요하다.

 TIP CloudHSM의 비용은 KMS보다 비싸며 프리티어도 제공하지 않는다. 학습 목적으로 이 실습을 하는 경우 CloudHSM과 관련된 모든 구성을 실습이 완료된 후 삭제해야 한다.

작동 방법

다음 절차를 참고해 기본 VPC를 사용해 CloudHSM 클러스터를 생성한다.

1. 콘솔에서 CloudHSM 서비스로 이동한다.
2. 클러스터 생성을 클릭한다.
3. 생성을 원하는 VPC를 선택한다.

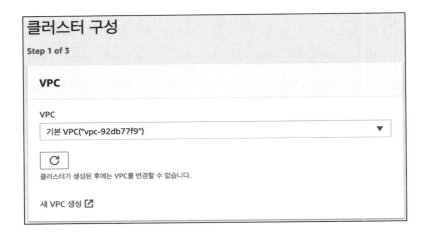

 프로덕션용으로 CloudHSM을 구성할 경우 이번 실습에서 사용하는 기본 VPC 대신 프라이빗 및 퍼블릭 서브넷이 있는 사용자 지정 VPC를 사용한다. VPC는 5장에서 자세히 다룬다.

4. 3개의 가용 영역이 있으며, 가용 영역당 하나의 서브넷을 선택할 수 있다. 요구 사항에 따라 하나 이상 또는 하나의 가용 영역만 선택할 수 있다.

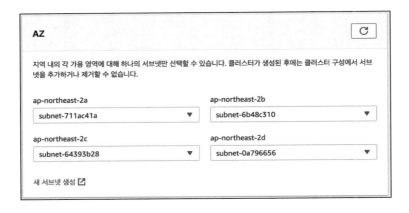

5. 새 클러스터 생성을 선택하고 검토를 클릭한다.

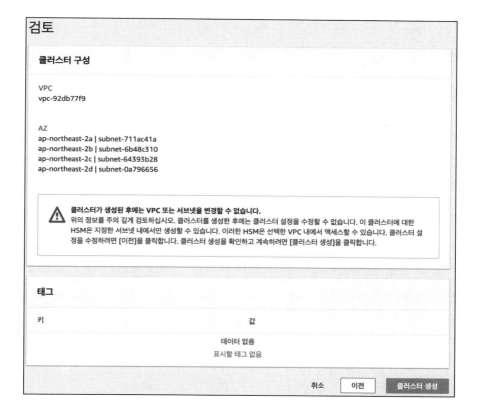

클러스터 소스

새 클러스터를 생성하거나 기존 백업에서 클러스터를 복원할 수 있습니다. 자세히 알아보기 ☑

○ 새 클러스터 생성

○ 기존 백업에서 클러스터 복원

취소   다음

6. 검토 화면에서 자세한 내용을 확인하고, 클러스터 생성을 클릭한다.

검토

클러스터 구성

VPC
vpc-92db77f9

AZ
ap-northeast-2a | subnet-711ac41a
ap-northeast-2b | subnet-6b48c310
ap-northeast-2c | subnet-64393b28
ap-northeast-2d | subnet-0a796656

⚠ **클러스터가 생성된 후에는 VPC 또는 서브넷을 변경할 수 없습니다.**
위의 정보를 주의 깊게 검토하십시오. 클러스터를 생성한 후에는 클러스터 설정을 수정할 수 없습니다. 이 클러스터에 대한
HSM은 지정한 서브넷 내에서만 생성할 수 있습니다. 이러한 HSM은 선택한 VPC 내에서 액세스할 수 있습니다. 클러스터 설
정을 수정하려면 [이전]을 클릭합니다. 클러스터 생성을 확인하고 계속하려면 [클러스터 생성]을 클릭합니다.

태그

키	값
데이터 없음	
표시할 태그 없음	

취소   이전   클러스터 생성

클러스터 생성을 완료하는 데 시간이 다소 걸릴 수 있다. 클러스터 생성 작업이 성공하면 다음과 같이 성공 메시지가 표시된 화면이 나타난다.

이제 클러스터를 초기화해야 한다. 클러스터를 초기화하고 첫 번째 HSM을 생성한다.

작동 원리

이번 실습에서는 기본 VPC를 이용해 CloudHSM 클러스터를 생성해봤다. 학습 목적으로 HSM을 테스트하는 경우에도 사용할 수 있다. 실제로 사용할 경우 사용자 지정 VPC 내의 프라이빗 서브넷에 HSM을 설치해야 한다. 5장에서 VPC를 자세히 살펴본다.

다음에는 클러스터를 초기화하고 첫 번째 HSM을 만들어본다. CloudHSM에는 프리티어가 없다. 프로비저닝된 HSM은 매 시간마다 비용이 발생할 수 있으므로 학습이나 실험 목적으로 실습을 하는 경우 다음 실습을 최대한 빨리 완료하고 모든 리소스를 정리한다.

추가 사항

AWS CloudHSM 서비스와 관련된 몇 가지 중요한 개념을 살펴본다.

- HSM은 디지털 키를 보호하고 관리하는 데 사용되는 물리적 컴퓨팅 장치다.

- AWS CloudHSM의 HSM은 FIPS 140-2 레벨 3 검증 및 EAL4와 같은 컴플라이언스 요구 사항을 충족한다.

이번에 실습한 내용을 더 깊이 이해하려면 암호화와 관련된 개념을 숙지해야 한다. '참고 사항' 절에서 참고할 사항을 제공한다.

참고 사항

- https://heartin.tech/en/blog-entry/important-points-remember-about-asymmetric-encryption을 참고해 비대칭 암호화와 관련된 개념을 확인할 수 있다.
- https://heartin.tech/en/blog-entry/important-points-remember-about-digital-certificates-and-hashing을 참고해 디지털 인증서 및 해싱과 관련된 개념을 확인할 수 있다.
- https://heartin.tech/en/blog-entry/important-points-remember-about-public-key-infrastructure-pki를 참고해 KPI와 관련된 중요한 개념을 확인할 수 있다.
- https://docs.aws.amazon.com/cloudhsm/latest/userguide/hsm-users.html을 참고해 다양한 유형의 CloudHSM 사용자에 대한 내용을 확인할 수 있다.

▌ CloudHSM 클러스터 초기화와 활성화

이번에는 이전 실습에서 생성한 CloudHSM 클러스터를 초기화하고 활성화해본다. AWS CloudHSM은 자체 암호화키를 생성하고 사용할 수 있는 AWS 전용 HSM 서비스다.

준비

실습을 위해 활성화된 AWS 계정과 'CloudHSM 클러스터 생성' 절을 참고해 CloudHSM 클러스터 생성이 필요하다.

 CloudHSM 사용 비용은 KMS보다 비싸며 프리티어도 제공하지 않는다. 따라서 CloudHSM과 관련된 실습을 진행하는 동안 주의가 필요하다. 이번 실습이 끝나면 생성한 리소스를 정리하라.

작동 방법

다음 절차를 참조해 CloudHSM 클러스터를 초기화하고 활성화한다.

1. 클러스터를 초기화하고 첫 번째 HSM을 생성한다.
2. CloudHSM을 구성하기 위한 EC2 인스턴스를 생성하고 클러스터를 활성화한다.

우선 클러스터를 먼저 초기화해본다.

클러스터 초기화와 첫 번째 HSM 생성

다음 절차를 통해 CloudHSM 클러스터 목록에서 클러스터를 초기화할 수 있다.

1. 초기화하려는 클러스터를 선택하고 **작업** 메뉴에서 **초기화**를 클릭한다.

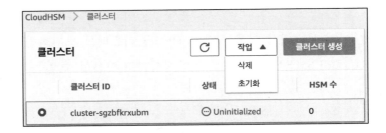

2. HSM을 생성한다. 클러스터를 구성한 AZ 중 하나를 선택하고 Create를 클릭한다.

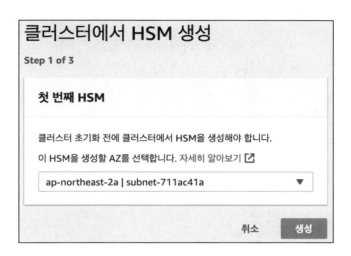

HSM이 생성되는 데 시간이 소요될 수 있다. 생성이 완료되면 다음과 같은 메시지를 확인할 수 있다.

> ⊘ 첫 번째 HSM hsm-6kqtbxadtba이(가) 클러스터 cluster-sgzbfkrxubm에 생성됨

3. 인증서 서명 요청$^{CSR, Certificate Signing Request}$을 다운로드하고 서명한다. 그리고 추가 사항 및 참고 사항에서 CloudHSM의 자격증명과 인증 내용을 확인할 수 있다.

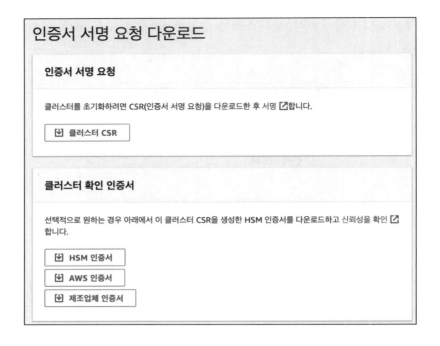

4. 비공개키를 생성한다. 개발 및 테스트 목적으로 OpenSSL을 사용해 비공 개키를 생성할 수 있다. 인증서 서명 요청 항목에서 클러스터 CSR 다운로드 버튼 옆의 서명을 클릭하면 관련된 AWS 문서를 확인할 수 있다.

```
openssl genrsa -aes256 -out customerCA.key 2048
```

위 명령을 실행하면 다음 화면을 확인할 수 있다.

```
$ openssl genrsa -aes256 -out customerCA.key 2048
Generating RSA private key, 2048 bit long modulus
...................................................+++
..............................................
..............................................+++
e is 65537 (0x10001)
Enter pass phrase for customerCA.key:
Verifying - Enter pass phrase for customerCA.key:
```

5. 비공개키를 이용해 자체 서명 인증서를 생성한다. OpenSSL로 생성할 수 있다.

```
openssl req -new -x509 -days 3652 -key customerCA.key -out customerCA.crt
```

질의 내용에 값을 입력하면 다음과 같은 화면을 확인할 수 있다.

```
[$ openssl req -new -x509 -days 3652 -key customerCA.key -out customerCA.crt
[Enter pass phrase for customerCA.key:
You are about to be asked to enter information that will be incorporated
into your certificate request.
What you are about to enter is what is called a Distinguished Name or a DN.
There are quite a few fields but you can leave some blank
For some fields there will be a default value,
If you enter '.', the field will be left blank.
-----
Country Name (2 letter code) []:IN
State or Province Name (full name) []:Karnataka
Locality Name (eg, city) []:Bangalore
Organization Name (eg, company) []:Heartin Tech
Organizational Unit Name (eg, section) []:Research
Common Name (eg, fully qualified host name) []:Heartin Kanikathottu
Email Address []:awssecuritycookbook@gmail.com
```

6. 클러스터 CSR에 서명한다. AWS 문서에서 제공하는 명령과 함께 OpenSSL 을 사용할 수 있다.

```
openssl x509 -req -days 3652 -in cluster-
rbn5yrg4huk_ClusterCsr.csr \
                        -CA customerCA.crt \
                        -CAkey customerCA.key \
                        -CAcreateserial \
                        -out cluster-
rbn5yrg4huk_CustomerHsmCertificate.crt
```

서명을 완료하면 cluster-rbn5yrg4huk_CustomerHsmCertificate.crt 파일 이 생성된다.

7. AWS 콘솔의 인증서 업로드 단계에서 서명된 클러스터 인증서 및 서명 인 증서(인증서 발급)를 업로드한다.

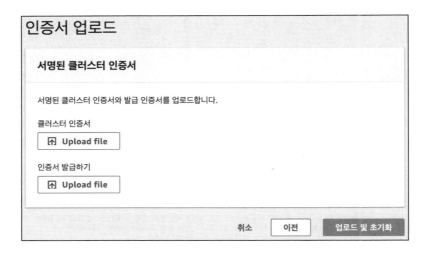

8. 업로드 및 초기화를 클릭한다. 다음 화면과 같은 메시지를 확인할 수 있다.

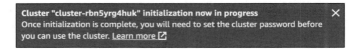

초기화가 완료되면 다음과 같은 메시지를 확인할 수 있다.

9. 왼쪽 사이드바에서 클러스터를 클릭하고 아래로 스크롤해 클러스터 선택 후 HSM의 IP 주소를 기록한다.

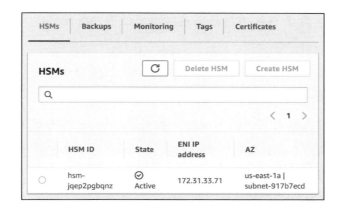

이제 HSM용 EC2 클라이언트 인스턴스를 생성하고 클러스터를 활성화해본다.

EC2 클라이언트 인스턴스 생성과 클러스터 활성화

다음 절차를 참고해 EC2 클라이언트 인스턴스를 생성하고 클러스터를 활성화해 본다.

1. EC2 클라이언트 인스턴스를 생성해본다.

    1. VPC 선택 항목에서 HSM이 구성된 VPC를 선택한다. 이번 실습에는 기본 VPC에 설정해봤다. 퍼블릭 서브넷을 선택하고, 퍼블릭 IP 자동 할당을 서브넷 사용 설정(활성화)으로 선택한다.

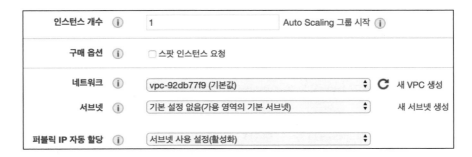

2. 다른 옵션은 기본값을 유지하고 보안 그룹 구성 단계까지 다음을 클릭한다.

3. 보안 그룹 구성 단계에서 기존 보안 그룹 선택을 체크하고 default VPC security group을 선택한다.

4. 새로운 키 페어를 생성하겠냐는 질문이 나오면 생성 후 안전하게 보관한다. 맥이나 리눅스 사용자라면 chmod를 사용해 권한을 400으로 설정해야 한다. aws-sec-cb-hsm-demo.pem이라는 이름으로 키 페어를 저장한다.

2. EC2 인스턴스를 실행한 후 보안 그룹을 추가하더라도 기존 보안 그룹은 유지한다. 그리고 SSH 규칙이 설정되지 않은 본인이 접속하는 IP를 추가한다.

보안 그룹 ID	이름	설명
sg-0ca013c47cab7ca14	cloudhsm-cluster-sgzbfkrxubm-sg	Security group for CloudHSM cluster cluster-sgzbfkrxubm
sg-d8eeebbc	default	default VPC security group

3. 자체 서명 인증서 customerCA.crt를 EC2 시스템에 복사한다. 맥이나 리눅스에서는 다음과 같이 scp 명령으로 복사할 수 있다.

```
scp -i aws-sec-cb-hsm-demo.pem customerCA.crt ec2-
user@ec2-3-86-195-36.compute-1.amazonaws.com:/home/ec2-user
```

4. EC2 인스턴스에 SSH로 접속한다. 명령과 프로세스는 운영체제마다 다를 수 있다. 맥이나 리눅스에서는 다음 명령을 사용한다.

```
ssh -i aws-sec-cb-hsm-demo.pem ec2-
user@ec2-3-86-195-36.compute-1.amazonaws.com
```

5. sudo yum install을 실행한다.

6. 다음 명령으로 최신 CloudHSM 클라이언트 RPM을 다운로드한다.

```
wget
https://s3.amazonaws.com/cloudhsmv2-software/cloudhsm-client-la
test.x86_64.rpm
```

7. 다음 명령으로 CloudHSM 클라이언트를 설치한다.

```
sudo yum install -y ./cloudhsm-client-latest.x86_64.rpm
```

8. HSM의 IP 주소를 추가한다. '클러스터 초기화와 첫 번째 HSM 생성' 절의
   9단계를 참고한다.

```
sudo /opt/cloudhsm/bin/configure -a 172.31.33.71
```

9. customerCA.crt를 /opt/cloudhsm/etc/에 복사한다.

10. 다음 명령으로 cloudhsm_mgmt_util을 시작한다.

```
/opt/cloudhsm/bin/cloudhsm_mgmt_util
/opt/cloudhsm/etc/cloudhsm_mgmt_util.cfg
```

성공하면 다음과 같은 aws-cloudhsm 메시지를 확인할 수 있다.

```
[ec2-user@ip-172-31-93-202 ~]$ /opt/cloudhsm/bin/cloudhsm_mgmt_util /opt/cloudhsm/etc/
cloudhsm_mgmt_util.cfg

Connecting to the server(s), it may take time
depending on the server(s) load, please wait...

Connecting to server '172.31.33.71': hostname '172.31.33.71', port 2225...
Connected to server '172.31.33.71': hostname '172.31.33.71', port 2225.
aws-cloudhsm>
```

11. enable_e2e 명령을 사용해 엔드투엔드end-to-end 암호화를 활성화한다. 성공
    하면 다음과 같은 메시지를 확인할 수 있다.

```
[aws-cloudhsm>enable_e2e
E2E enabled on server 0(172.31.33.71)

aws-cloudhsm>
```

12. listusers 명령으로 모든 사용자를 나타낼 수 있으며, 다음과 같은 메시지
를 확인할 수 있다.

```
aws-cloudhsm>listUsers
Users on server 0(172.31.33.71):
Number of users found:2

    User Id          User Type       User Name       MofnPubKey LoginFailureCnt  2FA
       1             PRECO           admin              NO              0               NO
       2             AU              app_user           NO              0               NO
```

13. loginHSM 명령을 사용해 PRECO 사용자로 HSM에 로그인한다.

loginHSM PRECO admin password

다음 메시지를 확인할 수 있다.

```
[aws-cloudhsm>loginHSM PRECO admin password
loginHSM success on server 0(172.31.33.71)
```

14. changePswd 명령을 사용해 PRECO 사용자의 비밀번호를 변경한다.

changePswd PRESCO admin NewPassword$!

다음과 같은 응답을 받아야 한다.

```
[aws-cloudhsm>changePswd PRECO admin NewPassword$!
*******************************CAUTION********************************
This is a CRITICAL operation, should be done on all nodes in the
cluster. Cav server does NOT synchronize these changes with the
nodes on which this operation is not executed or failed, please
ensure this operation is executed on all nodes in the cluster.
*********************************************************************

Do you want to continue(y/n)?y
Changing password for admin(PRECO) on 1 nodes
```

15. listusers 명령으로 모든 사용자를 나타낼 수 있으며, 다음과 같은 메시지를 확인할 수 있다.

```
[aws-cloudhsm>listUsers
Users on server 0(172.31.33.71):
Number of users found:2

      User Id        User Type        User Name       MofnPubKey      LoginFailureCnt      2FA
         1           CO               admin           NO              0                    NO
         2           AU               app_user        NO              0                    NO
```

16. quit 명령으로 실행한 유틸리티를 종료한다.
17. 콘솔에서 클러스터 항목으로 이동해 비밀번호가 업데이트될 때까지 메시지를 볼 수 없는지 확인한다.

> TIP
> 개발이나 테스트 목적으로 이 클러스터를 생성한 경우 예상치 못한 요금이 발생하지 않도록 HSM과 클러스터를 삭제해야 한다.

작동 원리

이번 실습에서 기본 VPC에 CloudHSM 클러스터를 초기화한 후 첫 번째 HSM을 생성해봤다. 실제 환경에 구성할 때는 사용자가 지정한 VPC 내의 프라이빗 서브넷에 HSM을 설치해야 한다. 5장의 VPC에서 자세히 살펴본다.

클러스터를 초기화하기 전에 CSR을 다운로드해 서명해야 한다. 실제로는 베리사인Verisign과 같은 인증기관에서 서명한 인증서를 사용해 구성한다. 개발이나 테스트를 목적으로 하는 경우 다음 절차를 참고해 OpenSSL로 자체 인증서를 사용할 수 있다.

1. OpenSSL로 비공개키를 생성한다.
2. 비공개키로 자체 서명된 인증서를 발급한다.

3. 자체 서명된 인증서를 사용해 AWS 콘솔에서 다운로드한 CSR에 서명한다.

4. 마지막으로 서명된 CSR 인증서와 자체 서명된 인증서를 AWS에 업로드한다.

우선 클러스터의 첫 번째 HSM에 존재하는 임시 사용자 역할인 PRECO 역할로 시스템에 로그인해봤다. 이 사용자의 기본 비밀번호를 변경한 후 유형이 PRECO에서 CO로 변경된 것을 확인했으며, AU 유형의 사용자도 있다.

CloudHSM에는 다음과 같은 4가지 유형의 사용자가 있다.

- Precrypto Officer(PRECO)
- Crypto Officer(CO)
- Crypto User(CU)
- Appliance User(AU)

PRECO는 AWS에서 생성한 사용자 역할로 비밀번호를 업데이트할 때까지 사용할 수 있다. 업데이트가 완료되면 사용자 유형이 CO로 변경된다. 이때 CO 역할을 가진 더 많은 사용자를 생성할 수 있다. 첫 번째 CO 사용자를 기본 PCO라고 한다. Crypto Officer는 사용자 관리를 담당하다. CU는 키 생성, 삭제, 공유, 가져오기, 내보내기를 포함한 키 관리를 담당하다. CU는 암호화, 복호화, 서명, 확인 등과 같은 암호화 작업을 담당한다. AU는 일반적으로 AWS에서 복제와 동기화 활동에만 사용하는 사용자다.

추가 사항

HSM을 사용해 CloudHSM 클러스터를 생성, 초기화, 활성화해봤다. AWS에서 다운로드할 수 있는 인증서를 사용해 HSM의 자격증명을 확인할 수 있다. CloudHSM에서 다운로드할 수 있는 인증서는 다음 6가지다.

- 클러스터 CSR
- HSM 인증서
- AWS 하드웨어 인증서
- 제조업체 인증서
- AWS 루트 인증서
- 제조업체 루트 인증서

'참고 사항' 절을 참고해 HSM 클러스터의 자격증명과 인증 방법을 확인한다.

참고 사항

- https://docs.aws.amazon.com/cloudhsm/latest/userguide/verify-hsm-identity.html에서 HSM 클러스터의 자격증명과 인증 방법을 확인할 수 있다.

VPC의 네트워크 보안

VPC는 가상 사설 클라우드^{Virtual Private Cloud}의 약자다. VPC는 클라우드에서 가상 데이터 센터^{Virtual Data Center}로 간주될 수 있다. 아마존 VPC를 사용하면 나머지 AWS 퍼블릭 클라우드^{Public Cloud} 인프라스트럭처^{Infrastructure}와 분리된 자체 가상 사설 네트워크^{Virtual Private Network}를 만들 수 있고, 이를 통해 가상 사설 네트워크를 완벽하게 제어할 수 있다. 자체 IP 주소 범위, 퍼블릭이나 프라이빗 서브넷^{Subnet}을 생성하고 요구 사항에 따라 라우팅 테이블^{Route Table}과 네트워크 게이트웨이^{Network Gateway}를 구성할 수도 있다. 웹 서버^{Web Server}의 인터넷 연결 인스턴스^{Internet Facing Instance}를 퍼블릭 서브넷으로 시작하고 데이터베이스 서버^{Database Server}와 같은 비인터넷 연결 인스턴스^{Non-Internet facing Instance}를 프라이빗 서브넷으로 시작할 수 있다. 또한 VPC 내에서 인스턴스의 수신^{Incoming}과 발신^{Outgoing} 트래픽을 보호하고자 보안 그룹^{Security Group}과

네트워크 접근 제어 목록^{NACL, Network Access Control lists}과 같은 여러 보안 메커니즘 ^{Mechanism}을 사용할 수 있다.

5장에서 다루는 내용은 다음과 같다.

- AWS에서 VPC 만들기
- VPC의 서브넷 만들기
- 인터넷 액세스를 위한 인터넷 게이트웨이와 라우팅 테이블 구성
- NAT 게이트웨이 설정과 구성
- NACL 작업
- VPC 게이트웨이 엔드포인트를 사용해 S3에 연결
- VPC 플로우 로그^{flow logs} 구성과 사용

▌기술 요구 사항

5장에서는 작동 중인 AWS 계정이 필요하다. 다음 나열된 컴퓨터 네트워킹 개념의 기본 지식이 있는 것도 좋다.

- IP 주소^{IP Address}
- 유니캐스팅^{Unicasting}
- 브로드캐스팅^{Broadcasting}
- 서브넷^{Subnet}
- 서브넷 마스킹^{Subnet Masking}
- CIDR
- 라우팅^{Routing}

5장의 코드 파일은 다음에서 찾을 수 있다.

https://github.com/PacktPublishing/AWS-Security-Cookbook/tree/master/
hapter05

❙ AWS에서 VPC 만들기

이 예제에서는 VPC를 수동으로 생성하고 AWS에 의해 생성된 기본 설정을 살펴본다.

준비

이 예제를 완료하려면 작동 중인 AWS 계정[account]이 필요하다.

작동 방법

다음과 같이 AWS에서 VPC를 생성할 수 있다.

   1. AWS에 로그인하고 콘솔에서 VPC 서비스로 이동한다.

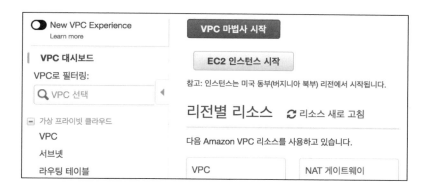

2. 화면 왼쪽의 VPC를 클릭한다. 그러면 다음 화면으로 이동한다.

3. VPC 생성을 클릭한다.
4. 다음 화면에 표시된 세부 사항을 입력하고 생성을 클릭한다.

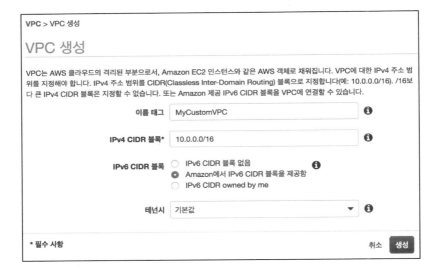

다음 화면에 표시된 것과 유사한 승인 응답을 받아야 한다.

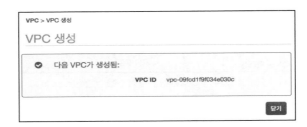

VPC로 이동해 VPC를 선택하면 다음과 유사한 구성 요약이 화면 하단에 표시된다.

이 VPC에 대해 AWS에서 생성한 기본 설정을 '추가 사항' 절에서 살펴본다.

작동 원리

이 예제에서는 IPv4 CIDR 블록 주소 범위를 제공해 VPC를 생성했다. AWS는 /16 넷 마스크$^{Net\ Mask}$와 /28 넷 마스크 사이의 CIDR 블록 크기만 지원한다. 따라서 10.0.0.0/8은 AWS VPC에 유효한 CIDR 블록 범위가 아니다.

VPC에서 AWS가 지원하는 최대 CIDR 블록인 10.0.0.0/16의 IP 주소 범위를 지정했다. AWS는 네트워크 식별자 비트를 지정하고 호스트 식별자 비트를 0으로 유지해야 한다. 예를 들어 마지막 16비트가 0이므로 10.10.0.0/16은 유효한 CIDR 범위다. 그러나 17비트에는 값이 있으므로 10.10.128.0/16은 유효하지 않다(128은 2진수로 10000000으로 표시됨). 넷 마스크를 /17로 설정해 10.10.128.0을 유효한 CIDR 범위 표현으로 만들 수 있다.

Amazon에서 IPv6 CIDR 블록을 제공함 옵션을 선택했다. 현재 AWS에서는 IPv4 주소와 달리 IPv6 주소의 IP 주소 범위를 선택할 수 없다. 이 옵션을 선택하면 아마존에서 제공한 고정 크기(/56) IPv6 CIDR 블록만 VPC와 연결할 수 있다. 5장에서는 IPv6 CIDR 블록 범위를 사용하지 않으므로 IPv6 CIDR 블록 없음을 선택할 수도 있다.

테넌시^{Tenancy}를 기본값으로 설정한다. 즉, VPC 인스턴스는 시작 시 지정된 테넌시 속성을 사용한다. 대안을 위한 것이다. 이 경우 시작 시 지정된 테넌시 구성이 무시되고 인스턴스가 단일 테넌트^{tenant} 전용 하드웨어에서 실행된다.

추가 사항

이 예제에서는 추가 설정 없이 간단한 VPC를 생성했다. VPC를 위해 AWS에서 생성되는 중요한 기본 구성 중 일부는 다음과 같다.

- DHCP 옵션 세트가 다음 옵션으로 업데이트됐다.

  domain-name = ec2. internal; domain-name-servers = AmazonProvidedDNS;

- 주요 라우팅 테이블$^{Route\ Table}$은 다음 경로로 생성됐다.

보기	모든 라우팅 ▼	
대상	대상	상태
10.0.0.0/16	local	active
2600:1f18:4702:f100::/56	local	active

현재 라우팅 테이블에는 서브넷 연결이나 라우팅 전파 설정Route Propagation
Configurations이 없다

- 네트워크 ACLNetwork ACL은 인바운드Inbound 및 아웃바운드Outbound 규칙으로
작성됐으며 서브넷 연결Subnet Association이 없다. 다음은 인바운드 규칙Inbound
Rule이다.

	보기	모든 규칙 ▼			
규칙 #	유형	프로토콜	포트 범위	소스	허용/거부
100	모두 트래픽	모두	모두	0.0.0.0/0	ALLOW
101	모두 트래픽	모두	모두	::/0	ALLOW
*	모두 트래픽	모두	모두	0.0.0.0/0	DENY
*	모두 트래픽	모두	모두	::/0	DENY

다음은 아웃바운드 규칙이다.

	보기	모든 규칙 ▼			
규칙 #	유형	프로토콜	포트 범위	대상	허용/거부
100	모두 트래픽	모두	모두	0.0.0.0/0	ALLOW
101	모두 트래픽	모두	모두	::/0	ALLOW
*	모두 트래픽	모두	모두	0.0.0.0/0	DENY
*	모두 트래픽	모두	모두	::/0	DENY

- 보안 그룹은 AWS에서 VPC를 위해 생성됐다. 그러나 서브넷과 인터넷 게이트웨이가 생성되지 않았다.

다음은 AWS에서 노스 버지니아 리전^{North Virginia Region}의 기본 VPC^{Default VPC}로 생성한 중요한 설정 중 일부다.

- 기본 VPC의 서브넷에는 인터넷으로의 아웃바운드 경로^{Outbound Route}가 있다. 다음은 노스 버지니아 리전에서 기본 VPC를 위해 생성된 경로다.

보기 모든 라우팅 ▼

대상	대상	상태	전파됨
172.31.0.0/16	local	active	아니요
0.0.0.0/0	igw-01934e56800d5c836	active	아니요

- 가용 영역^{Availability Zone}에 서브넷이 생성된다. 다음은 노스 버지니아 리전에서 기본 VPC의 서브넷에 대한 CIDR 범위다.

태그 및 속성별 필터 또는 키워드별 검색

Subnet ID	IPv4 CIDR	IPv6 CIDR
subnet-917b7ecd	172.31.32.0/20	-
subnet-767a7d58	172.31.80.0/20	-
subnet-56551968	172.31.48.0/20	-
subnet-59bf4d57	172.31.64.0/20	-
subnet-57af671a	172.31.16.0/20	-
subnet-72c0f915	172.31.0.0/20	-

- DHCP 옵션 세트가 업데이트됐다. 디폴트 VPC^{Default VPC}에는 다음과 같은 옵션 세트가 있다.

```
domain-name = ec2.internal; domain-name-servers = AmazonProvidedDNS
```

AWS VPC와 관련된 몇 가지 중요한 개념은 다음과 같다.

- AWS VPC는 인터넷 게이트웨이, 라우팅 테이블, NACL, 서브넷, 보안 그룹 과 같은 하위 리소스로 구성된다.

- AWS는 모든 지역에서 사용할 수 있는 디폴트 VPC를 생성한다. 다음은 중 요한 특성 중 일부다.

  - 기본 VPC의 서브넷은 인터넷으로 라우팅된다.

  - 가용 영역당 서브넷이 생성된다.

  - DHCP 옵션 세트가 업데이트된다.

- VPC 피어링^{Peering}을 사용하면 프라이빗 IP 주소를 사용하는 직접 경로^{direct route}를 통해 한 VPC를 다른 VPC에 연결해 연결된 인스턴스가 동일한 네트 워크에 있는 것처럼 동작하도록 구성할 수 있다.

- VPC 피어링은 동일한 리전, 교차 리전^{cross region}, 교차 AWS 계정 간에도 실 행할 수 있다.

- 트랜지티브 피어링^{Transitive peering}은 현재 AWS VPC에서 지원되지 않는다. 모 든 VPC는 스타형 토폴로지^{Star Topology}와 유사한 구조에서 다른 모든 VPC와 피어링돼야 한다.

- VPC 피어링으로 많은 지점 간 연결을 관리하는 오버헤드를 피하고자 AWS 트랜짓 게이트웨이^{Transit Gateway}를 사용해 모든 VPC와 온프레미스^{On-Premise} 네트워크를 단일 게이트웨이에 연결할 수 있다.

- 네트워크 주소와 브로드캐스트 주소의 표준 예약 IP 주소 외에 AWS는 3개 의 IP 주소가 더 예약돼 있다. 따라서 총 5개의 주소가 VPC에 예약돼 있다.

- 다음은 CIDR 블록 범위가 0.0.0.0/16인 AWS VPC에서 예약된 IP 주소다.

  - 네트워크 어드레스^{Network address}: 10.0.0.0

  - VPC 라우터용으로 예약됨^{Reserved for VPC Router}: 10.0.0.1

  - DNS용으로 예약됨^{Reserved for DNS}: 10.0.0.2

  - 나중 사용을 위해 예약됨^{Reserved for future use}: 10.0.0.3

- 브로드캐스트 주소^{Broadcast address}: 10.0.255.255

 VPC에 더 많은 CIDR 블록이 구성돼 있으면 첫 번째 IP 주소가 DNS 서버로 사용된다. 브로드캐스트 주소는 블록의 다음 주소다. CIDR 블록 범위가 10.0.0.0/24면 브로드캐스트 주소는 10.0.0.25가 된다.

- RFC 1918은 AWS와 같이 프라이빗^{Private} IPv4 주소에 다음 범위의 사용을 권장한다. 그러나 AWS는 넷 마스크 크기가 /16과 /24 사이의 범위만 허용한다.
  - 10.0.0.0 - 10.255.255.255(10/8 접두사)
  - 172.16.0.0 - 172.31.255.255(172.16/12 접두사)
  - 192.168.0.0 - 192.168.255.255(192.168/16 접두사)

참고 사항

- 5장에 필요한 컴퓨터 네트워크의 기본 사항을 배우는 데 도움이 되는 자료는 https://heartin.tech/en/book/computer-networks-essentials를 참고한다.
- IP 주소들과 CIDR에 대한 학습 필수 사항은 https://heartin.tech/en/blog-entry/important-concepts-related-ip-addresses-and-cidr을 참고한다.

▌VPC의 서브넷 만들기

이 예제에서는 VPC에 서브넷을 추가할 것이다. VPC 내에서 서로 다른 인바운드와 아웃바운드 규칙으로 서브넷을 생성할 수 있다. 예를 들어 웹 서버가 퍼블릭 서브넷에서 시작되고 데이터베이스 서버가 프라이빗 서브넷에서 호스팅^{Hosting}되면 데이터베이스 서버 포트^{Port}만 열면 퍼블릭 서브넷과 연결된다.

준비

'AWS에서 VPC 만들기' 절을 따라 CIDR 블록 범위가 **10.0.0.0/16**인 VPC를 생성한다.

작동 방법

다음과 같이 각 **/24**의 넷 마스크를 사용해 VPC에 서브넷을 추가할 수 있다.

1. 콘솔에서 VPC 서비스로 이동한다.
2. 왼쪽 사이드바에서 서브넷을 클릭한다.
3. 서브넷 생성을 클릭한다.
4. 드롭다운 박스^{Drop-down box}에서 VPC*를 선택하면 VPC CIDR이 보일 것이다.
5. 가용 영역에 기본 설정 없음^{No preference for Availability Zone}을 선택한다.
6. IPv4 CIDR 블록*의 경우 VPC IP 주소 범위의 서브넷 IP 주소 범위를 제공한다. **10.0.1.0/24**를 사용한다.
7. IPv6 CIDR block의 경우 IPv6 할당 안 함^{Don't Assign Ipv6}을 선택한다.
8. 서브넷의 IP 주소 범위를 짐작하는 데 도움이 되는 서브넷 이름을 지정한다. 예를 들어 **10.0.1.0/24**다.

    서브넷 생성 화면이 다음과 같이 나타난다.

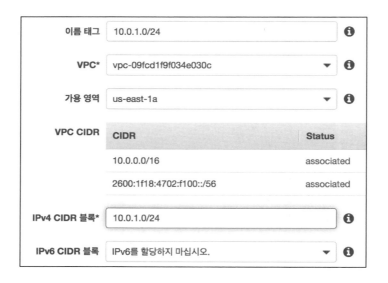

9. 서브넷 생성을 위해 생성^{Create}을 클릭한다.

10. 유사하게 IP 주소 범위 **10.0.2.0/24**의 서브넷을 만든다. 서브넷 생성 화면은 다음과 같아야 한다.

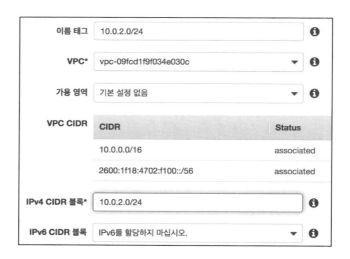

사이드바에서 서브넷 페이지로 이동한다. 두 서브넷 모두 볼 수 있어야 한다.

11. 첫 번째 서브넷을 선택(10.0.1.0/24)하고, 작업 드롭다운을 클릭한 후 자동 할당 IP 설정 수정^{Modify auto-assign IP Settings}을 클릭한다.

12. 퍼블릭 IPv4 주소 자동 할당 활성화^{Enable auto-assign public IPv4 address}를 선택하고 저장을 클릭한다.

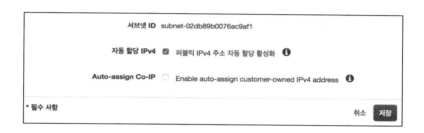

사이드바에서 서브넷 페이지로 이동한다. 첫 번째 서브넷에서 퍼블릭 IPv4 주소 자동 할당^{Auto-assign public IPv4 address}을 예^{Yes}로 설정한 것을 볼 수 있어야 한다.

자동 할당 IP 주소는 퍼블릭 EC2 인스턴스(public EC2 instances)에 유용한 기능이다. 퍼블릭 IPv4 주소 자동 할당 활성화(Enable auto-assign public IPv4 address) 옵션을 선택하면 인스턴스(Instance)를 생성하는 동안 기본값이 된다. 원하는 경우 인스턴스 생성 중에 이를 무효화할 수 있다. 후에 유동 IP 주소(Elastic IP address)를 생성하고 추가할 수 있다.

이번 예제에서 하나는 퍼블릭 서브넷으로, 다른 하나는 프라이빗 서브넷으로 사용하는 두 가지 서브넷을 생성해봤다. 6장을 포함한 5장의 이후 예제에서는 VPC에 추가 설정하는 방법을 알아본다.

작동 원리

용이한 유지 보수와 보안 문제를 위해 네트워크를 서브네트워크로 나눌 수 있다. 이러한 서브네트워크^{Subnetwork}들을 서브넷이라고 한다. CIDR 형식의 IP 주소는 NID 비트와 호스트 식별자^{HID} 비트로 나뉜다. IP 주소의 넷 마스크는 NID 비트의 크기를 나타내고 서브넷을 사용하면 HID 부분의 추가 비트가 서브넷에 사용된다. 따라서 서브넷의 넷 마스크는 NID 비트와 서브넷 식별자^{Subnet identifier} 비트의 조합을 나타내며 이 결합된 비트마스크^{bitmask}를 일반적으로 서브넷 마스크^{Subnet mask}라고 한다.

CIDR 블록 범위가 **10.0.0.0/16**인 VPC를 생성해봤다. 여기서 넷 마스크는 **/16**이며 NID 비트를 나타낸다. IPv4 주소에 사용 가능한 총 32비트에서 넷 마스크의 크기를 빼면 HID 비트를 얻을 수 있다. 따라서 16개의 HID 비트가 있을 것이다. 즉, 최대 2개(2^{16})의 호스트를 가질 수 있으며 그중 5개는 예약돼 있다. 서브넷 마스크가 /24인 서브넷을 만들었으므로 서브넷의 HID 비트는 8이다. 따라서 각 서브넷(256)에 2^8개의 IP 주소를 가질 수 있다.

첫 번째 서브넷의 블록 주소^{Block address}는 **10.0.1.0/24**며 **10.0.1.0**에서 **10.0.1.255** 사이 IP 주소가 포함된다. 두 번째 서브넷의 주소는 **10.0.2.0/24**며 **10.0.2.0**에서 **10.0.2.255** 사이의 IP 주소를 포함한다. 그러나 서브넷 페이지에는 사용 가능한 IP 주소가 251개만 있는 것으로 나타난다. 이는 5개의 IP 주소가 AWS에 의해 예약돼 있기 때문이다.

또한 VPC와 동일한 IP 주소 범위로 서브넷을 생성할 수도 있다. Don't Assign Ipv6 for IPv6 CIDR block^{IPv6 CIDR 블록에 IPv6을 할당하지 마시요}을 선택했다. 이를 수행하는 대신 여기에 VPC의 IPv6 주소 범위의 서브세트^{Subset}나 VPC의 IPv6 주소 범위와 동일한 사용자 정의 IPv6 주소 범위를 제공할 수 있다. 여기서 서브넷 이름에 CIDR 범위를 사용했다. 또한 이름에 지역 정보를 추가할 수도 있다. 우리는 No preference for

Availability Zone^{가용 영역에 기본 설정 없음}을 선택했기 때문에 AWS가 이를 위해 하나를 선택할 것이다.

추가 사항

'AWS에서 VPC 만들기' 절에서는 VPC를 수동으로 생성했다. 그런 다음 예제에서 서브넷을 추가했다. VPC 마법사 시작^{Launch VPC Wizard} 버튼을 사용해 VPC를 생성하고 사전 정의된 옵션을 기반으로 서브넷을 생성할 수도 있다. 마법사^{Wizard}는 다음의 옵션들을 제공한다.

- 단일 퍼블릭 서브넷이 있는 VPC

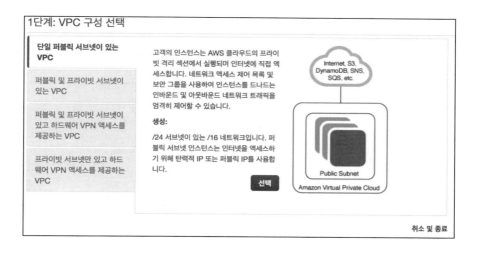

- 퍼블릭과 프라이빗 서브넷이 있는 VPC

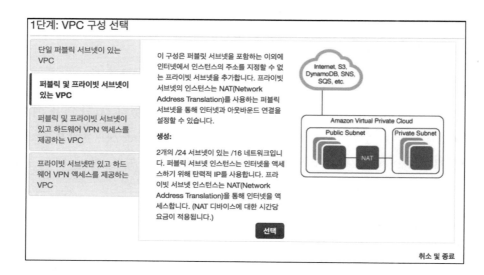

- 퍼블릭과 프라이빗 서브넷이 있고 하드웨어 VPN 액세스를 제공하는 VPC

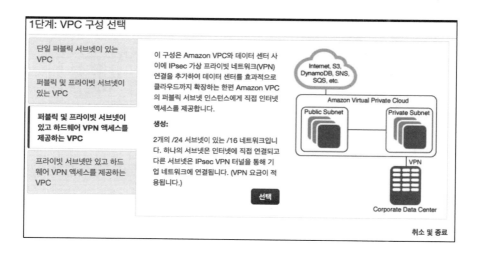

- 프라이빗 서브넷만 있고 하드웨어 VPN 액세스를 제공하는 VPC

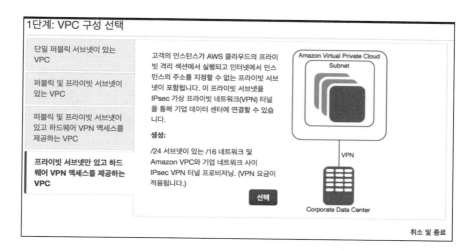

이러한 옵션 중 하나를 선택하면 다음 페이지에 해당 세부 정보를 입력해야 한다. 그런 다음 그에 따라 구성이 생성된다.

AWS의 서브넷과 관련된 몇 가지 중요한 개념은 다음과 같다.

- 서브넷의 첫 번째 IP 주소는 서브넷 ID를 나타내고, Last IP 주소는 서브넷의 지정된 브로드캐스트 주소를 나타낸다. 따라서 호스트는 서브넷의 첫 번째와 마지막 IP 주소는 사용할 수 없다. AWS는 추가 IP 주소를 예약한다.
- 네트워크 첫 서브넷의 처음 IP 주소는 네트워크 ID와 서브넷 ID를 나타낸다. 마찬가지로 네트워크의 마지막 서브넷의 마지막 IP 주소는 서브넷과 네트워크의 지정된 브로드캐스트 주소broadcast address를 나타낸다. 네트워크 외부에서 이 IP 주소를 사용하면 네트워크로 간주되고, 네트워크 내에서 사용하면 서브넷으로 간주된다.
- AWS VPC의 서브넷은 항상 하나의 가용 영역AZ, Availability Zone과 연결된다.

- 하나 이상의 가용 영역과 연결된 서브넷을 가질 수는 없지만 단일 가용 영역과 관련된 여러 서브넷을 가질 수는 있다.
- AWS는 다음 화면과 같이 연속되는 IP 주소가 없는 서브넷을 선택할 수 있다.

Name	▲	서브넷 ID	▽	상태	▽	VPC	▽	IPv4 CIDR	▽	사용 가능한 IPv4 ▽
10.0.1.0/24		subnet-02db89b0076ac9af1		available		vpc-09fcd1f9f034e030c | MyCus...		10.0.1.0/24		251
10.0.2.0/24		subnet-06d104a29cb20d6cb		available		vpc-09fcd1f9f034e030c | MyCus...		10.0.2.0/24		251
10.0.5.0/24		subnet-029054de04cc9ecdb		available		vpc-09fcd1f9f034e030c | MyCus...		10.0.5.0/24		251

그러나 이 예제에서 **10.0.1.0/24**와 **10.0.2.0/24**로 한 것처럼 연속되는 IP 주소의 범위를 사용하는 것이 좋다.

참고 사항

- 서브넷의 더 자세한 내용은 https://heartin.tech/en/blog-entry/를 참고한다.

인터넷 접속용 인터넷 게이트웨이와 라우팅 테이블의 설정

이 예제에서는 인터넷 게이트웨이를 만들고 라우팅 테이블$^{Route\ Table}$을 설정한다. 또한 퍼블릭으로 설정하려는 서브넷을 이 라우팅 테이블과 연결한다.

준비

'AWS에서 VPC 만들기' 절을 따라 VPC를 생성한다. 'VPC의 서브넷 만들기' 절을 따라 퍼블릭과 프라이빗 서브넷을 생성한다.

작동 방법

먼저 다음에서와 같이 인터넷 게이트웨이를 만들어 VPC에 연결한다.

1. 콘솔에서 VPC 서비스로 이동한다.
2. 왼쪽 사이드바에서 인터넷 게이트웨이를 클릭한다.
3. 인터넷 게이트웨이 생성^{Create internet gateway}을 클릭한다.
4. 지정하려는 값과 '이름'에 설명할 이름을 입력하고, 생성을 클릭한다. 그리고 internet gateway has been created^{다음 인터넷 게이트웨이가 생성됐다}라는 메시지를 받아야 한다. 메시지를 닫으려면 닫기^{Close}를 클릭한다. 인터넷 게이트웨이 화면으로 이동된다면 인터넷 게이트웨이의 상태가 현재 분리^{detached}돼 있음을 말한다.

5. 생성한 인터넷 게이트웨이를 선택하고 작업 드롭다운 메뉴를 클릭한 후 VPC에 연결^{Attach to VPC}을 클릭한다.
6. VPC에 연결 화면에서 생성한 VPC를 선택하고 연결을 클릭한다. 이후 인터넷 게이트웨이 화면으로 이동하면 인터넷 게이트웨이에 연결된 상태임을 알 수 있다.
7. 왼쪽 사이드바에서 라우팅 테이블을 클릭한다.
8. VPC ID 열 중에서 이전에 생성된 VPC의 라우팅 테이블 항목을 선택한다. 이것이 메인 라우팅 테이블이다.
9. 경로 탭을 클릭하면 두 개의 경로가 이미 생성된 것을 볼 수 있다.

보기	모든 라우팅 ▼			
대상	대상	상태	전파됨	
10.0.0.0/16	local	active	아니요	
2600:1f18:4702:f100::/56	local	active	아니요	

10. 서브넷 연결 탭을 클릭한다. 여기서 명시적 연결이 없을 때 서브넷이 기본 라우팅 테이블과 연결돼 있다는 메시지처럼 명시적 연결이 없음을 알 수 있다.

서브넷 ID	IPv4 CIDR	IPv6 CIDR
	서브넷 연결이 없습니다.	

다음 서브넷은 어떤 라우팅 테이블과도 명시적으로 연결되어 있지 않고 기본 라우팅 테이블에 연결되어 있는 상태:

|< < 1~2/2 > >|

서브넷 ID	IPv4 CIDR	IPv6 CIDR
subnet-02db89b0076ac9a...	10.0.1.0/24	-
subnet-06d104a29cb20d6...	10.0.2.0/24	-

기본적으로 서브넷은 메인 라우팅 테이블(Main Route Table)과 연결된다. 퍼블릭 메인 라우팅 테이블로 만들면 프라이빗 라우팅 테이블(Private Route Table)과 연결할 때까지 모든 새 서브넷 은 암시적으로 퍼블릭 상태가 된다. 따라서 일반적으로 퍼블릭 액세스를 위한 별도의 라우팅 테 이블을 생성한 후 퍼블릭 액세스가 필요한 서브넷을 해당 VPC에 연결하는 것이 좋다. 이를 위해 다음과 같은 작업을 한다.

다음과 같이 퍼블릭 서브넷을 라우팅 테이블에 연결할 수 있다.

1. 이 페이지 가장 위의 라우팅 테이블 생성Create route table을 클릭한다.
2. 이름 태그Name Tag에 설명할 이름을 기입하고 드롭다운 메뉴에서 VPC를 선 택한 다음 생성을 클릭한다.

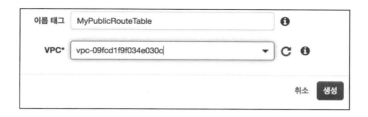

라우팅 테이블이 생성됐다는 성공 메시지가 표시된다. 라우팅 테이블 페이지로 이동하면 VPC에 대한 두 개의 라우팅 테이블이 표시된다. 하나는 메인 라우팅 테이블^{main route table}이고 다른 하나는 새 라우팅 테이블이다.

3. 새 라우팅 테이블^{new route table}을 선택하고 라우팅 탭으로 이동한 다음, 라우팅 편집^{edit routes}을 클릭한다.

4. 라우팅 편집 페이지에서 라우팅 추가를 클릭한다.

5. 대상 열 아래에 `0.0.0.0/0`을 추가한 후 다음 타깃 열 아래 메뉴를 펼치고 인터넷 게이트웨이를 클릭한다. 생성한 인터넷 게이트웨이를 선택한 후 라우팅 저장을 클릭한다.

IPv6 주소에 대한 경로를 원할 경우 대상을 ::/0으로 설정해 유사한 항목을 추가할 수 있다.

6. **서브넷 연결**Subnet Associations 탭으로 이동한 후 **서브넷 연결 편집**Edit subnet associations 을 클릭한다.

7. 공개할 서브넷(이 경우 첫 번째 서브넷)을 선택하고 **저장**을 클릭한다.

이제 서브넷 연결 탭 아래에 서브넷이 표시된다.

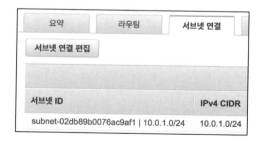

적절한 보안 그룹을 사용해 퍼블릭과 프라이빗 서브넷으로 인스턴스를 시작하고 이러한 변경 사항을 확인할 수도 있다. 6장의 'VPC에서 EC2 인스턴스 시작' 절에서 작동 방법을 알아본다.

작동 원리

VPC에서 인터넷에 접속하거나 인터넷에서 VPC에 접속하려면 인터넷 게이트웨이가 필요하다. VPC에 게이트웨이를 연결하고 라우팅 테이블에서 경로를 만들어야 한다.

우리가 VPC를 생성할 때 AWS에서 이 VPC에 대한 메인 라우팅 테이블main route table을 생성한다. VPC를 생성할 때 AWS가 만든 기본 라우팅 테이블primary route table이 메인 라우팅 테이블이다. 서브넷이 어떤 라우팅 테이블과도 명시적인 연결이 없다면 기본 라우팅 테이블과 연결된다. 새로운 서브넷은 기본적으로 또 다른 라우팅 테이블과 연결할 때까지 기본 라우팅 테이블에 연결된다. 기본 라우팅 테이블 내에서 퍼블릭 인터넷 경로는 추가하지 않는 것이 좋다. 퍼블릭 인터넷 액세스를 위한 또 다른 라우팅 테이블을 만드는 대신 여기에 퍼블릭 서브넷을 추가할 수 있다.

모범 사례에 따라 퍼블릭 액세스용 새로운 라우팅 테이블을 만든다. 그런 다음 목적지 0.0.0.0/0에 대한 경로를 추가하고 인터넷 게이트웨이를 선택한다. 이것이 인터넷 경로를 제공한다. IPv6 주소에 대한 경로를 추가하고자 한다면 대상을 ::/0으로 설정해 유사한 항목을 추가할 수도 있다. 또한 퍼블릭 서브넷을 이 라우팅 테이블과 연결한다.

추가 사항

AWS VPC에서 인터넷 게이트웨이 사용과 관련된 몇 가지 중요한 개념은 다음과 같다.

- VPC당 하나의 인터넷 게이트웨이만 연결할 수 있다.
- 메인 라우팅 테이블에서 두 개의 경로가 이미 AWS에 의해 생성돼 있다. 하나는 IPv4 서브넷용이고 다른 하나는 IPv6 서브넷용이다. 이것이 서브넷

이 서로 로컬로 통신할 수 있게 한다. 그러나 퍼블릭 서브넷의 EC2 인스턴스가 프라이빗 서브넷과 통신하기에는 충분치 않다. 또한 EC2 보안 그룹을 통해 필요한 프로토콜과 포트를 허용해야 한다.

참고 사항

- 인터넷 게이트웨이에 대한 자세한 내용은 https://docs.aws.amazon.com/vpc/latest/userguide/VPC_Internet_Gateway.html을 참고한다.
- AWS VPC 라우팅 테이블의 내용은 https://docs.aws.amazon.com/vpc/latest/userguide/VPC_Route_Tables.html을 참고한다.

▌ NAT 게이트웨이 설정과 구성

이 예제에서는 AWS의 NAT^{Network Address Translation}에 대해 가장 선호되는 최신 NAT 게이트웨이를 생성하고 구성하는 방법을 학습한다.

준비

이 예제 내의 절차를 완료하려면 다음 설정을 통한 사용자 지정 VPC가 필요하다.

- 'AWS에서 VPC 만들기' 절에 따라 VPC를 생성한다. 'VPC의 서브넷 만들기' 절에 따라 일부 서브넷을 생성한다.
- 인터넷 게이트웨이와 인터넷 게이트웨이 경로가 포함된 라우팅 테이블 그리고 다음의 인터넷 게이트웨이 구성과 인터넷 액세스용 라우팅 테이블에 표시된 대로의 퍼블릭 서브넷을 해당 라우팅 테이블과 연결한다.
- 6장의 '보안 그룹 생성과 구성' 절과 'VPC에서 EC2 인스턴스 시작' 절을 따

라 적절한 보안 그룹 설정으로 퍼블릭과 프라이빗 서브넷에서 인스턴스를 시작한다.

작동 방법

다음과 같은 NAT 게이트웨이를 만들 수 있다.

1. 대시보드에서 VPC 서비스로 이동한다.
2. NAT 게이트웨이를 클릭한다.
3. NAT 게이트웨이 생성을 클릭한다.
4. 서브넷의 경우 퍼블릭 서브넷을 선택한다.
5. 탄력적 IP 할당 ID^{Elastic IP Allocation ID}를 위한 새 EIP 생성을 클릭한다. 탄력적 IP를 위해 ID 할당을 채워야 한다. 입력 상자를 클릭하면 실제 탄력적 IP가 표시된다.
   채워진 페이지는 다음과 같다.

6. NAT 게이트웨이 생성을 클릭한다. 성공하면 라우팅 테이블 편집^{Edit route tables} 또는 닫기 옵션이 제공된다.
7. 라우팅 테이블 편집을 클릭한다.
8. 메인 라우팅 테이블을 선택한다.

9. 경로 탭으로 이동한다.

10. 경로 편집을 클릭하고 다음과 같이 지정한다.

    1. 대상으로 0.0.0.0/0을 추가한다.

    2. 타겟의 드롭다운 메뉴에서 NAT 게이트웨이를 클릭하고 넷 게이트웨이를 선택한다.

    3. 라우팅 저장을 클릭한다.

성공하면 라우팅이 편집됐다는 메시지가 표시된다. 메시지를 닫으려면 닫기를 클릭한다.

11. 퍼블릭 EC2 인스턴스에 로그인하고, 거기에서 프라이빗 EC2 인스턴스로 로그인한다. 정확히 하려면 6장의 'VPC에서 EC2 인스턴스 시작' 절을 참고한다.

12. 인터넷 액세스가 필요한 터미널에서 다음과 같은 명령을 실행해본다.

```
ping google.com
```

인터넷으로의 경로가 있다면 성공적인 응답을 받아야 한다. 그렇지 않으면 시간 초과[timeout]가 된다.

```
[ec2-user@ip-10-0-2-212 ~]$ ping google.com
PING google.com (172.217.164.142) 56(84) bytes of data.
64 bytes from iad30s24-in-f14.1e100.net (172.217.164.142): icmp_seq=1 ttl=47 time=1.92 ms
64 bytes from iad30s24-in-f14.1e100.net (172.217.164.142): icmp_seq=2 ttl=47 time=1.49 ms
64 bytes from iad30s24-in-f14.1e100.net (172.217.164.142): icmp_seq=3 ttl=47 time=1.47 ms
64 bytes from iad30s24-in-f14.1e100.net (172.217.164.142): icmp_seq=4 ttl=47 time=1.50 ms
^C
--- google.com ping statistics ---
4 packets transmitted, 4 received, 0% packet loss, time 3005ms
rtt min/avg/max/mdev = 1.472/1.597/1.921/0.187 ms
```

다음과 같은 yum update 명령을 실행할 수도 있다.

```
sudo yum update
```

나머지 프롬프트prompts를 따라 실행한다. 인터넷 경로가 있다면 업데이트가 성공적으로 이뤄진다. 그렇지 않으면 시간 초과가 된다.

작동 원리

패치patching, 소프트웨어 다운로드 등과 같은 활동을 위해서는 프라이빗 서브넷의 인스턴스에 인터넷 액세스가 필요할 수 있다. NAT는 VPC의 프라이빗 서브넷이 인터넷과 통신할 수 있게 한다. NAT는 전송 중에 IP 헤더를 수정해 패킷의 IP 주소를 다시 매핑하는 프로세스다. AWS는 VPC로 NAT를 달성하는 두 가지 방법, 즉 NAT 게이트웨이와 NAT 인스턴스를 제공한다. 이 예제에서 NAT 게이트웨이를 생성하고 구성했다. NAT 인스턴스와 달리 NAT 게이트웨이는 보안 그룹과 연결돼 있지 않으므로 보안 그룹을 만들거나 설정하지 않는다.

NAT 게이트웨이를 생성한 후에는 프라이빗 서브넷이 연결된 라우팅 테이블 내에 경로route를 추가해야 한다. 프라이빗 서브넷이 메인 라우팅 테이블과 연결돼 있으므로 메인 라우팅 테이블에 경로를 추가한다. 라우팅 테이블과 명시적explicitly으로 연결되지 않은 서브넷은 메인 라우팅 테이블과 암시적implicitly으로 연결된다. 아키텍처에 프라이빗 서브넷에 대한 라우팅 테이블이 다른 경우 해당 라우팅 테이블 내에 NAT 게이트웨이에 대한 경로route를 추가해야 한다.

추가 사항

NAT 게이트웨이와 관련된 몇 가지 중요한 개념은 다음과 같다.

- NAT 게이트웨이는 AWS에 의해 관리되며 AWS는 패치patching, 가용성availability, 확장scaling을 관리한다.

- NAT 게이트웨이는 어떤 보안 그룹과도 연결돼 있지 않다.

- NAT 게이트웨이는 가용 영역 내에서 중복되지만 가용 영역에 걸쳐span있을 수는 없다. 따라서 더 나은 가용성을 위해 각 리전마다 NAT 게이트웨이를 만들어야 할 수도 있다.

- NAT는 현재 IPv6 트래픽을 지원하지 않는다. IPv6 트래픽에는 NAT 대신 송신 전용 인터넷 게이트웨이를 사용해야 한다. VPC 대시보드에서 송신 전용 인터넷 게이트웨이를 만들 수 있다.

NAT 게이트웨이는 NAT 인스턴스보다 항상 선호되므로 NAT 게이트웨이를 사용해야 한다. 그래도 NAT 인스턴스로 실험하거나 배우고 싶다면 6장의 'NAT 인스턴스 설정과 구성' 절을 참고한다.

참고 사항

- NAT 게이트웨이는 https://docs.aws.amazon.com/vpc/latest/userguide/vpc-nat-gateway.html에서 더 자세히 알 수 있다.

▌ NACL 사용

이 예제에서는 SSH를 지원하지 않는 새 NACL을 생성해보고, 서브넷 중 하나를 해당 NACL과 연결해본다. 이렇게 하면 해당 서브넷 내에서 SSH로 EC2 인스턴스로 접속할 수 없다는 것을 알 수 있다. 이후에 NACL에 SSH 지원을 추가하고 SSH로 접속을 다시 시도해본다.

준비

이 예제 내의 절차들을 완료하려면 다음 설정의 사용자 지정 VPC가 필요하다.

- 'AWS에서 VPC 만들기' 절을 따라 VPC를 생성한다. 'VPC의 서브넷 만들기' 절을 따라 서브넷을 생성한다.
- 로컬 머신 IP가 해당 머신으로 SSH 접속이 가능하도록 보안 그룹 설정과 함께 퍼블릭 서브넷으로 인스턴스를 생성한다. 6장의 'VPC에서 EC2 인스턴스 시작' 절을 참고해 수행할 수 있다.

작동 방법

다음과 같이 SSH 권한이 없는 NACL을 만들 수 있다.

1. 콘솔에서 VPC 서비스로 이동한다.
2. 왼쪽 사이드바에서 네트워크 ACL을 클릭한다.
3. 사용자 지정 VPC에 대한 NACL을 클릭하고 해당 서브넷 연결을 확인한다. 여기에는 다른 VPC와 연결되지 않은 VPC의 모든 서브넷이 포함돼야 한다.
4. 페이지 상단의 네트워크 ACL 생성을 클릭한다.
5. Name tag 필드에 이름을 입력하고, VPC 필드의 드롭다운에서 사용자 지정 VPC를 선택한다.

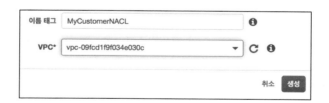

6. 생성을 클릭해 네트워크 ACL을 생성한다. NACL 목록으로 이동하면 새 NACL에 연결된 서브넷이 없는 것을 알 수 있다.

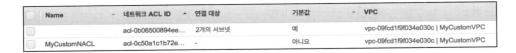

7. 새 NACL을 선택하고 인바운드 규칙[Inbound Rules]과 아웃바운드 규칙[Outbound Rules]
탭에서 각각의 새 NACL 인바운드와 아웃바운드 규칙을 확인한다.
인바운드 규칙은 다음과 같아야 한다.

아웃바운드 규칙은 다음과 같아야 한다.

8. 서브넷 연결 탭을 클릭한다.

9. 서브넷 연결 편집을 클릭한다.

10. 퍼블릭 서브넷을 선택하고 편집을 클릭한다. 새로운 NACL을 선택하고 서
브넷 연결을 확인한다. 이제 퍼블릭 서브넷이 연결돼 있어야 한다.

11. 퍼블릭 EC2 인스턴스로 SSH를 시도한다. 정확한 명령이나 절차는 운영체 제마다 다를 수 있다. 맥OS와 대부분의 리눅스 시스템에서 다음과 같은 SSH 명령을 사용할 수 있다.

```
ssh -i aws-sec-cb-demo-kp.pem ec2-user@54.145.102.218
```

다음 화면과 같이 작업이 시간 초과돼야 한다.

```
$ ssh -i aws-sec-cb-demo-kp.pem ec2-user@54.145.102.218
ssh: connect to host 54.145.102.218 port 22: Operation timed out
```

다음과 같이 NACL에 SSH 지원을 추가할 수 있다.

1. VPC 대시보드로 되돌아가 왼쪽 사이드바에서 네트워크 ACL을 클릭하고, NACL을 선택한다.
2. 인바운드 규칙을 클릭한다.
3. 인바운드 규칙 편집을 클릭한다.
4. 규칙 추가를 클릭한다.
5. 규칙 #을 100으로 입력하고 유형을 SSH(22)로 설정하고 소스를 0.0.0.0/0 으로 유지한 후 허용/거부를 ALLOW로 설정하고 저장을 클릭한다.

우리는 이미 보안 그룹을 제한해 IP의 SSH만 허용한다. 좀 더 제한된 접근 제어를 위해 IP를 명시 적으로 지정할 수도 있다.

지금 EC2 인스턴스에 SSH로 연결하려 시도하면 아웃바운드 트래픽에 임시 포트를 사용하도록 설정하지 않아 SSH 접속이 실패한다.

6. 아웃바운드 규칙을 클릭한다.

7. 아웃바운드 규칙 편집을 클릭한다.

8. 규칙 추가를 클릭한다.

9. 규칙 #을 100으로 입력하고, 유형을 사용자 지정 TCP 규칙으로 설정한 후 포트 범위를 1024–65535로 설정한다. 허용/거부를 ALLOW로 설정하고 대상을 0.0.0.0/0으로 설정한 후 저장을 클릭한다.

10. 퍼블릭 EC2 인스턴스로 SSH 접속을 시도한다. 정확한 명령이나 절차는 운영체제마다 다를 수 있다. 맥OS와 대부분의 리눅스 시스템에서 다음과 같은 SSH 명령을 사용할 수 있다.

```
ssh -i aws-sec-cb-demo-kp.pem ec2-user@3.86.13.33
```

이제 SSH를 성공적으로 수행할 수 있어야 한다.

이 예제에서는 하나의 인바운드 규칙과 하나의 아웃바운드 규칙만 추가했다. 필요에 따라 더 많은 규칙을 추가할 수 있다.

258

작동 원리

NACL을 통해 VPC의 서브넷에 대한 인바운드와 아웃바운드 규칙을 정의할 수 있다. 포트나 포트 범위를 통한 트래픽을 명시적으로 허용하거나 거부할 수 있다. AWS에서 생성한 기본 NACL은 모든 인바운드와 아웃바운드 트래픽을 허용한다. 그러나 기본적으로 사용자 정의 NACL은 모든 인바운드와 아웃바운드 트래픽을 거부한다.

먼저 새로운 NACL을 만들었다. 그런 다음 퍼블릭 서브넷을 해당 NACL과 연결하고 로컬 시스템에서 SSH 접속을 할 수 없음을 확인했다. 새로운 NACL은 기본적으로 인바운드와 아웃바운드 트래픽을 거부한다. SSH를 허용하고자 SSH에 대한 인바운드 규칙과 임시 포트 범위 1024-65535를 허용하는 아웃바운드 규칙을 NACL에 추가했다.

 임시 포트는 TCP(Transmission Control Protocol), UDP(User Datagram Protocol), SCTP(Stream Control Transmission Protocol) 등과 같은 전송 프로토콜과의 IP 통신용 짧은 수명의 포트다. 일반적으로 연결 중인 인스턴스나 서비스의 반환 트래픽에 사용된다. 예를 들어 서버는 포트 22에서 SSH 트래픽을 수락한 다음 임시 포트 중 하나를 통해 클라이언트와 통신한다. 이 예제에서는 AWS에서 퍼블릭 인스턴스에 대해 제안한 임시 포트 범위를 허용해 다양한 클라이언트 유형을 처리할 수 있는 아웃바운드 규칙이 추가됐다.

추가 사항

네트워크 ACL과 관련된 몇 가지 중요한 개념은 다음과 같다.

- VPC를 생성하면 AWS에 의해 기본 NACL^{Default NACL}이 생성된다. VPC의 NACL 목록에 있는 기본 NACL의 경우 기본값 열은 Yes다.
- 기본 NACL은 모든 인바운드와 아웃바운드 트래픽을 허용한다. 그러나 새 사용자 지정 NACL을 만들면 기본적으로 모든 인바운드와 아웃바운드 트

래픽이 거부된다.

- 모든 서브넷은 한 번에 하나의 NACL과 연결돼야 한다. 기본적으로 서브넷은 기본 NACL과 연결된다.

- 한 번에 하나의 서브넷만 하나의 NACL과 연결할 수 있다. 새로운 NACL과 연결하면 현재 연결은 제거된다.

- 단일 NACL은 여러 서브넷과 연결될 수 있다.

- NACL에는 번호가 매겨진 규칙 세트가 포함돼 있다. 이 규칙은 규칙 번호 순서대로 평가된다. 동일한 포트에 대한 거부 규칙 앞에 허용 규칙이 있으면 해당 포트에 대한 액세스가 허용된다. 마찬가지로 동일한 포트에 대한 허용 규칙 앞에 거부 규칙이 있으면 해당 포트에 대한 액세스가 거부된다. AWS는 필요에 따라 새 규칙을 추가할 수 있도록 처음에 100의 배수로 규칙 번호를 사용하는 것을 권한다.

- NACL을 사용해 특정 IP 주소를 차단할 수 있지만 보안 그룹에서는 불가능하다.

- NACL은 보안 그룹보다 먼저 평가된다.

- 보안 그룹은 상태 저장Stateful으로 간주되는 반면 NACL은 상태 비저장Stateless으로 간주된다. 보안 그룹을 사용하면 인스턴스에서 요청을 보내 인바운드 규칙에 관계없이 응답이 허용된다. 마찬가지로 인바운드 요청을 허용하면 아웃바운드 규칙에 관계없이 해당 아웃바운드 응답이 허용된다. NACL을 사용하면 모든 포트에 대해 인바운드와 아웃바운드 트래픽을 명시적으로 허용해야 한다.

참고 사항

- NACL의 자세한 내용은 https://docs.aws.amazon.com/vpc/latest/userguide/vpc-network-acls.html을 참고한다.

▌VPC 게이트웨이 엔드포인트를 사용해 S3에 연결

이 예제에서는 S3용 VPC 게이트웨이 엔드포인트를 생성하고 인터넷 액세스 없이 프라이빗 서브넷에서 S3에 연결한다.

준비

이 예제를 완료하려면 다음 절차를 수행해야 한다.

1. 'AWS에서 VPC 만들기' 절에 따라 VPC를 생성한다. 'VPC의 서브넷 만들기' 절에 따라 일부 서브넷을 생성한다.

2. 서브넷은 기본 NACL과 연결돼야 한다. 그렇지 않으면 퍼블릭 EC2 인스턴스를 통해 프라이빗 EC2 인스턴스에 로그인할 수 있게 적절한 인바운드와 아웃바운드 규칙을 정의해야 한다.

3. 프라이빗 서브넷에 대한 인터넷 접근 권한이 없어야 한다. 프라이빗 서브넷에서 `aws s3 ls --region us-east-1`을 실행해 이를 확인하는데, 요청이 시간 초과로 실패해야 한다. NAT 게이트웨이나 NAT 인스턴스가 구성된 경우 메인 라우팅 테이블에서 해당 경로를 제거한다.

4. 모든 지역에 S3 버킷이 필요하다. 여기서는 `us-east-1`을 사용한다.

5. 프라이빗 EC2 인스턴스에 대한 S3 접근 권한이 포함된 IAM 역할을 연결한다. 이는 6장의 'EC2 인스턴스에 IAM 역할 생성과 연결' 절을 참고한다.

```
[ec2-user@ip-10-0-2-212 ~]$ aws s3 ls --region us-east-1
Connect timeout on endpoint URL: "https://s3.amazonaws.com/"
```

TIP IAM 역할을 올바르게 구성하지 않은 경우 자격증명을 찾을 수 없다는 오류가 표시될 수 있다. 그러면 `aws configure`를 실행해 자격증명을 설정할 수 있다. 계속하기 전에 문제를 해결하고 다시 테스트해본다.

작동 방법

다음과 같이 S3에 대한 VPC 엔드포인트 게이트웨이를 생성할 수 있다.

1. 콘솔에서 VPC 서비스로 이동한다.
2. 왼쪽 사이드바에서 엔드포인트를 클릭한다.
3. 엔드포인트 생성을 클릭한다.
4. 서비스 범주에서 AWS 서비스를 선택한다.
5. 서비스 이름에서 com.amazonaws.us-east-1.s3을 선택한다.

서비스 이름	소유자	유형
○ com.amazonaws.us-east-1.rds-data	amazon	Interface
○ com.amazonaws.us-east-1.rekognition	amazon	Interface
○ com.amazonaws.us-east-1.rekognition-fips	amazon	Interface
● com.amazonaws.us-east-1.s3	amazon	Gateway
○ com.amazonaws.us-east-1.sagemaker.api	amazon	Interface
○ com.amazonaws.us-east-1.sagemaker.run...	amazon	Interface
○ com.amazonaws.us-east-1.sagemaker.run...	amazon	Interface

6. VPC의 경우 우리가 생성한 VPC를 선택한다.
7. 라우팅 테이블에서 메인 라우팅 테이블을 선택한다.
8. 정책을 모든 액세스$^{Full Access}$로 유지한다.
9. 엔드포인트 생성을 클릭하면 성공 메시지가 나타나야 한다.
10. 프라이빗 서브넷에서 다음 S3 명령을 실행해본다.

```
aws s3 ls --region us-east-1
```

S3 항목들을 성공적으로 나열해야 한다.

> **TIP** 퍼블릭 EC2 인스턴스로 SSH를 연결한 다음 프라이빗 EC2 인스턴스로 SSH를 연결하려면 6장
> 의 'VPC로 EC2 인스턴스 시작' 절을 참고한다.

작동 원리

VPC 엔드포인트를 통해 VPC에서 지원되는 AWS 서비스에 비공개로 연결할 수 있
다. VPC 엔드포인트를 사용하면 VPC의 인스턴스는 지원되는 AWS 서비스와 통신
하는 데 퍼블릭 IP 주소가 필요하지 않다. VPC와 지원되는 AWS 서비스 간의 트래
픽은 AWS를 떠나지 않는다. VPC 엔드포인트는 고가용성 가상 장치^{highly available}
^{virtual machine}로 간주될 수 있다.

이 예제에서는 게이트웨이 엔드포인트 유형의 VPC 엔드포인트가 서브넷에서 S3
에 액세스하도록 구성했다. 서브넷에서 모든 퍼블릭 경로를 지웠지만 여전히 S3
에 연결할 수 있다. VPC 게이트웨이 엔드포인트는 DynamoDB에서도 지원되며
VPC 게이트웨이와 유사하게 작동한다. 대부분의 다른 서비스의 경우 VPC 엔드포
인트는 인터페이스 엔드포인트를 통해 지원된다.

추가 사항

VPC 엔드포인트와 관련된 몇 가지 중요한 개념은 다음과 같다.

- VPC 엔드포인트에는 다음 두 가지 유형이 있다.
  - **인터페이스 엔드포인트:** 지원되는 서비스에 트래픽을 허용하는 프라이
    빗 주소가 있는 탄력적 네트워크 인터페이스^{ENI, Elastic Network Interface}로 약
    20개의 지원 서비스가 있다. 이러한 지원 서비스의 예로는 아마존 API
    게이트웨이, 아마존 CloudWatch, AWS Config, AWS KMS 등이 있다.

- **게이트웨이 엔드포인트**: NAT 게이트웨이와 같이 프라이빗 IP 주소가 없다. 이것은 S3와 DynamoDB 같은 제한된 서비스에서만 지원된다.

참고 사항

- VPC 엔드포인트와 지원되는 서비스의 자세한 내용은 https://docs.aws.amazon.com/vpc/latest/userguide/vpc-endpoints.html을 참고한다.

▌VPC 플로우 로그 구성과 사용

이 예제에서는 VPC 레벨에 플로우 로그^{flow logs}를 활성화한다.

준비

이 예제를 완료하려면 다음 리소스가 필요하다.

- CloudWatch 로그 그룹으로, 8장의 'CloudWatch 로그 그룹 생성' 절에 따라 로그 그룹을 생성할 수 있다.
- CloudWatch 로그 그룹에 게시할 권한이 있는 IAM 역할은 이 예제에서 볼 수 있듯이 플로우 로그를 사용하는 동안 수행할 수 있다.

작동 방법

콘솔에서 VPC 플로우 로그를 다음과 같이 구성할 수 있다.

1. 콘솔에서 VPC 서비스로 이동한다.
2. VPC를 클릭한다.

3. 우리가 생성한 VPC를 선택한다.

4. 플로우 로그 탭을 클릭한다.

5. 로그 생성을 클릭한다.

6. 필터 드롭다운 메뉴에서 모두를 선택한다.

7. 대상은 CloudWatch Logs로 전송을 선택한다.

8. '준비' 절에서 생성한 로그 그룹으로 대상 로그 그룹을 선택한다.

9. 다음과 같이 새 탭(또는 페이지)에서 IAM Role 옵션의 권한 설정 링크를 연다.

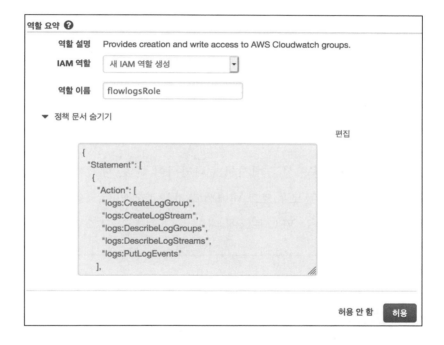

10. 새 역할을 만들려면 허용을 클릭한다.

11. 플로우 로그 생성 탭(또는 페이지)에서 IAM 역할에 대해 새로 고침 버튼을 클릭하고, 이전 단계에서 생성한 역할을 선택한다. 플로우 로그 작성 페이지는 다음과 같아야 한다.

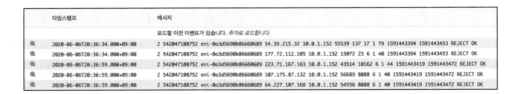

플로우 로그 생성

플로우 로그는 리소스에 연결된 네트워크 인터페이스에 대한 IP 트래픽 플로우 정보를 캡처할 수 있습니다. 여러 구독을 생성하여 다른 대상으로 트래픽을 보낼 수 있습니다. 자세히 알아보기

리소스 vpc-09fcd1f9f034e030c ⓘ

필터* 모두

Maximum aggregation interval ● 10 minutes ⓘ
○ 1 minute

대상 ● CloudWatch Logs로 전송 ⓘ
○ S3 버킷으로 전송

대상 로그 그룹* My-VPC-Log-Group

IAM 역할* flowlogsRole

IAM 역할은 CloudWatch Logs 로그 그룹에 게시할 권한이 있어야 합니다. 권한 설정

IAM 역할 ARN arn:aws:iam::542047108752:role/flowlogsRole ⓘ

Log record format

Format ● AWS default format
○ Custom format

Format preview ${version} ${account-id} ${interface-id} ${srcaddr} ${dstaddr} ${srcport} ${dstport} ${protocol} ${packets} ${bytes} ${start} ${end} ${action} ${log-status} ⓘ

키 (최대 127자) 값 (최대 255자)

이 리소스에는 현재 태그가 없습니다.

태그 추가 50개 남음 (최대 50개 태그)

* 필수 사항 취소 생성

12. 생성을 클릭하면 성공 메시지가 나타나야 한다. 메시지를 닫으려면 Close
를 클릭한다. 플로우 로그 내에서 추가 IP 트래픽 로그를 모두 볼 수 있어야
만 한다. 다음은 VPC 로그에 대한 로그 그룹의 로그 기록 예다.

	타임스탬프	메시지
		로드할 이전 이벤트가 있습니다. 추가로 로드합니다.
🔍	2020-06-06T20:36:34.000+09:00	2 542047108752 eni-0a3d5690b86660689 54.39.215.32 10.0.1.152 55539 137 17 1 79 1591443394 1591443453 REJECT OK
🔍	2020-06-06T20:36:34.000+09:00	2 542047108752 eni-0a3d5690b86660689 177.72.112.105 10.0.1.152 15072 23 6 1 40 1591443394 1591443453 REJECT OK
🔍	2020-06-06T20:36:59.000+09:00	2 542047108752 eni-0a3d5690b86660689 223.71.167.163 10.0.1.152 43514 10162 6 1 44 1591443419 1591443472 REJECT OK
🔍	2020-06-06T20:36:59.000+09:00	2 542047108752 eni-0a3d5690b86660689 107.175.87.132 10.0.1.152 56689 8088 6 1 40 1591443419 1591443472 REJECT OK
🔍	2020-06-06T20:36:59.000+09:00	2 542047108752 eni-0a3d5690b86660689 64.227.107.168 10.0.1.152 54556 8088 6 1 40 1591443419 1591443472 REJECT OK

CloudWatch 내에서 로그 확인의 자세한 사항은 8장을 참고한다.

작동 원리

VPC 플로우 로그$^{flow\ log}$를 통해 VPC 간의 IP 트래픽을 캡처할 수 있다. VPC 플로우 로그의 데이터는 CloudWatch 로그나 S3 버킷에 게시될 수 있다. 그리고 허용된 트래픽, 거부된 트래픽 또는 둘 다를 기록하도록 선택할 수 있다. VPC 플로우 로그는 VPC 레벨과 서브넷 레벨, 네트워크 인터페이스 레벨과 같이 다른 수준에서 생성될 수 있다.

이 예제의 Filter 드롭다운 메뉴에서 All을 선택해 VPC와의 모든 IP 트래픽을 기록하게 설정했다. 수락된 트래픽만 기록하려면 적용, 거부된 트래픽만 기록하려면 거부, 승인된 트래픽과 거부된 트래픽을 모두 기록하려면 All을 선택할 수 있다. CloudWatch 로그 그룹과 해당 로그 그룹에 로그 기록을 하는 권한이 있는 IAM 역할이 필요하다. 플로우 로그 생성 화면의 권한 설정 링크를 사용해 콘솔에서 IAM 역할을 생성했다.

추가 사항

플로우 로그와 관련된 몇 가지 중요한 개념은 다음과 같다.

- 현재 연결된 IAM 역할 변경과 같이 플로우 로그 구성은 한 번 생성되면 변경할 수 없다.
- 여기 나열된 트래픽을 포함해 일부 IP 트래픽은 플로우 로그로 모니터링되지 않는다.
  - 기본 VPC 라우터의 예약된 IP 주소로 트래픽
  - DHCP$^{Dynamic\ Host\ Configuration\ Protocol}$ 트래픽
  - 인스턴스 메타데이터를 쿼리하고자 169.254.169.254로 설정된 트래픽
  - 인스턴스를 통해 아마존 DNS 서버에 연결하는 동안의 트래픽. 그러나 자체 DNS 서버로의 트래픽은 기록된다.
  - 윈도우 라이선스 활성화 트래픽

참고 사항

- 플로우 로그의 자세한 내용은 https://docs.aws.amazon.com/vpc/latest/userguide/flow-logs.html을 참고한다.
- 로그 레코드의 예는 https://docs.aws.amazon.com/vpc/latest/userguide/flow-logs-records-examples.html을 참고한다.

EC2 인스턴스 시작

아마존 일래스틱 컴퓨트 클라우드EC2, Elastic Compute Cloud는 가상 머신virtual machines을 서비스로 제공한다. 6장에서는 EC2 인스턴스 보안 방법과 EC2 인스턴스를 맞춤형 VPC로 시작하는 방법을 알아본다. 5장에서 VPC를 다뤘으므로 중단한 부분부터 계속한다. 또한 보안 그룹으로 인바운드와 아웃바운드 액세스 규칙을 구성하는 방법을 알아본다. 5장에서 다룬 보안 그룹 및 네트워크 접근 제어 목록NACL, Network Access Control Lists과 비교해본다. 데이터를 저장하고 검색하고자 시스템즈 관리자 파라미터 스토어Systems Manager Parameter Store를 사용해본다. 그런 다음 패치 설치installing patches와 같은 명령으로 EC2 인스턴스를 부트스트랩bootstrap하는 방법을 알아본다. EC2 인스턴스를 보호하려면 운영체제를 최신 패치로 업데이트해야 한다. 또한 EC2 인스턴스에 연결된 EBSElastic Block Store에서 데이터를 암호화하는 방법도 알아본다.

06장 EC2 인스턴스 시작 | **269**

6장에서 다루는 내용은 다음과 같다.

- 보안 그룹 생성과 설정
- VPC에서 EC2 인스턴스 시작
- NAT 인스턴스 설치와 설정
- EC2 인스턴스에 IAM 역할 생성과 연결
- EC2에서 프라이빗private 및 퍼블릭public 키 사용
- EC2 사용자 데이터를 사용해 웹 서버 인스턴스 시작
- 시스템즈 관리자 파라미터 스토어를 사용해 중요한 데이터 저장
- KMS를 사용해 EBS에서 데이터 암호화

▌기술 요구 사항

6장에서는 운영 중인 AWS 계정이 필요하며, 네트워킹, 가상화, 암호화의 기본 지식이 일부 예제를 이해하는 데 도움이 된다. VPC와 관련된 예제에는 5장에서 다룬 지식이나 설정이 필요할 수 있다.

6장의 코드 파일은 https://github.com/PacktPublishing/AWS-Security-Cookbook/tree/master/Chapter06에서 찾을 수 있다.

▌보안 그룹 생성과 구성

이 예제에서는 VPC 대시보드에서 보안 그룹을 생성하는 방법을 알아본다. EC2 대시보드에서 보안 그룹을 생성할 때 비슷한 절차를 수행할 수 있다. 또한 EC2 인스턴스를 시작하는 동안 보안 그룹을 만들 수도 있다.

준비

5장의 'AWS에서 VPC 만들기' 절을 따라 VPC를 생성한다. 기본 VPC를 대신 사용할 수도 있다.

작동 방법

다음과 같이 VPC 대시보드에서 보안 그룹을 생성할 수 있다.

1. VPC 대시보드로 이동한다.
2. 왼쪽 사이드바에서 보안 그룹을 클릭한다.
3. 보안 그룹 이름*와 설명*에 대한 값을 입력하고 VPC를 선택한 후 생성을 클릭한다.

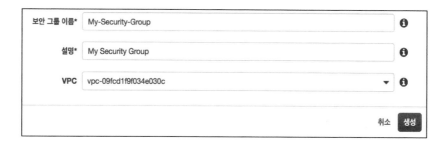

보안 그룹이 생성됐다는 성공 메시지가 나타난다.

4. 보안 그룹의 목록에서 보안 그룹을 선택한다. 다음 화면에 표시된 것과 유사한 설명 탭이 표시돼야 한다.

5. 인바운드 규칙을 클릭한 후 규칙 편집을 클릭해 다음 규칙을 추가한다.

   1. 규칙 추가를 클릭하고 유형을 HTTP로, 소스를 사용자 지정으로 설정한 후 CIDR 범위를 `0.0.0.0/0`으로 설정한다. 또한 IPv6 지원이 필요한 경우 `::/0`의 CIDR 범위를 추가한다.

   2. 규칙 추가를 클릭하고 유형을 HTTPS로, 소스를 사용자 지정으로 설정한 후 CIDR 범위를 `0.0.0.0/0`으로 설정한다. 또한 IPv6 지원이 필요한 경우 `::/0`의 CIDR 범위를 추가한다.

   3. 규칙 추가를 클릭하고 유형을 SSH로, 소스를 내 IP로 설정한다.

   4. 규칙 저장을 클릭한다.

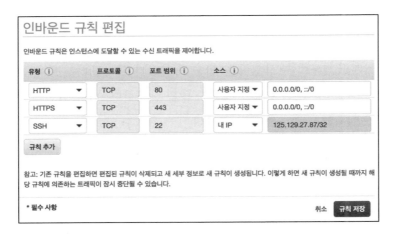

성공 메시지가 나타난다.

6. 아웃바운드 규칙을 클릭해 다음 규칙이 구성돼 있음을 확인한다.

유형 ⓘ	프로토콜 ⓘ	포트 범위 ⓘ	대상 ⓘ
모든 트래픽	모두	모두	0.0.0.0/0
모든 트래픽	모두	모두	::/0

7. HTTP와 HTTPS 트래픽만 허용하도록 아웃바운드 규칙을 변경해야 하는 경우 Outbound Rules 탭에서 Edit rules를 클릭하고 다음 규칙을 추가한다.

   1. 규칙 추가를 클릭하고 유형을 HTTP로, 소스를 사용자 정의로 설정한 후 CIDR 범위를 0.0.0.0/0으로 설정한다.

   2. 규칙 추가를 클릭하고 유형을 HTTPS로, 소스를 사용자 정의로 설정한 후 CIDR 범위를 0.0.0.0/0으로 설정한다.

   3. 규칙 저장을 클릭하면 성공 메시지가 나타나야 한다. 메시지를 닫으려면 닫기를 클릭한다.

   IPv6 트래픽이 필요한 경우 ::/0으로 설정된 CIDR 범위를 규칙에 추가할 수도 있다.

작동 원리

이 예제에서는 웹 서버를 실행하는 퍼블릭 서브넷의 EC2 인스턴스에 적용할 수 있는 인바운드와 아웃바운드 규칙이 있는 보안 그룹을 만들고 구성했다. 이 과정을 다른 예제에서 보안 그룹을 만드는 데 사용할 수 있다. 정확한 규칙은 사용 사례에 따라 다를 수 있다. CIDR 범위를 제공하는 대신 규칙에 다른 보안 그룹을 지정해 해당 보안 그룹이 있는 인스턴스만 허용을 지정할 수도 있다.

5장의 'NACL 사용' 절에서 아웃바운드 요청에 대해 1024-65535의 임시 포트 범위를 명시적으로 허용했다. 보안 그룹은 스테이트풀^{statefull} 상태이므로 이 작업이 필요하지 않다. 아웃바운드 포트가 열려있다면 인바운드 규칙에 관계없이 해당 포트를 통과하는 요청의 응답도 허용된다. 마찬가지로 인바운드 포트가 열려있으면 아웃바운드 규칙에 관계없이 해당 포트를 통해 들어오는 요청의 응답도 허용된다.

추가 사항

보안 그룹과 관련된 몇 가지 중요한 개념은 다음과 같다.

- 보안 그룹은 VPC에 걸쳐 있지 않다.
- EC2 대시보드나 VPC 대시보드에서 EC2 시작 마법사를 이용해 보안 그룹을 생성할 수 있다.
- NACL과 달리 보안 그룹은 스테이트풀이다.
- 사용법에 따라 여러 보안 그룹을 갖는 것이 좋다. 예를 들어 SSH와 애플리케이션별 포트용 별도의 보안 그룹을 만들 수 있다.
- CIDR을 제공하는 대신 다른 보안 그룹의 인스턴스를 허용하도록 보안 그룹의 규칙을 구성할 수 있다. 같은 보안 그룹 내의 인스턴스만 서로 통신할 수 있도록 자체 보안 그룹을 지정할 수도 있다.

- EC2 보안 그룹의 자세한 내용은 https://docs.aws.amazon.com/AWSEC2/latest/UserGuide/ec2-security-groups.html에서 확인할 수 있다.
- 보안 그룹 규칙은 https://docs.awsamazon.com/AWSEC2/latest/UserGuide/security-group-rules-reference.html을 참고한다.

▌ VPC에서 EC2 인스턴스 시작

이 절에서는 VPC의 퍼블릭 서브넷과 프라이빗 서브넷에서 EC2 인스턴스를 시작한다.

준비

이 예제를 완료하려면 다음이 필요하다.

- 5장의 'AWS에서 VPC 만들기' 절과 'VPC의 서브넷 만들기' 절에 따라 퍼블릭과 프라이빗 서브넷으로 VPC를 생성해야 한다.
- 5장의 '인터넷 접속용 인터넷 게이트웨이와 라우팅 테이블의 설정' 절에 따라 인터넷 게이트웨이를 추가하고 라우팅 테이블을 구성해야 한다.
- 퍼블릭 서브넷의 보안 그룹 구성은 인터넷 액세스를 허용해야 하며, 프라이빗 서브넷의 보안 그룹 구성은 퍼블릭 서브넷의 액세스만 허용해야 한다. 보안 그룹 생성은 '보안 그룹 생성과 구성' 절을 참고한다.

작동 방법

먼저 EC2 인스턴스를 시작하는 방법의 일반적인 절차를 알아본다. 그런 다음 EC2 인스턴스를 퍼블릭 및 프라이빗 서브넷에서 시작하기 위한 특정 절차를 알아본다.

EC2 인스턴스와 SSH 시작을 위한 일반 단계

다음 절차에 따라 EC2 인스턴스를 시작할 수 있다.

1. EC2 대시보드로 이동한다.

2. 왼쪽 사이드바에서 인스턴스를 클릭한다.

3. 페이지 상단의 인스턴스 시작 버튼을 클릭한다.

4. Amazon Linux 2 AMI (HVM), SSD Volume Type —ami—09d95fab7fff3776c (64bit x86)를 선택한다.

5. 인스턴스 유형 선택 페이지에서 유형을 t2.micro로 설정하고 다음: 인스턴스 세부 정보 구성을 클릭한다.

6. 인스턴스 세부 정보 구성 페이지에서 사용자 지정 VPC나 기본 VPC를 선택한다. 시작하는 동안 실행될 사용자 데이터를 추가할 수도 있다.

7. 스토리지 추가 페이지에서 기본 구성을 사용할 수 있다. 다음: 태그 추가를 클릭한다.

8. 태그 추가 페이지에서 키는 Name으로 설정하고, 값에 의미 있는 이름을 입력한다. 다음: 보안 그룹 구성을 클릭한다.

 태그는 필수는 아니지만 키가 Name으로 설정된 태그는 EC2 대시보드의 EC2 인스턴스 목록에서 EC2 인스턴스를 쉽게 식별할 수 있게 해준다.

9. 보안 그룹 구성 페이지에서 기존 보안 그룹을 선택하거나 새 보안 그룹을 생성하고, 검토 및 시작을 클릭한다. 보안 그룹에 대한 정확한 권한 룰$^{Permission Rule}$은 해당 예제에 따라 제공된다.

10. 인스턴스 시작 검토 페이지에서 구성을 검토하고 시작하기를 클릭한다.

11. 기존 키 페어를 사용하고 인스턴스 시작을 클릭하거나, 다음과 같이 새 키 페어를 생성하고 인스턴스를 시작할 수 있다.

1. 새 키 페어 생성 옵션을 선택한다.

2. 키 페어 다운로드를 클릭해 키를 다운로드한다. 키를 안전하게 보관한다. 유닉스나 맥 시스템을 사용하는 경우 파일 권한(chmod)을 400으로 변경한다.

3. 인스턴스 시작을 클릭한다.

12. 인스턴스 보기를 클릭하고 인스턴스의 인스턴스 상태가 running으로 변경되고 인스턴스 상태에 오류가 없을 때까지 기다린다.

13. 인스턴스를 클릭하고 요약을 확인한다.

14. 맥이나 리눅스 머신에서 다음 명령을 사용해 EC2 인스턴스에 SSH로 연결할 수 있다. 정확한 명령이나 절차는 운영체제마다 다를 수 있다.

```
ssh -i aws-sec-cb-demo-kp.pem ec2-user@34.207.237.66
```

여기 aws-sec-cb-demo-kp.pem은 11단계에서 다운로드한 키 페어의 프라이빗 키(개인키) 파일이다.

퍼블릭 서브넷으로 인스턴스 시작

이 절은 퍼블릭 서브넷에서 EC2 인스턴스를 시작하는 데 필요한 특정 절차를 설명한다. 일반적인 절차는 EC2 인스턴스와 SSH 시작을 위한 일반 예제를 참고하면 된다. 다음 절차를 따라 해본다.

1. EC2 대시보드로 이동하고 왼쪽 사이드바에서 Instances를 클릭한다.

2. 페이지 상단의 인스턴스 시작 버튼을 클릭하고, Amazon Linux 2 AMI를 선택한 후 Type을 t2.micro로 설정하고, 다음: 인스턴스 세부 정보 구성을 클릭한다.

3. 인스턴스 세부 정보 구성 페이지에서 네트워크는 우리가 생성한 VPC를 선택

한다. 서브넷의 경우 퍼블릭 서브넷을 선택한다. 퍼블릭 IP 자동 할당 옵션은 퍼블릭 서브넷 활성화 값을 갖는 서브넷 사용 설정으로 선택하고, 다음: 스토리지 추가를 클릭한다.

4. 스토리지 추가 페이지의 기본 설정을 사용할 것이다. 다음: 태그 추가를 클릭한다.

5. 태그 추가 페이지에서 키는 Name으로 설정하고 값은 MyPublicInstance로 설정해 태그를 추가한다. 다음: 보안 그룹 설정을 클릭한다.

6. 보안 그룹 설정 페이지에서 새 보안 그룹 생성을 선택하고 보안 그룹 이름과 설명에 대한 값을 입력한다.

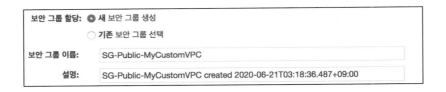

7. SSH에 대한 규칙을 추가하고(아직 없는 경우) 소스를 내 IP로 설정한다. 로컬 컴퓨터 IP가 자동으로 부여된다. 검토와 실행^{Review and Launch}을 클릭한다.

TIP 로컬 IP에 대한 SSH 액세스만 제공했었다. 실제로는 다양한 IP 범위나 점프 호스트(Jumb host) 또는 배스천 호스트(Bastion host)라는 다른 전용 시스템에 대한 접근 권한을 부여할 수 있다.

8. 화면에 표시된 지시 사항에 따라 EC2 시작을 완료하고 퍼블릭 IP나 퍼블릭 DNS를 기록한다.

인스턴스 ID	i-08ba307f01221abf1	퍼블릭 DNS(IPv4)	-
인스턴스 상태	running	IPv4 퍼블릭 IP	3.86.13.33
인스턴스 유형	t2.micro	IPv6 IP	-
결과	권장 사항을 위해 AWS Compute Optimizer에 옵트 인합니다. 자세히 알아보기	탄력적 IP	
프라이빗 DNS	ip-10-0-1-88.ec2.internal	가용 영역	us-east-1e
프라이빗 IP	10.0.1.88	보안 그룹	SG-Public-MyCustomVPC. 인바운드 규칙 보기. 아웃바운드 규칙 보기
보조 프라이빗 IP		예약된 이벤트	예약된 이벤트 없음
VPC ID	vpc-09fcd1f9f034e030c (MyCustomVPC)	AMI ID	amzn2-ami-hvm-2.0.20200520.1-x86_64-gp2 (ami-09d95fab7fff3776c)
서브넷 ID	subnet-02db89b0076ac9af1 (10.0.1.0/24)	Platform details	Linux/UNIX

9. SSH로 EC2 인스턴스에 접속한다.

```
$ ssh -i aws-sec-cb-demo-kp.pem ec2-user@3.86.13.33
Last login: Sat Jun 20 19:36:32 2020 from 125.129.27.87

       __|  __|_  )
       _|  (     /   Amazon Linux 2 AMI
      ___|\___|___|

https://aws.amazon.com/amazon-linux-2/
-bash: warning: setlocale: LC_CTYPE: cannot change locale (UTF-8): No such file or directory
[ec2-user@ip-10-0-1-88 ~]$
```

EC2 서버에 성공적으로 로그인할 수 있어야 한다.

다음 절에서는 프라이빗 서브넷으로 인스턴스를 시작한다.

프라이빗 서브넷으로 인스턴스 시작

이 절에서는 프라이빗 서브넷에서 EC2 인스턴스를 시작하는 데 필요한 특정 절차를 설명한다. 일반적인 절차들은 이 예제의 EC2 인스턴스 시작과 SSH 수행을 위한 일반 예제를 참고한다. 다음 절차를 따른다.

1. EC2 대시보드로 이동하고 왼쪽 사이드바에서 Instances를 클릭한다.

2. 페이지 상단의 인스턴스 시작 버튼을 클릭하고 Amazon Linux 2 AMI를 선택한 후 유형을 t2.micro로 설정하고 다음: 인스턴스 세부 정보 구성을 클릭한다.

3. 인스턴스 세부 정보 구성 페이지의 네트워크 옵션에서 우리가 생성한 VPC를 선택한다. 서브넷의 경우 프라이빗 서브넷을 선택한다. 퍼블릭 IP 자동 할당은 서브넷 사용 설정(비활성화)을 그대로 선택한다. 다음: 스토리지 추가를 클릭한다.

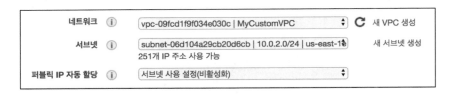

4. 스토리지 추가 페이지에서 기본 구성을 사용한다. 다음: 태그 추가를 클릭한다.

5. 태그 추가 페이지에서 키를 Name으로 설정하고, 값이 `MyPrivateInstance`로 설정된 태그를 추가한다. 다음: 보안 그룹 구성을 클릭한다.

6. 보안 그룹 구성 페이지에서 새 보안 그룹 생성을 선택하고, 보안 그룹 이름과 설명을 기입한다.

7. SSH에 대한 규칙을 추가(아직 없는 경우)하고, 소스는 **사용자 지정**으로 설정한 후 퍼블릭 서브넷의 CIDR 범위를 추가한다. 또한 퍼블릭 서브넷으로부터 ping을 허용하는 모든 ICMP-IPv4 규칙을 추가한다. **검토 및 시작**을 클릭한다.

유형 ⓘ	프로토콜 ⓘ	포트 범위 ⓘ	소스 ⓘ	
SSH	TCP	22	사용자 지정	10.0.1.0/24
모든 ICMP - I	ICMP	0 - 65535	사용자 지정	10.0.1.0/24

규칙 추가

취소　이전　검토 및 시작

> 일반적으로 퍼블릭 서브넷은 웹 서버와 같이 인터넷에서 액세스할 수 있는 애플리케이션을 호스트하고, 프라이빗 서브넷은 퍼블릭 서브넷에서만 액세스할 수 있는 데이터베이스 서버와 같은 애플리케이션을 호스팅한다. 이 경우 프라이빗 서브넷의 인스턴스에서 퍼블릭 서브넷에 애플리케이션 특정 포트(예. 데이터베이스 포트)에 대한 접근 권한만 부여한다.

8. 화면에 표시된 지시에 따라 EC2 시작을 완료하고, 프라이빗 IP나 프라이빗 DNS를 기록해둔다.

9. 키 페어의 프라이빗 키를 퍼블릭 서브넷의 EC2 인스턴스에 복사한다. 맥이나 리눅스 시스템에서는 다음과 같이 scp 명령을 사용할 수 있다.[1]

```
scp -i aws-sec-cb-demo-kp.pem aws-sec-cb-demo-kp.pem ec2
user@3.86.13.33:/home/ec2-user
```

10. 퍼블릭 서브넷의 EC2 인스턴스에 SSH로 접속한다.

11. ping 10.0.2.209 명령을 사용해 퍼블릭 서브넷 인스턴스에서 프라이빗 서브넷 IP(이 예에서는 10.0.2.209)를 Ping한다. 다음과 같이 성공적인 응답을 받아야 한다.

---

1. scp 명령을 이용해 키 페어를 EC2 인스턴스에 복사하는 것은 키 유출 위험이 있으므로 권장하지 않는다. 대신 ssh -add 명령으로 로컬 머신에 키를 등록한 후 ssh -A 명령을 이용해 상대방 EC2 인스턴스에 접속하는 것이 안전하다. — 옮긴이

```
[[ec2-user@ip-10-0-1-12 ~]$ ping 10.0.2.212
PING 10.0.2.212 (10.0.2.212) 56(84) bytes of data.
64 bytes from 10.0.2.212: icmp_seq=1 ttl=255 time=0.500 ms
64 bytes from 10.0.2.212: icmp_seq=2 ttl=255 time=0.542 ms
64 bytes from 10.0.2.212: icmp_seq=3 ttl=255 time=0.661 ms
64 bytes from 10.0.2.212: icmp_seq=4 ttl=255 time=0.606 ms
^C
--- 10.0.2.212 ping statistics ---
4 packets transmitted, 4 received, 0% packet loss, time 3048ms
rtt min/avg/max/mdev = 0.500/0.577/0.661/0.063 ms
```

12. 8단계에서 복사한 프라이빗 키를 지정해 퍼블릭 서브넷의 EC2 인스턴스에서 프라이빗 서브넷의 EC2 인스턴스로 SSH 연결한다.

```
ssh -i aws-sec-cb-demo-kp.pem ec2-user@10.0.2.212
```

프라이빗 서브넷의 EC2 서버에 성공적으로 로그인할 수 있어야 한다.

작동 원리

이 예제에서는 EC2 인스턴스 시작과 관련한 일반적인 과정을 나열했다. 이러한 과정은 EC2 인스턴스를 시작하는 동안 다른 예제에서 참조될 수 있다. 각 예제에는 특정 단계만 나열된다. 프라이빗 키에 액세스할 수 있는 동안은 키 페어를 한 번 생성한 다음 나머지 예제에 재사용할 수도 있다.

먼저 로컬 머신에서 SSH를 사용할 수 있는 보안 그룹 구성을 사용해 퍼블릭 서브넷에 있는 EC2 인스턴스를 생성했다. 실제 시나리오에서는 일반적으로 사용자 지정 IP 범위나 점프 호스트^{Jump host} 또는 배스천 호스트^{Bastion host}라고 하는 다른 전용 컴퓨터에 액세스할 수 있다. 그런 다음 퍼블릭 서브넷에서만 액세스를 허용하는 보안 그룹 구성을 사용해 프라이빗 서브넷의 EC2 인스턴스를 시작했다.

추가 사항

아마존 EC2와 관련된 몇 가지 중요한 개념은 다음과 같다.

- EC2 인스턴스를 중지하고 시작할 때 IP 주소가 변경되지 않도록 EC2 인스턴스에 탄력적 IP 주소를 연결할 수 있다. 대안으로는 퍼블릭 IP에 DNS 네임을 등록해 IP가 변경될 때 퍼블릭 IP를 변경하는 것이 있다. 실행 중인 인스턴스와 연결된 경우 탄력적 IP는 무료다. 계정당 5개의 탄력적 IP 제한이 있으며 AWS에 요청해 늘릴 수 있다.

- EC2 클러스터 배치 그룹^{cluster placement group}을 사용해 모든 EC2 인스턴스를 동일한 랙과 가용 영역^{AZ} 내에 프로비저닝할 수 있다. 배치 그룹 내의 인스턴스는 최대 10Gbps의 대역폭을 갖는다. 그러나 랙이나 AZ에 장애가 발생하면 모든 인스턴스에 영향을 미친다.

- EC2 배치 그룹을 사용해 배치 그룹 내의 인스턴스를 여러 AZ에 분산시킬 수 있다. 그러나 AZ의 배치 그룹당 인스턴스 수에는 제한이 있다. 이 배치 그룹 옵션은 고가용성이 필요할 때 사용할 수 있다.

- RAM^{Random Access Memory}, CPU^{Central Processing Unit}, 입출력^{I/O}, 네트워크, 그래픽 처리 장치^{GPU} 파라미터를 기반으로 요구 사항에 맞는 EC2 인스턴스 유형을 선택할 수 있다.

- free -m 명령을 사용해 리눅스 기반 EC2 인스턴스의 메모리 상태를 확인할 수 있고, top 명령을 사용해 메모리와 CPU를 비롯한 자세한 내용을 볼 수 있다.

- CPU 내의 각 코어는 최대 100% 작동할 수 있다. 따라서 4개의 코어를 사용하면 400%에서 작동한다. 그러나 단일 스레드 애플리케이션이 하나의 코어에서만 작동하므로 애플리케이션이 단일 스레드인 경우 코어를 더 추가해도 성능에 도움이 되지는 않는다.

- EC2 인스턴스 유형과 올바른 인스턴스 유형의 선택에 대한 자세한 내용은 https://aws.amazon.com/ec2/instance-types를 참고한다.
- EC2 인스턴스에 대한 자세한 내용은 https://cloudmaterials.com/en/book/amazon-ec2-and-other-compute-services를 참고한다.

❙ NAT 인스턴스 설정과 구성

패치, 소프트웨어 다운로드 등과 같은 활동을 위해서는 프라이빗 서브넷의 인스턴스에 인터넷 액세스가 필요할 수 있다. 네트워크 주소 변환[NAT, Network Address Translation]을 사용하면 프라이빗 서브넷의 인스턴스가 인터넷에 접속할 수 있다. AWS는 VPC의 NAT 기능을 할 수 있는 두 가지 방법을 제공한다. 최신 NAT 게이트웨이와 오래된 NAT 인스턴스다. 이 예제에서는 NAT 인스턴스를 작성하고 구성하는 방법을 학습한다. 5장의 'NAT 게이트웨이 설정과 구성' 절에서 NAT 게이트웨이를 배웠다.

준비

이 예제를 완료하려면 다음이 필요하다.

1. 5장의 'AWS에서 VPC 만들기' 절과 'VPC의 서브넷 만들기' 절에 따라 퍼블릭 서브넷과 프라이빗 서브넷이 있는 VPC를 생성한다.
2. 5장의 '인터넷 접속용 인터넷 게이트웨이와 라우팅 테이블의 설정' 절에 따라 인터넷 게이트웨이를 추가하고 라우팅 테이블을 설정한다.
3. NAT 인스턴스를 위한 보안 그룹을 생성한다. 인바운드 규칙은 프라이빗 서브넷의 CIDR 범위에서 HTTP와 HTTPS를 허용해야 한다. 프라이빗 서브

넷의 인스턴스에서 ICMP를 허용해서 SSH 접속을 위해 인스턴스와 로컬 IP 에 ping을 할 수 있다.

HTTP와 HTTPS, ICMP 포트에 대한 아웃바운드 접속을 제공하며 다음과 같다.

보안 그룹의 기본 아웃바운드 규칙은 모든 아웃바운드 트래픽을 허용하며, NAT 인스턴스는 이러한 규칙 세트에서 제대로 동작한다. 그러나 보안을 강화하기 위해 필요한 포트에 대한 아웃바운드 액세스만 제공했다.

 기본 라우팅 테이블에 NAT 게이트웨이에 대한 경로를 이미 만든 경우 해당 경로를 제거하고, 인터넷 접속이 되지 않기 때문에 ping google.com 명령이 실패했는지 확인한다.

작동 방법

다음과 같이 NAT 인스턴스를 생성한다.

1. EC2 대시보드로 이동하고 왼쪽 사이드바에서 인스턴스를 클릭한 후 페이지 상단의 인스턴스 시작을 클릭한다.

2. 커뮤니티 AMI를 클릭하고, NAT를 검색한 후 이용 가능한 최신 NAT 인스턴스를 선택한다.

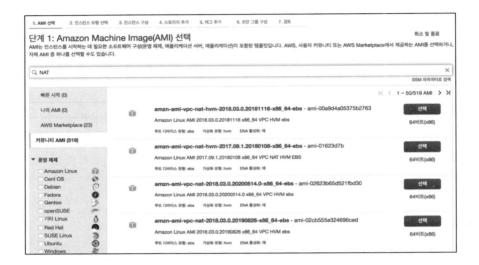

3. 인스턴스 유형 선택 페이지에서 유형은 t2.micro로 선택하고, 다음: 인스턴스 세부 정보 구성을 클릭한다.

4. 인스턴스 세부 정보 구성 페이지에서 네트워크는 우리가 생성한 VPC를 선택하며, 서브넷에는 생성한 퍼블릭 서브넷을 선택하고, 퍼블릭 IP 자동 할당은 그대로 둔 후 다음: 스토리지 추가를 클릭한다.

5. 스토리지 추가 페이지는 기본 설정 상태를 사용한다. 다음: 태그 추가를 클릭한다.

6. 태그 추가 페이지에서는 키에 Name을 입력하고 값에는 My-NAT-Instance를 입력한다. 다음: 보안 그룹 구성을 클릭한다.

7. 보안 그룹 구성 페이지에서는 기존 보안 그룹 선택을 선택하고, '준비' 절에서 생성한 보안 그룹을 선택한 후 검토 및 시작을 클릭한다.

8. EC2 생성을 완료하고자 화면에 보이는 안내를 따라 진행한다.

9. 생성이 완료되면 생성된 인스턴스를 선택해 작업을 클릭하고, 네트워킹을 클릭한 후 소스/대상 확인 변경을 클릭한다.

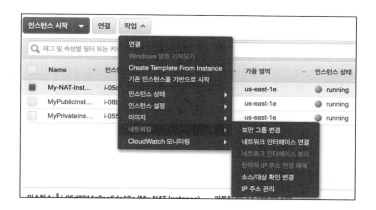

다음과 같은 팝업 화면을 보게 된다.

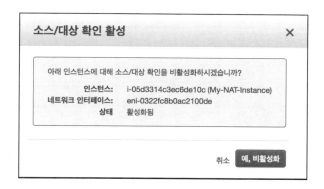

10. 소스/대상 확인 활성 팝업 화면에서 예, 비활성화를 클릭한다.

다음 절에서 기본 라우팅 테이블이 이 NAT 인스턴스에 대한 경로를 생성한다.

NAT 인스턴스에 경로(라우팅) 추가

다음과 같이 NAT 인스턴스에 경로를 추가한다.

1. VPC 대시보드로 이동한다.
2. 라우팅 테이블을 클릭한다.
3. 생성한 VPC의 기본 라우팅 테이블을 선택해 클릭한다.
4. 라우팅 탭을 클릭한다.
5. 라우팅 편집을 클릭한다.
6. 라우팅 추가를 클릭하고 다음과 같이 진행한다.
   1. 소스를 **0.0.0.0/0**으로 설정한다.
   2. 다음 대상의 드롭다운 메뉴에서 인스턴스를 클릭한 뒤 생성한 NAT 인스턴스를 선택한다.
   3. 라우팅 저장을 클릭한다.

라우팅이 편집됐다는 성공 메시지를 확인한다.

7. 퍼블릭 서브넷의 EC2 인스턴스로 로그인한다. 그 곳에서 프라이빗 인스턴스로 로그인한다. 정확한 단계는 'VPC에서 EC2 인스턴스 시작' 절을 참고한다.

8. 터미널에서 ping google.com과 같은 인터넷 접속이 필요한 명령을 시도한다. 인터넷으로 라우팅되는 경로가 있다면 응답을 확인할 수 있다. 그렇지 않다면 타임아웃이 된다. 또한 yum sudo 명령을 실행해 운영체제의 업데이트를 시도할 수 있다.

 NAT 인스턴스를 설정, 유지 관리하고 확장하려는 노력은 NAT 게이트웨이에 필요한 것 이상을 요구한다. 따라서 항상 NAT 인스턴스 대신 NAT 게이트웨이를 사용하는 것을 권장한다.

작동 원리

NAT는 프라이빗 서브넷의 인스턴스가 인터넷 통신이 가능하게 하며, 패칭과 소프트웨어 다운로드 등과 같은 작업이 가능해진다. NAT는 패킷이 전송되는 동안 IP 헤더를 수정해 패킷의 IP 주소를 다시 매핑하는 프로세스다. AWS는 VPC로 NAT를 수행하는 두 가지 방법인 NAT 게이트웨이와 NAT 인스턴스를 생성하고 설정하는 방법을 배웠다. 커뮤니티 AMI에서 NAT 인스턴스를 시작하고, Community AMI 탭에서 **NAT**를 검색해 모든 NAT 인스턴스 AMI를 확인했다. AWS는 가급적 최신 버전을 사용하는 것을 권장한다.

NAT 인스턴스를 생성한 후 NAT 인스턴스의 소스/대상 확인을 비활성화했다. 기본적으로 AWS는 EC2 인스턴스가 IP 트래픽의 소스나 대상일 것으로 예상한다. 그러나 NAT 인스턴스는 프라이빗 서브넷과 인터넷 사이에 요청을 전달하므로 소스와 대상 모두로 동작한다. 또한 기본 라우팅 테이블에서 NAT 인스턴스에 대한 경로를 만들었다. 프라이빗 서브넷이 기본 라우팅 테이블에 연결돼 있으므로 기본 라이팅 테이블에 경로(라우팅)를 추가했다. 아키텍처가 프라이빗 서브넷에 대한 라우팅 테이블이 다른 경우 경로(라우팅)을 추가해야 한다.

NAT 게이트웨이는 보안 그룹과 연결돼 있지 않지만, NAT 인스턴스는 연결돼 있다. NAT 인스턴스의 경우 프라이빗 서브넷에 HTTP와 HTTPS, ICMP-IPv4를 허용하는 인바운드 규칙을 포함하는 보안 그룹을 생성했다. ICMP 프로토콜은 디버깅을 위해 추가됐다. ICMP 프로토콜은 `ping`에 사용된다. 아웃바운드 규칙의 경우 CIDR 범위를 `0.0.0.0/0`으로 지정해 인터넷 접속을 위해 HTTP와 HTTPS, ICMP를 활성화했다.

추가 사항

NAT 인스턴스와 관련된 몇 가지 중요한 개념을 빠르게 살펴본다.

- NAT 인스턴스는 일종의 개별 EC2 인스턴스이므로 패치와 가용성, 확장성을 관리해야 한다. NAT 게이트웨이는 AWS에서 관리되며, AWS가 패치와 가용성, 확장성을 관리한다.
- 많은 EC2 인스턴스가 동시에 사용되는 경우 수동으로 확장성을 개선하기 위한 추가 노력을 하기 전에는 NAT 인스턴스에서 병목 현상이 발생할 수 있다.
- NAT 인스턴스는 개별 EC2 인스턴스며 보안 그룹과 연결된다. NAT 게이트 웨이는 보안 그룹과 연결돼 있지 않다.
- NAT 인스턴스는 탄력적 IP를 할당하는 것이 일반적이다.

참고 사항

- NAT 인스턴스는 https://docs.aws.amazon.com/vpc/latest/userguide/VPC_NAT_Instance.html을 참고한다.

▌ EC2 인스턴스에 IAM 역할 생성과 연결

이 예제에서 EC2 인스턴스가 S3 API에 액세스할 수 있는 역할을 생성하고, EC2 인스턴스에 연결한다. IAM 역할은 AWS 서비스나 사용자가 다른 AWS 서비스에 액세스할 수 있는 임시 권한을 제공한다. 서비스나 사용자는 역할을 부여받은 후 세션에 대한 임시 자격증명을 제공받는다.

준비

이 예제를 완료하려면 작동 중인 AWS 계정Account이 필요하다. IAM과 S3에 대한 실무 지식이 있으면 도움이 된다.

작동 방법

다음과 같이 S3 API에 액세스하기 위한 IAM 역할을 생성한다.

1. IAM 대시보드로 이동한다.
2. 왼쪽 사이드바에서 역할을 클릭한다.
3. 역할 만들기를 클릭한다.
4. 이 역할을 사용할 서비스로 EC2를 선택하고 다음: 권한을 클릭한다.
5. AmazonS3FullAccess를 찾아 선택하고 다음: 태그를 클릭한다.
6. 선택 사항으로 태그를 추가하고 다음: 검토를 클릭한다.
7. 역할 이름을 지정하고(예, MyS3AccessRole) 역할 만들기를 클릭한다.

다음과 같이 EC2 인스턴스에 연결한다.

1. EC2 대시보드로 이동한다.
2. 왼쪽 사이드바에서 인스턴스를 클릭한다.

3. 생성한 프라이빗 인스턴스를 선택해 작업을 클릭하고, 인스턴스 설정을 클릭한 후 IAM 역할 연결/바꾸기를 클릭한다.

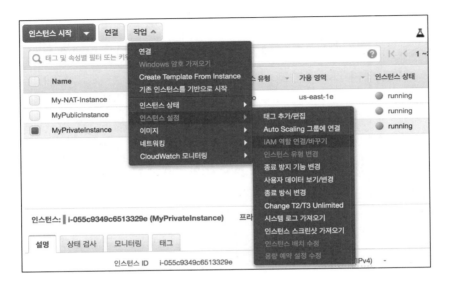

4. IAM 역할을 선택하고 적용을 클릭한다.

작업이 성공했다는 메시지가 보인다.

작동 원리

IAM 역할은 다른 AWS 서비스에 액세스할 수 있도록 AWS 서비스나 사용자에 대한 임시 권한을 제공한다. IAM 역할은 권한 정책이 있는 AWS 자격증명이다. 서비스나 사용자는 역할을 맡은 다음 해당 세션에 대한 임시 자격증명이 제공된다. IAM 역할을 사용해 사용자와 서비스, 애플리케이션에 권한을 부여할 수 있다.

이 예제에서 EC2 인스턴스에 S3 접근 권한을 부여했다. 이제 자격증명을 설정하지 않고 지원되는 S3 작업(예, 터미널에서 s3 1s 명령 실행)을 실행할 수 있다. 대안은 EC2 머신 내 자격증명을 구성하는 것이지만 누군가 머신에 침투하면 이 자격증명은 노출될 수 있다.

추가 사항

서비스에 우리를 대신해 작업을 수행하는 역할을 부여한 것을 AWS 서비스 역할이라고 한다. EC2 인스턴스의 AWS 서비스 역할이 그 예 중 하나다. EC2 인스턴스의 AWS 서비스 역할로 인해 EC2 인스턴스에서 동작하는 애플리케이션은 역할에서 허용하는 작업을 수행하기 위한 임시 자격증명을 얻는다.

이는 간단한 예제며, 이 예제에 설명된 단계를 다른 예제에서 사용하게 된다.

참고 사항

- IAM 역할에 대한 자세한 정보는 https://docs.aws.amazon.com/IAM/latest/UserGuide/id_roles_terms-and-concepts.html을 참고한다.

▎ EC2에서 프라이빗 키와 퍼블릭 키의 사용

이 예제에서는 OpenSSL을 사용해 로컬 머신에서 키 페어를 생성하고 퍼블릭 키를 업로드한다. 이전 예제에서는 AWS에서 키 페어를 생성하고 프라이빗 키를 다운로드했다.

준비

이 예제를 완료하려면 작동 중인 AWS 계정이 필요하다. 또한 키를 생성하기 위한 OpenSSL이나 유사한 툴이 필요하다.

작동 방법

먼저 OpenSSL을 사용해 프라이빗 키와 퍼블릭 키를 로컬 머신에서 생성하고, 생성된 퍼블릭 키를 AWS에 업로드한다. 그 후 EC2 인스턴스를 시작하는 동안 키 페어를 지정한다. 마지막으로 프라이빗 키를 사용해 인스턴스에 SSH로 연결을 시도한다.

키의 생성

맥과 리눅스 머신에서 OpenSSL을 이용해 프라이빗 키와 퍼블릭 키를 생성하고자 다음 단계를 수행한다.

1. 다음 명령으로 OpenSSL을 사용해 프라이빗 키를 생성한다.

```
openssl genpkey -algorithm RSA -out my_private_key.pem -pkeyopt
rsa_keygen_bits:2048
```

2. 다음 명령으로 OpenSSL을 사용해 퍼블릭 키를 생성한다.

```
openssl rsa -pubout -in my_private_key.pem -out my_public_key.pem
```

3. SSH에 프라이빗 키 파일을 사용하기 전에 600이나 400으로 권한을 제한한다.

```
chmod 400 my_private_key.pem
```

다음 절에서는 키를 AWS에 업로드한다.

EC2에 키 업로드

다음과 같이 EC2에 키 페어의 퍼블릭 키를 업로드한다.

1. EC2 대시보드로 이동한다.
2. 왼쪽 사이드바에서 키 페어를 클릭한다.

이미 생성된 키를 확인할 수 있다.

3. 페이지 상단의 키 페어 가져오기를 클릭한다.
4. 키 페어 가져오기 페이지에서는 파일에서 퍼블릭 키 로드에서 Browse...을 클릭하고, 퍼블릭 키를 선택한다.

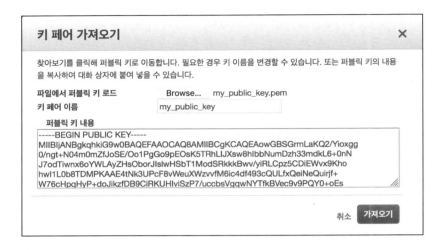

5. 퍼블릭 키 내용 텍스트박스 안의 키 시작 부분에서 ----- BEGIN PUBLIC KEY
   -----과 키 끝 부분의 ----- END PUBLIC KEY ----을 삭제한다. 시작이나 끝
   에서 추가 공간을 제거할 수 있지만 이는 선택 사항이다.

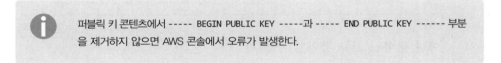

> 퍼블릭 키 콘텐츠에서 ----- BEGIN PUBLIC KEY -----과 ----- END PUBLIC KEY ------ 부분
> 을 제거하지 않으면 AWS 콘솔에서 오류가 발생한다.

6. 가져오기를 클릭한다. 다음 화면과 유사한 화면을 볼 수 있다.

키 페어 페이지에서 신규로 생성된 키를 볼 수 있다.

7. 표준 절차에 따라 EC2 인스턴스를 시작한다. 그 후 기존 키 페어 선택 또는
   새 키 페어 생성 화면에서 기존 키 페어 선택을 선택하고 새로 생성된 키 페어
   를 선택한다.

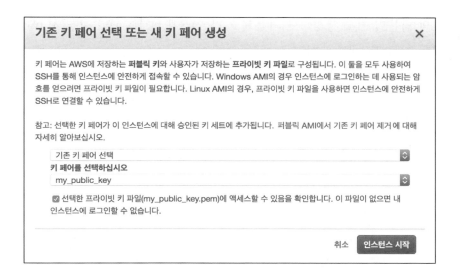

8. 인스턴스 시작을 클릭하고, 화면에 보이는 지침에 따라 EC2 인스턴스 시작을 완료한다. 인스턴스를 선택하고 EC2 머신의 퍼블릭 IP를 기록해둔다.

9. 프라이빗 키 파일을 사용해 EC2 시스템에 SSH로 접속한다.

```
ssh -i my_private_key.pem ec2-user@54.174.247.166
```

EC2 시스템에 연결할 수 있어야 한다.

인스턴스를 시작하는 방법에 대한 자세한 단계는 'VPC에서 EC2 인스턴스 시작' 절을 참고한다.

작동 원리

AWS는 EC2 대시보드의 키 페어 페이지, 또는 EC2 인스턴스 시작 마법사에서 키 페어를 생성할 수 있다. 또한 AWS는 AWS 외부에서 키 페어를 생성한 다음 퍼블릭 키를 가져올 수 있다. 이 예제에서는 OpenSSL을 사용해 로컬 머신에서 프라이빗 키와 퍼블릭 키를 생성하고 퍼블릭 키만 AWS에 업로드했다. 따라서 AWS는 프라이빗 키를 볼 기회가 없다.

추가 사항

윈도우 사용자는 다음 절차에 따라 프라이빗 키와 퍼블릭 키를 생성할 수 있다.

1. https://www.putty.org에서 PuTTY를 다운로드해 설치한다.
2. PuTTYgen을 사용해 다음과 같이 키를 생성한다.
   1. 생성할 키 유형Type of key to generate을 RSA로 설정한다.
   2. 생성된 키의 비트 수Number of bits in a generated key를 2048로 설정한다.
   3. 생성Generate을 클릭한다. 제안된 대로 마우스를 움직여 임의성randomness을 생성할 수 있다.
3. 프라이빗 키 저장Save private key을 클릭해 프라이빗 키를 저장한다.
4. 퍼블릭 키 저장Save public key을 클릭해 퍼블릭 키를 저장한다.

이제 이 예제의 'EC2에 키 업로드' 절에 따라 퍼블릭 키를 업로드할 수 있다. 키를 가져와 EC2 인스턴스와 연결한 후 PuTTY를 사용해 머신에 로그인할 수 있다.

EC2와 키에 관련된 몇 가지 중요한 개념을 빠르게 살펴보면 다음과 같다.

- EC2 키 페어는 비대칭키다.
- KMS 키는 대칭키며 EC2 인스턴스로 SSH하는 데 사용 수 없다.
- CloudHSM은 대칭키와 비대칭키를 모두 지원한다. CloudHSM의 비대칭 키를 사용해 SSH를 통해 EC2 인스턴스에 연결할 수 있다.
- 퍼블릭 키를 가져와 KMS 키 페어를 만들 수 없다. KMS로 키 자료를 가져온다.
- KMS 키를 사용해 S3의 데이터를 암호화하거나 EBS 볼륨을 암호화할 수 있다.

- 인스턴스 터미널에서 /home/ec2-user/.ssh/authorized_keys로 이동해 EC2 인스턴스와 관련된 퍼블릭 키를 볼 수 있다.
- /home/ec2-user/.ssh/authorized_keys 파일에 해당 키 페어의 퍼블릭 키를 추가해 EC2 인스턴스에 키 페어를 더 추가할 수 있다.
- EC2 인스턴스 메타데이터를 쿼리해 퍼블릭 키를 볼 수 있다. 그 예는 다음과 같다.

```
curl http://169.254.169.254/latest/meta-data/public-keys/0/openssh-key
```

 대칭키의 경우 암호화와 복호화에 동일한 키가 사용된다. 비대칭키의 경우 키 페어가 사용된다. 한 키는 암호화에 사용되고 다른 키는 복호화에 사용된다. KMS는 대칭키만 지원하며, CloudHSM은 대칭키와 비대칭키를 모두 지원한다.

참고 사항

- OpenSSL에 대한 자세한 내용은 https://www.openssl.org에서 다운로드해 참고한다.
- PuTTY에 대한 자세한 내용은 https://www.putty.org에서 다운로드해 참고한다.

▌사용자 데이터를 사용해 웹 서버 인스턴스의 시작

EC2 사용자 데이터를 사용해 EC2 머신을 시작할 때 명령을 실행할 수 있다. 이 예제에서는 EC2 사용자 데이터를 사용해 운영체제를 업데이트하고 간단한 아파치 웹 서버를 설정한다. EC2 인스턴스를 보호하려면 운영체제를 최신 상태로 유지하는 것이 중요하다. 향후 예제에서 이 아파치 웹 서버를 사용할 것이다.

준비

이 예제를 완료하려면 작동 중인 AWS 계정이 필요하다.

작동 방법

다음과 같이 EC2 인스턴스 시작 시에 EC2 사용자 데이터를 사용해 간단한 아파치 웹 서버를 설정할 수 있다.

1. EC2 대시보드로 이동해 왼쪽 사이드바의 인스턴스를 클릭한다. 페이지 상단의 인스턴스 시작을 클릭하고 Amazon Linux 2 AMI를 선택한 후 유형은 t2.micro로 선택하고 다음: 인스턴스 세부 정보 구성을 클릭한다.

2. 인스턴스 세부 정보 구성 페이지에서 네트워크, 서브넷, 퍼블릭 IP 자동 할당은 기본값으로 그대로 두고 메뉴 아래쪽으로 스크롤해 고급 세부 정보 섹션으로 이동한다.

3. 고급 세부 정보 섹션 하단의 사용자 데이터 텍스트박스에 다음 텍스트를 입력한다.

```bash
#!/bin/bash
sudo su
yum update -y
yum install -y httpd
systemctl start httpd.service
systemctl enable httpd.service
```

고급 세부 정보 섹션은 다음과 같아야 한다.

4. 다음: 스토리지 추가를 클릭한 후 기본값으로 그대로 두고, 다음: 태그 추가를 클릭한다.

5. 태그 추가 페이지에서는 키에 Name을 입력하고, 값에는 UserDataDemo를 입력한다. 다음: 보안 그룹 구성을 클릭한다.

6. 보안 그룹 구성 페이지에서는 새 보안 그룹 생성을 선택하고 모두가 접속할 수 있는 HTTP 규칙을 추가한 후 로컬 IP에서 접속이 되도록 SSH 규칙을 추가한다.

7. 검토와 시작을 클릭하고, EC2 생성을 완료하고자 화면에 보이는 안내를 따라 진행한다.

8. 브라우저에서 인스턴스의 퍼블릭 DNS 이름이나 퍼블릭 IP를 실행한다. 아파치 서버에서 기본 테스트 페이지 응답을 가져와야 한다.

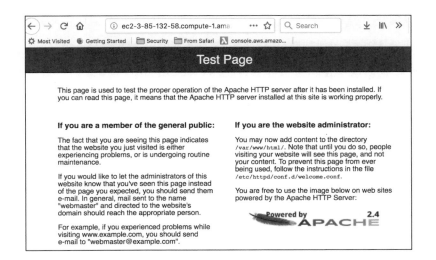

기본 랜딩 페이지 대신 사용자 정의 index.html 파일을 설정하려면 EC2 시스템에 SSH를 연결하고 다음 명령을 실행할 수 있다.

```
sudo su
cd /var/www/html
echo "<html><h1>My Web Server</h1></html>" > index.html
```

위 변경 사항을 적용한 후 브라우저로 돌아가 페이지를 새로 고치면 다음 내용이 표시된다.

EC2 사용자 데이터 자체로 index.html 파일을 만들 수도 있다.

작동 원리

이 예제에서는 EC2 사용자 데이터를 이용해 인스턴스를 업데이트하고 간단한 아파치 웹 서버를 설정했다. 아마존 리눅스 2를 기본 AMI로 사용했으므로 아마존 리눅스 2 전용 명령을 사용했다. 아마존 리눅스 1을 사용하는 경우 다음 명령 세트를 대신 사용할 수 있다.

```
#!/bin/bash
yum update -y
yum install -y httpd
service httpd start
chkconfig httpd on
```

웹 서버를 호스팅하는 인스턴스의 경우 보안 그룹을 통해 HTTP를 허용했다. 또한 로컬 IP에서 설정과 문제 해결을 위해 SSH를 허용하는 규칙을 추가했다. 대부분의 실제 프로젝트에서 이 부분은 배스천 호스트^{Bastion host}나 점프 호스트^{Jump host}라는 전용 시스템을 통해 수행된다.

추가 사항

이 예제에서는 OS를 업데이트하고 간단한 아파치 웹 서버를 설정했다. OS 업데이트는 항상 인스턴스 보안을 유지하는 데 중요하다. 이 예제에서 설정한 웹 서버는 ACM^{AWS Certificate Manager}, 아마존 ELB^{Elastic Load Balancer} 등을 다루는 예제를 비롯해 이 책의 이후 예제에 사용된다.

참고 사항

* 리눅스 인스턴스 시작 단계에서 명령을 실행하는 방법에 대한 자세한 내용은 https://docs.aws.amazon.com/AWSEC2/latest/UserGuide/user-data.html을 참고한다.

▌ 시스템즈 관리자 파라미터 스토어를 사용해 중요한 데이터 저장

암호화를 하거나 암호화를 하지 않고 시스템즈 관리자 파라미터 스토어^{Systems Manager Parameter Store}를 사용해 데이터를 저장하고, 어느 위치에서나 데이터를 하드코딩하지 않고도 다양한 서비스에서 데이터를 참조할 수 있다. 이 예제에서는 AWS 시스템즈 관리자 파라미터 스토어에 암호화된 데이터를 저장한 다음 EC2 인스턴스에서 검색하는 방법을 알아본다.

준비

이 예제를 완료하려면 작동 중인AWS 계정이 필요하다. EC2와 KMS에 익숙해지면 도움이 된다.

작동 방법

시스템즈 관리자 파라미터 스토어에서 파라미터를 생성한다. 그런 다음 EC2 인스턴스에서 AWS 시스템즈 관리자에 액세스하는 데 필요한 역할을 추가한다. 마지막으로 해당 EC2 인스턴스에서 파라미터 정보를 검색한다.

AWS 시스템즈 관리자 파라미터 스토어에 파라미터 생성

다음과 같이 시스템즈 관리자에 파라미터를 작성할 수 있다.

1. AWS 시스템즈 관리자 대시보드로 이동한다.
2. 왼쪽 사이드바에서 파라미터 스토어를 클릭한다.
3. 파라미터 생성을 클릭한다.
4. 이름을 MySecureParameter로 입력하고 계층은 표준으로 설정한다.

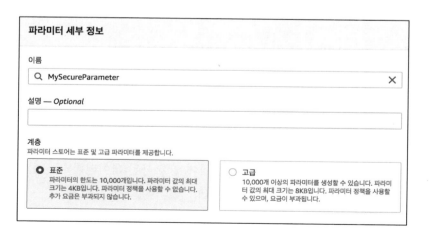

5. 유형은 보안 문자열로 선택하고, KMS 키 ID는 alias/aws/ssm을 선택한 후 값
   에는 `MySecureValue`를 입력한다.

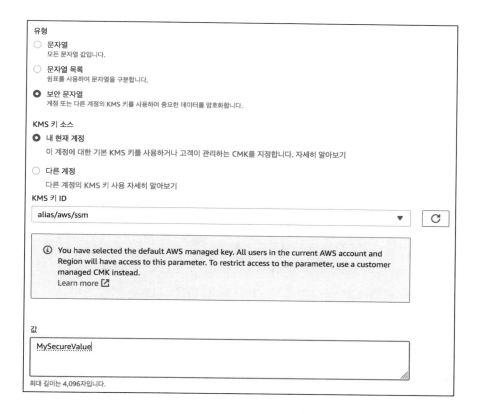

6. 아래로 스크롤해 **파라미터 생성**을 클릭한다. 그러면 파라미터 생성 요청이
   성공했다는 메시지를 볼 수 있다.

다음으로 AWS 시스템즈 관리자에 액세스하고자 EC2 인스턴스에 역할을 생성하
고 연결한다.

AWS 시스템즈 관리자에 역할 생성과 연결

EC2 인스턴스에서 AWS 시스템즈 관리자를 사용하려면 다음과 같이 EC2 인스턴스에 역할을 첨부해야 한다.

1. IAM 대시보드로 이동해 역할을 클릭하고, 역할 만들기를 클릭한다.
2. 이 역할을 사용할 서비스로 EC2를 선택한다.

 맨 앞에서 별도로 언급한 일반 사용 사례에서 EC2 옵션을 선택해서는 안 된다. 그 대신 다음의 더 큰 서비스 목록(서비스를 선택해 해당 서비스의 사용 사례 확인)에서 EC2를 선택한다.

3. 스크롤해 EC2 Role for AWS Systems Manager를 선택한다.
4. 다음: 권한을 클릭한다.
5. AmazonEC2RoleforSSM이 연결됐는지 확인한 후 다음: 태그를 클릭한다.
6. 선택적으로 태그의 값을 입력하고, 다음: 검토를 클릭한다.
7. 역할 이름을 입력하고 역할 만들기를 클릭한다.

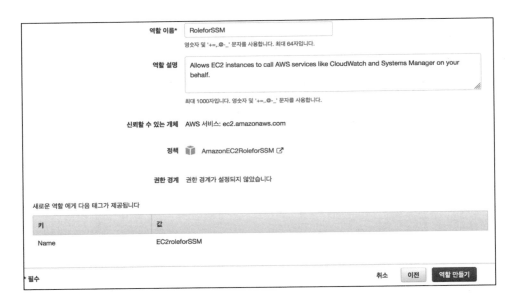

역할이 성공적으로 생성^{Role created successfully}됐다는 메시지를 볼 수 있다.

8. EC2 인스턴스에 역할을 연결한다.

EC2에 역할을 생성해 EC2에 연결하는 방법은 'EC2 인스턴스에 IAM 역할 생성과 연결' 절을 참고한다.

AWS 시스템즈 관리자 파라미터 스토어에서 파라미터 검색

EC2 인스턴스에 SSH로 접속한 후 다음 명령을 입력한다.

```
aws ssm get-parameters --names MySecureParameter --with-decryption --region
us-east-1
```

다음과 같은 응답을 보게 될 것이다.

```
{
    "InvalidParameters": [],
    "Parameters": [
        {
            "Name": "MySecureParameter",
            "LastModifiedDate": 1574254587.102,
            "Value": "MySecureValue",
            "Version": 1,
            "Type": "SecureString",
            "ARN": "arn:aws:ssm:us-east-1:135301570106:parameter/MySecureParameter"
        }
    ]
}
```

파라미터 값은 복호화해야 한다.

또한 aws ssm CLI 명령에 대한 get-parameter 하위 명령이 있다. 그러나 AWS에서 제공한 AmazonEC2RoleForEC2 역할에는 이 권한이 포함돼 있지 않다. 권한을 수 동으로 추가한 다음 get-parameter를 사용할 수 있다.

작동 원리

이 예제에서 AWS 시스템즈 관리자 파라미터 스토어의 파라미터를 생성하고 검색했다. 값을 하드코딩하지 않고도 모든 서비스의 파라미터를 사용할 수 있다. 이제 한곳에서 해당 파라미터의 값을 업데이트할 수 있다.

암호화된 파라미터 값을 검색하고 복호화하고자 aws ssm CLI 명령인 get-parameters 하위 명령을 --with-decryption 옵션과 함께 사용했다. 값이 지정되지 않거나 값을 복호화하지 않는 경우 기본값은 --no-with-decryption이다.

보안 문자열 대신 유형을 문자열로 설정해 암호화 없이 파라미터를 생성할 수도 있다.

추가 사항

이 예제에서는 AWS 시스템즈 관리자의 기능 중 하나인 파라미터 스토어만 사용했다. AWS 시스템즈 관리자의 몇 가지 중요 기능을 빠르게 살펴보면 다음과 같다.

- AWS 시스템즈 관리자를 통해 EC2 인스턴스, S3 버킷, RDS 인스턴스 등과 같은 리소스를 그룹화할 수 있다. 이 작업을 완료한 후 그룹 전체에 패치 설치 등의 작업을 수행할 수 있다.
- EC2, Lambda, CloudFormation 등과 같은 다양한 서비스에서 AWS 시스템즈 관리자 파라미터 스토어의 파라미터를 사용할 수 있다. 시스템즈 관리자 실행 명령에서 파라미터를 사용할 수 있다.
- EC2 실행 명령을 사용해 EC2 머신 그룹 전체에 관리자 작업과 설정 변경을 자동화할 수 있다.
- 단순한 시스템즈 관리자의 EC2 역할은 EC2 인스턴스에서 EC2 실행 명령을 사용할 수 있는 권한을 부여한다.

- EC2 대상 인스턴스를 수동으로 지정하거나 연결된 태그를 기반으로 지정할 수 있다.
- 콘솔에서 EC2 실행 명령을 설정할 때 AWS는 실행할 수 있는 연관된 CLI 명령을 제공한다.
- EC2 실행 명령을 사용하려면 인스턴스에 SSM 에이전트가 설치돼 있어야 한다.
- 실행 명령을 사용해 온프라미스 환경에서도 동일하게 작업을 실행할 수 있다.

참고 사항

- AWS 시스템즈 관리자에 관련된 자료는 https://docs.aws.amazon.com/systems-manager/latest/userguide/what-is-systems-manager.html을 참고한다.
- AWS 시스템즈 관리자 파라미터 스토어에 관한 자료는 https://docs.aws.amazon.com/systems-manager/latest/userguide/systems-manager-parameter-store.html을 참고한다.

▌ KMS를 이용한 EBS의 데이터 암호화

이 예제에서는 EBS 볼륨을 암호화하고자 KMS 키를 사용한다. EBS는 EC2 인스턴스의 스토리지 시스템으로 사용하도록 설계된 블록 스토리지 서비스다.

준비

이 예제를 완료하려면 작동 중인 AWS 계정이 필요하다.

작동 방법

EC2 인스턴스를 생성하는 동안 다음과 같이 EBS 스토리지 볼륨을 암호화할 수 있다.

1. EC2 대시보드로 이동해 왼쪽 메뉴의 인스턴스를 클릭한다. 페이지 상단의 인스턴스 시작 버튼을 클릭하고 Amazon Linux 2 AMI를 선택한 후 유형은 t2.micro를 선택하고 다음: 인스턴스 세부 정보 구성을 클릭한다.

2. 인스턴스 세부 정보 구성 페이지의 기본값은 그대로 두고, 다음: 스토리지 추가 를 클릭한다.

   이제 루트 볼륨이 있는 스토리지 추가 페이지를 보게 된다.

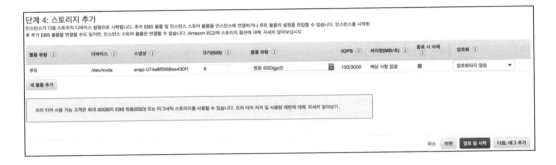

3. 암호화 드롭다운 메뉴를 클릭하고 고객 마스터 키^{customer Master Key(CMK)}를 선택 한다. EBS에 대한 기본 AWS 관리 KMS 키를 선택한다.

310

선택적으로 새 **볼륨 추가**를 클릭해 새 EBS 볼륨을 추가하고 동일한 방식으로 암호화를 활성화할 수 있다.

> **TIP**
> 자체 CMK를 사용해 EBS 볼륨을 암호화하려면 KMS에서 CMK를 만들어야 한다. 4장의 'KMS에서 키 생성' 절에 따라 키를 생성할 수 있다. 또한 키를 관리하고 사용하기 위한 적절한 사용자를 추가하고 키 사용 권한이 있는 사용자를 사용해야 한다. us-east-1 지역에 MyEBSKey라는 키를 추가했다.

4. 다음: 태그 추가를 클릭해서 키는 Name이라 입력하고, 값에는 MyEC2With EncryptedEBS를 입력한다.

5. 화면의 지시에 따라 EC2 생성을 완료한다. EC2 대시보드 페이지로 이동해 왼쪽 사이드바에서 **볼륨**을 클릭하고, 생성한 볼륨을 선택한 후 새 볼륨의 세부 정보를 확인할 수 있다.

인스턴스와 볼륨 모두에 동일한 태그를 적용할 수 있다.

작동 원리

KMS는 리전별 서비스이므로 암호화와 복호화에 키를 사용해야 하는 동일한 AWS 리전 내에서 KMS 키를 생성해야 한다. 이 예제에서 보듯이 EBS에 AWS 관리 기본 키를 사용하거나 자체 CMK를 사용할 수 있다.

CMK를 사용해 EBS 볼륨을 암호화하려면 KMS 서비스 대시보드에서 CMK를 만들어야 한다. 그러나 EBS에 AWS 관리 기본키를 사용하려면 추가 단계가 필요하지 않다.

EBS에 대한 AWS 관리 기본키의 별칭은 (기본값) aws/kms이고 KMS 키 ID는 alias/aws/ebs다.

추가 사항

이전에는 EC2 인스턴스를 시작하는 동안 루트 볼륨 암호화를 지원하지 않았으므로 루트 볼륨 암호화를 하려면 다음의 단계를 따라 진행해야 했다.

1. 볼륨의 스냅샷을 생성한다.
2. 스냅샷에서 AMI를 생성한다.
3. AMI 사본을 생성한다. 사본을 만드는 동안 target EBS snapshots 옵션을 선택할 수 있다.

현재는 이런 추가 단계를 거치지 않아도 된다.

참고 사항

- EBS에 대한 자세한 정보는 https://aws.amazon.com/ebs를 참고한다.

07

ELB와 CloudFront, WAF를
이용한 웹 보안

로드 밸런서^{Load Balancer}는 서로 다른 시스템에 부하를 분산시켜 신뢰성과 고가용성을 유지할 수 있도록 도와준다. 로드 밸런서는 TLS를 로드 밸런서 레벨에서 종료시키고 필요한 X.509 인증서를 관리하는 단일 장소를 제공한다. 또한 TLS 트래픽의 TCP 통과^{Passthrough}를 수행하고 인스턴스 레벨에서 TLS를 종료할 수 있다. 방화벽은 들어오고 나가는 트래픽을 모니터링하고 통제해 네트워크와 시스템을 보호하는 중요한 보안 메커니즘이다. 7장에서 AWS 내의 로드 밸런서와 방화벽을 구현하는 다양한 방법을 알아본다.

7장에서 다루는 내용은 다음과 같다.

- EC2 인스턴스에서 HTTPS 활성화
- ACM을 이용해 SSL/TLS 인증서 생성

- 클래식^{Classic} 로드 밸런서 생성
- ELB 대상 그룹 생성
- ELB에서 TLS 종료로 애플리케이션 로드 밸런서 사용
- EC2에서 TLS 종료와 함께 네트워크 로드 밸런서 사용
- CloudFront와 TLS를 사용한 S3 보호
- AWS 웹 애플리케이션 방화벽^{WAF, Web Application Firewall}의 설정과 사용

기술 요구 사항

7장에서는 운영 중인 AWS 계정이 필요하며, S3와 CloudFront에 대한 기본 지식은 이 장의 일부 예제를 이해하는 데 도움이 된다.

7장의 소스코드 파일은 다음에서 확인할 수 있다.

https://github.com/PacktPublishing/AWS-Security-Cookbook/tree/master/Chapter07

EC2 인스턴스에 HTTPS 활성화

이 예제에서는 웹 서버로 HTTPS 액세스를 가능하도록 아마존 리눅스 2 EC2 인스턴스에서 TLS를 설정한다.

준비

EC2 인스턴스를 설정하려면 6장의 '사용자 데이터를 사용해 웹 서버 인스턴스의 시작' 절을 따라 한다. 또한 다음이 필요하다.

- 보안 그룹은 모두에게 HTTP(80)와 HTTPS(443)를 허용하며, 로컬 IP에는 SSH(22)를 허용한다.

- 시스템 재부팅 시 아파치 웹 서버를 설치하고 설정해야 한다. EC2 인스턴스로 SSH 접속 후 `sudo systemctl is-enabled httpd` 명령을 실행해 아파치 서버를 사용할 수 있는지 확인하며, 사용 가능[enabled] 메` 시지를 리턴해야 한다.

작동 방법

다음과 같이 아마존 리눅스 2 EC2 인스턴스에 HTTPS를 활성화한다.

1. 다음 명령으로 아파치 `mod_ssl` 모듈을 설치한다.

```
sudo yum install -y mod_ssl
```

성공적으로 설치되면 EC2 인스턴스에 /etc/httpd/conf.d/ssl.conf 파일과 /etc/pki/tls/certs/make-dummy-cert 파일이 생성된다.
ssl.conf 파일에서 Server Certificate와 Server Private Key 항목을 볼 수 있어야 한다.

```
#   Server Certificate:
# Point SSLCertificateFile at a PEM encoded certificate.  If
# the certificate is encrypted, then you will be prompted for a
# pass phrase.  Note that a kill -HUP will prompt again.  A new
# certificate can be generated using the genkey(1) command.
SSLCertificateFile /etc/pki/tls/certs/localhost.crt

#   Server Private Key:
#   If the key is not combined with the certificate, use this
#   directive to point at the key file.  Keep in mind that if
#   you've both a RSA and a DSA private key you can configure
#   both in parallel (to also allow the use of DSA ciphers, etc.)
SSLCertificateKeyFile /etc/pki/tls/private/localhost.key
```

서버 인증서의 이름과 위치, 즉 /etc/pki/tls/certs/localhost.crt를 기록해둔다.

2. ssl.conf 파일을 열어 다음과 같이 서버 프라이빗 키(localhost.key) 항목을 주석 처리한다.

```
#    Server Private Key:
#    If the key is not combined with the certificate, use this
#    directive to point at the key file.  Keep in mind that if
#    you've both a RSA and a DSA private key you can configure
#    both in parallel (to also allow the use of DSA ciphers, etc.)
#SSLCertificateKeyFile /etc/pki/tls/private/localhost.key
```

3. make-dummy-cert 명령을 실행해 ssl.conf 파일에 제공된 Server Certificate 파일의 이름과 위치가 동일한 자체 서명된 더미 인증서self-signed dummy certificate와 프라이빗 키private key를 생성한다.

```
sudo /etc/pki/tls/certs/make-dummy-cert
/etc/pki/tls/certs/localhost.crt
```

TIP
localhost.crt 파일의 내용을 확인하면 아파치 서버에 필요한 대로 인증서와 키가 PEM 형식으로 포함돼 있음을 알 수 있다. 이 더미 인증서와 키를 실제 인증서와 키로 교체할 때 PEM 형식인지 확인해야 한다.

4. 다음 명령으로 아파치 서버를 다시 시작한다.

```
sudo systemctl restart httpd
```

5. https:// 접두사를 이용해 브라우저에서 EC2 인스턴스의 퍼블릭 IP를 입력한다(https://3.85.132.58).

자체 서명 인증서를 사용했기 때문에 연결이 개인용이 아니라는 경고가 표시될 수 있다. Advanced를 클릭한 다음 진행 버튼/링크를 클릭한다. 샘플 웹 페이지에 https 접두사가 로드된 것을 확인할 수 있다.

My Web Server

수정한 index.html 파일을 추가하지 않았다면 기본 아파치 서버 랜딩 페이지를 보게 될 것이다.

작동 원리

먼저 아파치 `mod_ssl` 모듈을 설치했다. 이 모듈은 아파치 서버에 TLS v1.2 지원을 추가한다. 현재 버전의 모듈은 SSL v3과 모든 버전의 TLS도 지원한다. `mod_ssl` 모듈을 설치하면 EC2 인스턴스에 `mod_ssl`의 구성 파일인 ssl.conf 및 더미 인증서와 프라이빗 키 생성을 위한 도우미 스크립트인 make-dummy-cert라는 두 개의 새 파일이 테스트 목적으로 생성된다.

생성된 인증서 파일에는 인증서와 프라이빗 키가 모두 포함돼 있다. 따라서 ssl.conf 파일에서 서버 프라이빗 키 파일 항목을 주석 처리했다. 인증서와 키는 아파치 서버에 필요한 대로 PEM 형식으로 생성된다. 자체 인증서와 키를 추가하는 경우 PEM 형식인지 확인해야 한다.

또한 자체 서명된 인증서를 사용했기 때문에 `https` 접두사를 사용할 때 경고를 받았다. 프로덕션 환경에서는 이런 경고가 발생하지 않도록 신뢰할 수 있는 인증기관CA, Certificate Authority이 서명한 인증서를 사용해야 한다.

추가 사항

오늘날 사용되는 실제 프로토콜은 대부분 TLS지만, HTTPS 프로토콜을 SSL이라고 한다. SSL은 더 이상 사용하기에 안전하지 않은 것으로 간주된다. TLS의 이전 버전인 TLS 1.0, TLS 1.1조차도 현재 사용하지 않는 것이 좋다. 아마존 리눅스 2는 TLS

1.2를 지원하므로 이 예제에서는 이를 사용했다.

참고 사항

- EC2 인스턴스의 SSL/TLS 구성에 대한 자세한 단계는 https://docs.aws. amazon.com/AWSEC2/latest/UserGuide/SSL-on-amazon-linux-2.html 을 참고한다.

▌ ACM으로 SSL/TLS 인증서 생성

이 예제에서는 ACM^AWS Certificate Manager을 사용해 우리가 갖고 있는 퍼블릭 도메인 Public Domain에 대한 X.509 인증서를 생성한다. ACM 퍼블릭 인증서는 ELB^Elastic Load Balancing, 아마존 CloudFront, AWS Elastic Beanstalk, 아마존 API 게이트웨이와 AWS CloudFormation 같은 AWS 서비스와 함께 사용된다.

준비

이 예제를 완료하려면 Route 53에 등록된 도메인이나 외부 등록 기관을 사용한다.

작동 방법

다음과 같이 ACM에서 TLS 인증서를 만들 수 있다.

1. AWS Certificate Manager 대시보드로 이동한다. ACM을 처음 사용하는 경우 시작하기 옵션이 표시된다. 현재 AWS는 인증서 프로비저닝과 사설 인증기관 옵션을 제공한다.

2. 인증서 프로비저닝의 시작하기를 클릭한다. 인증서 가져오기, 공인 인증서 요청, 사설 인증서 요청 옵션을 볼 수 있다.

 사설 인증서 요청 옵션은 사용 가능한 사설 CA가 없는 경우에만 활성화된다.

3. 공인 인증서 요청을 선택하고 인증서 요청을 클릭한다.
4. 도메인 이름 추가란에 정규화된 도메인 이름을 입력하고 다음을 클릭한다. 여기서는 와일드카드 *.heartin.cloud와 함께 도메인 이름을 사용한다.
5. 검증 방법 선택 화면에서 DNS 검증을 선택하고 다음을 클릭한다.
6. 태그 추가 화면에서 필요에 따라 태그를 추가하고 검토를 클릭한다.
7. 상세 내용을 검토하고 확인과 요청을 클릭한다. 목록에서 도메인 이름을 확장해서 유효성 검사를 위해 도메인의 DNS 서버에서 업데이트해야 하는 CNAME 레코드에서 상세 정보를 확인할 수 있다.

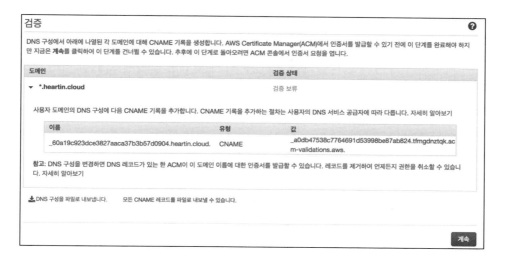

8. CNAME 세부 사항을 기록하고 계속을 클릭한다. 초기 인증서 상태는 검증 보류 상태다.

9. DNS 관리 서비스를 통해 CNAME 세부 정보가 포함된 CNAME 레코드를 추가한다.

10. 인증서 화면으로 이동해 상태를 확인한다. 성공하면 인증서 상태가 발급 ^{Issued}으로 변경된다. 상태가 검증 보류^{Pending validation}의 경우 상태가 발급으로 변경될 때까지 기다렸다가 잠시 후 다시 확인하거나 새로 고침 버튼을 클릭해 페이지를 새로 고친다.

작동 원리

이 예제에서는 ACM을 사용해 인증서를 작성했다. 하나 이상의 도메인 이름에 대한 인증서를 요청할 수 있다. www.heartin.cloud와 같은 정규화된 도메인 이름이나 heartin.cloud의 모든 하위 도메인을 나타내는 *.heartin.cloud와 같은 와일드카드를 사용하는 도메인 이름을 지정해야 한다.

인증서를 발급하기 전에 도메인 소유권을 확인해야 한다. DNS 확인이나 이메일 확인을 통해 이를 수행할 수 있다. 이 예제에서는 DNS 유효성 검사를 수행했다. AWS는 DNS 유효성 검사를 위해 도메인당 CNAME 레코드를 제공한다. 도메인의 DNS 관리 서비스에서 이 CNAME 레코드를 업데이트해야 한다. Route 53은 아마존의 DNS 관리 서비스다.

추가 사항

ACM 퍼블릭 인증서는 ELB, 아마존 CloudFront, AWS Elastic Beanstalk, 아마존 API 게이트웨이, AWS CloudFormation과 같은 AWS 서비스에서 지원된다. AWS에서는 EC2 인스턴스에서 SSL/TLS를 활성화하고자 ACM 퍼블릭 인증서를 사용할 수 없다. 그러나 ACM 사설 CA 발급 인증서는 EC2 인스턴스, 컨테이너, 자체 서버와 함께 사용할 수 있다.

AWS는 ACM을 통해 프로비저닝된 퍼블릭 TLS 인증서에 대해 요금을 청구하지 않는다. 애플리케이션을 실행하고자 생성한 AWS 리소스에 대해서만 비용을 지불하면 된다. 그러나 ACM 개인 인증기관private certificate authority을 작성하는 것은 무료가 아니다. 개인 CA의 경우 발행한 개인 인증서뿐만 아니라 월별 요금이 청구된다. 개인 CA를 삭제한 후에는 요금이 청구되지 않는다. 그러나 개인 CA를 복원하면 삭제된 시간에 대한 요금이 청구된다.

참고 사항

- ACM 서비스 통합에 대한 자세한 내용과 현재 지원되는 서비스 목록은 https://docs.aws.amazon.com/acm/latest/userguide/acm-services.html 을 참고한다.

클래식 로드 밸런서의 생성

클래식 로드 밸런서^{Classic Load Balancer}는 이전 세대 로드 밸런서다. AWS의 권장 사항
은 최신 로드 밸런서 중 하나인 애플리케이션 로드 밸런서나 네트워크 로드 밸런
서를 사용하는 것이다. 그러나 예전 프로젝트의 클래식 로드 밸런서와 EC2-클래
식 모델을 사용해야 하는 경우에는 여전히 클래식 로드 밸런서를 알아야 한다.

준비

이 예제를 완료하려면 두 개의 EC2 인스턴스를 생성해야 한다. 이 작업 단계는 6장
의 '사용자 데이터를 사용해 웹 서버 인스턴스의 시작' 절을 따라 하지만, 다음과
같은 EC2 사용자 데이터 명령을 사용해야 한다.

```
#!/bin/bash
sudo su
yum update -y
yum install -y httpd
systemctl start httpd.service
systemctl enable httpd.service
cd /var/www/html
echo "<html><h1>My Web Server 1</h1></html>" > index.html
```

두 번째 인스턴스에서는 My Web Server 1을 My Web Server 2로 변경한다.

인스턴스 목록에서 생성한 인스턴스가 식별될 수 있도록 이름 태그(키가 이름인 태
그)를 추가한다. 예를 들면 첫 번째 인스턴스는 값을 WebServer1으로, 두 번째 인스
턴스는 값을 WebServer2로 추가한다.

다음 단계를 진행하기 전에 인스턴스가 동작 중이며 브라우저에서 직접 접속할
수 있는지 확인한다. 첫 번째 서버는 다음과 유사한 응답을 보인다.

두 번째 서버는 다음과 유사한 응답을 보인다.

현재 모두에게 HTTP 접근 권한을 부여했다. 추가 보안을 위해 ELB를 구성하고 테스트한 후 ELB 보안 그룹에서만 인스턴스에 대한 액세스를 할 수 있게 제한할 수 있다.

작동 방법

다음과 같이 클래식 로드 밸런서를 생성하고 테스트할 수 있다.

1. 콘솔에서 EC2 서비스로 이동한다.
2. 왼쪽 사이드바에서 로드 밸런서를 클릭한다.
3. 로드 밸런서 생성을 클릭한다. 애플리케이션 로드 밸런서Application Load Balancer, 네트워크 로드 밸런서Network Load Balancer, 클래식 로드 밸런서Classic Load Balancer 의 세 가지 타입 로드 밸런서 옵션을 볼 수 있다. 클래식 로드 밸런서는 현재 이전 세대로 표기돼 회색으로 구분돼 있다.
4. 클래식 로드 밸런서Classic load balancer에서 생성을 클릭한다.
5. 로드 밸런서 이름에는 의미 있는 이름을 지정하고, 나머지 옵션은 기본값으로 둔다.

6. 다음: 보안 그룹 할당을 클릭한다.

7. `0.0.0.0/0`으로부터 HTTP를 허용하는 보안 그룹을 선택한다. 또는 6장 의 '사용자 데이터를 사용해 웹 서버 인스턴스의 시작' 절에서 생성한 MyWebServerSG 보안 그룹을 사용할 수도 있다.

8. 다음: 보안 설정 구성을 클릭한다.

> **TIP**
> 보안 설정 구성(Configure Security Settings) 페이지에서 인스턴스가 프론트엔드 암호화에 HTTPS나 SSL 프로토콜을 사용하지 않는다는 경고를 받게 된다. ELB에서 TLS 종료와 함께 애 플리케이션 로드 밸런서 사용 예제에서 ELB와 HTTPS를 사용하는 방법을 배운다.

9. 다음: 상태 검사 구성을 클릭한다.

10. 상태 검사 구성 페이지에서는 기본값을 사용한다.

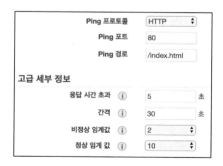

11. 다음: EC2 인스턴스 추가를 클릭한다.

12. EC2 인스턴스 추가 페이지에서 두 개의 인스턴스를 선택하고 나머지 옵션은 기본값으로 둔다.

13. 다음: 태그 추가를 클릭하고 ELB를 위한 적절한 태그를 추가한다(옵션).

14. 검토와 생성을 클릭한다.

15. 검토를 한 후 생성을 클릭한다. 초기에는 인스턴스가 등록되는 동안 상태는 서비스 불능(OutOfService)으로 돼 있음을 볼 수 있다.

인스턴스 등록이 완료되면 상태가 InService로 변경된다.

16. ELB 설명 탭에서 DNS 이름을 복사해 브라우저에서 실행해본다.

← → C   ⓘ Not Secure | myclassicloadbalancer-408376803.us-east-1.elb.amazonaws.com

My Web Server 1

URL을 실행할 때마다 웹 서버 1이나 웹 서버 2에서 응답을 받는다.

작동 원리

먼저 기본 VPC를 선택해 클래식 로드 밸런서를 생성했다. 맞춤형 VPC를 선택할 수도 있다. 내부 로드 밸런서 생성^{Create an internal load balancer} 옵션을 선택하지 않았으므로 로드 밸런서를 내부에 만들 것이다. 내부 로드 밸런서는 프라이빗 IP 주소를 통해 VPC에서만 액세스할 수 있다. 인터넷 연결^{Internet-facing} 로드 밸런서는 퍼블릭 DNS를 가지며 인터넷에서 연결할 수 있다. 고급 VPC 구성 활성화^{Enable advanced VPC configuration} 옵션은 선택하지 않았다. 이 옵션을 사용하면 VPC의 서브넷을 선택할 수 있다.

리스너^{Listener} 구성은 기본값을 사용했다. 로드 밸런서 프로토콜은 HTTP로 설정, 로드 밸런서 포트는 80으로 설정, 인스턴스 프로토콜은 HTTP로 설정, 인스턴스 포트는 80으로 설정했다. 로드 밸런서 프로토콜과 로드 밸런서 포트는 ELB가 수신하는 프로토콜과 포트다. 인스턴스 프로토콜과 인스턴스 포트는 EC2 인스턴스의 프로토콜과 포트다.

로드 밸런서 프로토콜과 인스턴스 프로토콜에 대한 클래식 로드 밸런서에서 지원하는 프로토콜은 HTTP, HTTPS(보안 HTTP), TCP, SSL(보안 TCP)이다.

상태 검사 구성^{Configure Health Check} 화면에서 Ping 프로토콜, Ping 포트와 Ping 경로를 구성했다. 이 정보들은 상태 확인을 위해 인스턴스를 ping하는 데 사용된다. 인스턴스로부터 응답을 기다리는 시간(응답 시간 초과), 상태 확인 간격, 인스턴스를 비정상 상태로 선언하기 전의 연속 실패 횟수(비정상 임곗값)와 인스턴스 건강 상태로 선언하기 전에 연속 성공 횟수(정상 임곗값)를 제공했다. EC2 인스턴스 추가 화면에서 교차 영역 로드 밸런싱 활성화를 선택했다. 이 옵션을 사용하면 AWS는 선택한 모든 가용 영역^{AZ, Availability Zone}의 모든 대상에 트래픽을 균등하게 분산시킨다. 또한 인스턴스 등록이 해제될 때 기존 트래픽이 계속 흐를 수 있도록 connection draining을 활성화했다.

추가 사항

AWS는 3가지 유형의 ELB^{Elastic Load Balancer}, 즉 애플리케이션 로드 밸런서, 네트워크 로드 밸런서, 클래식 로드 밸런서를 지원한다. 애플리케이션 계층에서 기능의 유연한 세트가 필요한 경우 애플리케이션 로드 밸런서를 사용하는 것이 좋다. 애플리케이션 로드 밸런서는 HTTP나 HTTPS 프로토콜만 지원한다. 따라서 TCP와 같은 다른 프로토콜을 사용하고 EC2 인스턴스에서 TLS를 종료하려면 클래식 로드 밸런서를 사용할 수 있는 경우에도 네트워크 로드 밸런서를 사용해야 한다. 또한 최고의 성능이 필요한 경우 네트워크 로드 밸런서를 사용하는 것이 좋다.

클래식 로드 밸런서와 관련된 몇 가지 중요한 개념을 빠르게 살펴보면 다음과 같다.

- 클래식 로드 밸런서를 사용하면 X-forwarded와 고정 세션^{Sticky session} 같은 애플리케이션 계층(OSI 모델의 애플리케이션 계층) 기능을 사용할 수 있다.
- 클래식 로드 밸런서를 사용하면 TCP 트래픽에 엄격한 레이어 4 로드 밸런싱을 사용할 수도 있다.
- 클래식 로드 밸런서에서 504 게이트웨이 시간 초과 오류는 EC2 인스턴스에서 실행 중인 애플리케이션에서 시간 초과가 발생했음을 의미하며, 로드 밸런서에서 시간 초과를 의미하지는 않는다.

- VPC 내에서 클래식 로드 밸런서를 생성할 때 사설(내부) 로드 밸런서나 인터넷 연결Internet-facing 로드 밸런서로 만들지 여부를 선택할 수 있다.
- 클래식 로드 밸런서는 이전 세대 로드 밸런서다. 즉, 레거시legacy EC2 클래식 네트워크와 함께 작업하는 경우에만 사용할 수 있다. AWS는 클래식 로드 밸런서에서 애플리케이션 로드 밸런서로 마이그레이션하기 위한 마이그레이션 마법사를 콘솔에 있는 클래식 로드 밸런서의 마이그레이션 탭에서 제공한다.

AWS의 로드 밸런서와 관련된 몇 가지 중요한 개념을 빠르게 살펴보면 다음과 같다.

- ELB와 연결된 서브넷은 서로 다른 가용 영역에 속해야 한다.
- 고정 세션은 사용자 세션을 하나의 EC2 인스턴스에 바인딩한다.
- EC2 인스턴스에서 요청자requester에 대한 정보를 얻고자 다음 헤더가 제공된다.
  - 요청자의 원래 IP 주소를 획득하기 위한 X-Forwarded-For
  - 요청자가 사용하는 프로토콜을 획득하기 위한 X-Forwarded-Protocol
  - 요청자가 사용하는 포트를 획득하기 위한 X-Forwarded-Port
- 인터넷 연결 로드 밸런서는 퍼블릭 서브넷과 연결돼야 한다.
- 내부 로드 밸런서Internal load balancer는 내부(사설) 서브넷과 연결되며 VPC의 사설 IP 주소에 액세스할 수 있는 인스턴스를 통해서만 연결할 수 있다.

참고 사항

- 클래식 내부 로드 밸런서에 대한 자세한 정보는 https://docs.aws.amazon.com/elasticloadbalancing/latest/classic/elb-internal-load-balancers.html 을 참고한다.

▌ELB 대상 그룹 생성

이 예제에서는 대상 그룹을 생성하는 방법을 배운다. 개별 EC2 인스턴스의 트래픽을 라우팅하는 클래식 로드 밸런서와 달리 애플리케이션 로드 밸런서와 네트워크 로드 밸런서는 트래픽을 대상 그룹으로 라우팅한다.

준비

이 예제를 완료하려면 두 개의 EC2 인스턴스가 필요하다. 이 작업 단계는 6장의 '사용자 데이터를 사용해 웹 서버 인스턴스의 시작' 절을 따라 하지만, 이 장의 '클래식 로드 밸런서의 생성' 절의 '준비' 절과 같이 EC2 사용자 데이터 명령을 사용해야 한다.

인스턴스 리스트에서 생성한 인스턴스가 식별될 수 있도록 이름 태그(키가 이름인 태그)를 추가한다. 예를 들면 첫 번째 인스턴스는 값을 WebServer1으로, 두 번째 인스턴스는 값을 WebServer2로 추가한다.

다음 단계를 진행하기 전에 인스턴스가 동작 중이며 브라우저에서 직접 접속할 수 있는지 확인한다. 추가 보안을 위해 ELB를 구성하고 테스트한 후 ELB 보안 그룹에서만 인스턴스에 대한 액세스를 할 수 있게 제한할 수 있다.

작동 방법

대상 그룹을 다음과 같이 생성할 수 있다.

1. 콘솔에서 EC2 서비스로 이동한다.
2. 왼쪽 사이드바에서 **대상 그룹**을 선택한다.
3. **대상 그룹 생성**을 클릭한다.

4. 대상 그룹 생성 페이지에서 대상 그룹 이름에 의미 있는 이름을 입력한다. 대상 유형은 인스턴스를 선택한다. 프로토콜은 HTTP를 선택하고, 포트는 80으로 선택하고, VPC는 기본 VPC를 선택한다.

5. 상태 검사 설정은 다음과 같이 구성한다.

6. 생성을 클릭한다. 대상 그룹의 대상 탭을 확인해보면 대상이 등록돼 있지 않다.

7. 대상 탭에서 편집을 클릭한다.

8. 인스턴스를 선택하고 **등록된 항목에 추가**를 클릭한다. 인스턴스는 **등록된 대상**에 나타나야 한다. 페이지 하단의 **저장**을 클릭한다. 대상 탭에서 인스턴스의 상태는 unused(미사용)로 보인다.

등록된 대상

인스턴스 ID	이름	포트	가용 영역	상태	설명
i-0fa58d58b16bb17f6	WebServer2	80	us-east-1e	unused	Target group is not configured to receive traffic from the load balancer
i-0d5c6cd0993ac88e7	WebServer1	80	us-east-1c	unused	Target group is not configured to receive traffic from the load balancer

가용 영역

가용 영역	대상 개수	정상 상태?
us-east-1c	1	아니요(가용 영역에 정상 대상이 없음)

대상의 상태는 ELB에 연결된 후에 변경된다.

작동 원리

이 예제에서는 HTTP 프로토콜을 사용해 EC2 인스턴스의 대상 그룹^{Target Group}을 생성했다. HTTP나 HTTPS 프로토콜을 사용한 대상 그룹으로 애플리케이션 로드 밸런서를 생성할 수 있다. 네트워크 로드 밸런서는 TCP나 TLS 프로토콜을 사용한 대상 그룹이 필요하다. IP 주소와 AWS 람다 함수^{Lambda Function}를 위한 대상 그룹을 생성할 수도 있다. IP 주소 옵션^{address option}을 선택해 AWS 외부의 퍼블릭 IP 주소를 선택할 수도 있다.

상태 확인을 위해 프로토콜을 HTTP로 설정하고 경로를 /index.html로 설정한다. 필요한 경우 고급 상태 검사 설정^{Advanced health check setting}에서 포트에 대한 **재정의**^{override} 옵션을 선택해 상태 확인을 위한 포트를 재정의할 수 있다. 인스턴스에서 응답을 기다리는 시간(제한 시간), 상태 확인 간격, 인스턴스를 선언하기 전의 연속 실패의 수(비정상 임곗값), 인스턴스를 선언하기 전에 연속된 성공의 수(정상 임곗값), 성공 여부를 검사하기 위한 HTTP 응답 코드(성공 코드)를 설정할 수 있다.

대상 그룹 인스턴스는 생성 시 초기 상태가 미사용^{unused}이다. ELB에 대상 그룹이 연결되면 상태가 초기화^{initial}로 변경된다. 상태 검사$^{Health\ Check}$가 통과되면 상태가 정상^{healthy}으로 변경된다. 다른 지원되는 상태 표시는 상태 검사 실패를 나타내는 비정상^{unhealthy} 또는 대상이 등록 취소되고 연결 종료$^{connection\ draining}$가 진행 중인 경우를 나타내는 비우기^{draining} 상태가 있다.

추가 사항

이 예제에서는 HTTP 프로토콜을 사용해 대상 그룹을 작성했다. 대상 그룹은 HTTP, HTTPS, TCP, TLS, UDP, TCP_UDP 프로토콜을 사용해 생성할 수 있다.

이 예제의 절차에 따라 다른 프로토콜로 대상 그룹을 생성할 수 있다. 예를 들어 포트가 443으로 설정된 상태에서 프로토콜을 HTTPS로 사용해 대상 그룹을 추가한 후 SSL/TLS가 활성화된 EC2 인스턴스를 대상 그룹에 추가할 수 있다. EC2에서 TLS 종료에 필요한 네트워크 로드 밸런서가 있는 HTTPS 요청의 TCP 통과^{passthrough}를 위해서는 프로토콜을 TCP로 설정해야 하지만 포트는 443으로 설정해야 한다.

참고 사항

- 대상 그룹에 대한 좀 더 자세한 정보는 https://docs.aws.amazon.com/elasticloadbalancing/latest/application/load-balancer-target-groups.html을 참고한다.

▌ELB에서 TLS 종료와 함께 애플리케이션 로드 밸런서 사용

애플리케이션 로드 밸런서는 요청 계층(OSI 모델의 애플리케이션 계층)에서 작동하며 HTTP과 HTTPS 요청에 사용된다. 애플리케이션 로드 밸런서는 요청과 경로 파라미터 기반 라우팅을 위해 애플리케이션 레이어에서 고급 라우팅 기능을 제공한다. 마이크로 서비스 아키텍처와 같은 아키텍처 패턴은 애플리케이션 로드 밸런서를 사용해 요청 파라미터를 사용하는 동안 다른 웹 서버로 요청을 라우팅할 수 있다.

준비

이 예제를 완료하려면 대상 그룹을 생성해야 한다. 이 장의 'ELB 대상 그룹 생성' 절을 참고하고, 아파치 웹 서버가 설정돼 있고 HTTP와 SSH 접속을 허용하는 보안 그룹이 있는 EC2 인스턴스 두 개를 추가해 이를 진행한다.

ELB 수신 프로토콜로 HTTPS(Secure HTTP)를 선택할 때는 ACM 인증서가 필요하다. 이 장의 ACM으로 SSL/TLS 인증서 생성 예제로 ACM 인증서를 생성한다. HTTP 프로토콜을 사용한다면 인증서는 필요하지 않다.

작동 방법

다음과 같이 애플리케이션 로드 밸런서를 생성하고 테스트할 수 있다.

1. 콘솔에서 EC2 서비스로 이동한다.
2. 왼쪽 사이드바의 로드 밸런서를 클릭한다.
3. 로드 밸런서 생성을 클릭한다. 애플리케이션 로드 밸런서, 네트워크 로드 밸런서, 클래식 로드 밸런서의 세 가지 타입 로드 밸런서 옵션을 볼 수 있다.
4. 애플리케이션 로드 밸런서에서 생성을 클릭한다.

5. 로드 밸런서 구성 화면에서 이름에 의미 있는 이름을 입력한다. 체계는 인터넷 경계를 선택하고, IP 주소 유형은 ipv4를 선택한다.

이름 ⓘ	MyApplicationLoadBalancer
체계 ⓘ	◉ 인터넷 경계 ○ 내부
IP 주소 유형 ⓘ	ipv4 ▲▼

6. 리스너에서 로드 밸런서 프로토콜은 HTTPS(보안 HTTP)로 선택하고, 로드 밸런서 포트는 443으로 선택한다.

리스너

리스너는 구성한 프로토콜 및 포트를 사용하여 연결 요청을 확인하는 프로세스입니다.

로드 밸런서 프로토콜	로드 밸런서 포트
HTTPS (보안 HTTP) ▲▼	443

리스너 추가

7. 가용 영역에서 기본 VPC를 선택하고 생성한 인스턴스가 포함된 가용 영역을 선택한다.

가용 영역

로드 밸런서에서 활성화할 가용 영역을 지정합니다. 로드 밸런서는 지정한 가용 영역에 위치한 대상으로만 트래픽을 라우팅합니다. 가용 영역당 1개의 서브넷만 지정할 수 있습니다. 로드 밸런서의 가용성을 높이려면 2개 이상의 가용 영역에서 서브넷을 지정해야 합니다.

VPC ⓘ	vpc-0d2a1777a67fe8d9e (172.31.0.0/16) (기본값) ▲▼
가용 영역	☐ us-east-1a subnet-048a972a0d23addd1 ▲▼
	☐ us-east-1b subnet-084c44d34c1e2a0f1 ▲▼
	☑ us-east-1c subnet-08849ee88741aba38 ▲▼
	IPv4 주소 ⓘ AWS에서 할당
	☐ us-east-1d subnet-078fa3e9c38e13777 ▲▼
	☑ us-east-1e subnet-0711819823a98bb9e ▲▼
	IPv4 주소 ⓘ AWS에서 할당
	☐ us-east-1f subnet-0cb269d10a1b3d6c7 ▲▼

8. 다음: 보안 설정 구성을 클릭한다.

9. 보안 설정 구성에서 인증서 유형은 ACM에서 인증서 선택 (권장)을 선택하고, 인증서 이름은 이 예제에서 생성한 인증서를 선택한다. 자세한 내용은 '준비' 절을 참고한다.

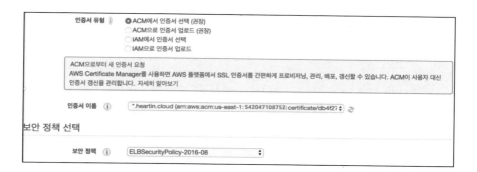

10. 다음: 보안 그룹 구성을 클릭한다.

11. **0.0.0.0/0**으로부터 HTTP와 HTTPS를 허용하는 보안 그룹을 선택한다. 또는 6장의 '사용자 데이터를 사용해 웹 서버 인스턴스의 시작' 절에서 생성한 MyWebServerSG 보안 그룹을 사용할 수도 있다.

12. 다음: 라우팅 구성을 클릭한다.

13. 라우팅 구성 페이지에서 대상 그룹 섹션은 우리의 대상 그룹으로 선택한다.

14. 상태 검사 설정을 검토하고 **다음: 대상 등록**을 클릭한다.

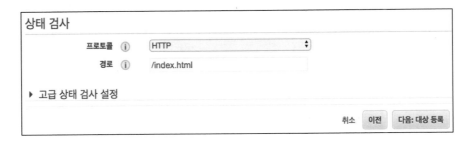

15. 대상 등록 페이지에서 등록된 대상을 검토하고 **다음: 검토**를 클릭한다.

16. 검토 페이지에서 로드 밸런서 설정을 검토하고 **생성**을 클릭한다. 대상 그룹으로 이동하면 인스턴스 **상태**가 초기화initial 상태가 되며, 얼마 후 **상태**가 정상healthy으로 변경된다.

17. ELB의 설명 탭에서 DNS 이름을 복사하고 브라우저에서 `https://` 접두사를 포함해 실행한다. 연결이 안전하지 않다는 경고가 표시되면 **고급**을 클릭하고 진행 버튼/링크를 클릭한다. Web Server 1이나 Web Server 2의 웹 페이지가 로드된 것을 볼 수 있다.

 URL(ELB DNS)이 인증서 도메인(이 경우에는 `*.heartin.cloud`)과 일치하지 않으므로 경고가 표시된다.

18. 선택적으로 이름(또는 호스트)을 `mywebserver.heartin.cloud`(DNS 서비스 공급자가 도메인 이름을 자동으로 추가하는 경우 `mywebserver`만 해당)로 설정하고 DNS 이름으로 값(또는 Points)인 CNAME 레코드를 생성한다. 예를 들어

```
myapplicationloadbalancer-1459898280.us-east-1.elb.amazonaws.com
```
이다. 이후 `https://mywebserver.heartin.cloud`를 실행하고 성공적인 응답을 얻을 수 있다.

 DNS나 다른 관련 변경 내역을 업데이트할 경우 전파 지연이 발생할 수 있으며, 이는 DNS 서비스 공급자마다 다르다.

Route 53 계정 생성과 도메인 서버 이름 변경, 하위 도메인에 대한 CNAME 레코드 추가 등을 포함해 도메인을 ELB로 지정하는 방법에는 여러 가지가 있다.

작동 원리

이 예제에서는 인터넷 접점^Internet-facing 로드 밸런서를 생성했다. 수신 프로토콜로 HTTPS(Secure HTTP)를 설정하고 Configure Security Settings 페이지에서 ACM 인증서를 선택했다. 보안 정책^Security Policy 은 Security policy to ELBSecurityPolicy-2016-08로 설정했다. 보안 정책은 클라이언트와 SSL 연결을 협상하는 데 사용되는 SSL 협상 구성^negotiation configuration 이다.

ELB 레벨에서 TLS를 종료했다. ELB에서 인스턴스로의 연결은 TLS가 없는 점을 유의한다. 애플리케이션 로드 밸런서는 ELB 레벨에서 TLS/SSL 종료만 지원한다. 네트워크 로드 밸런서와 클래식 로드 밸런서는 TCP 프로토콜에 포트 443을 사용해 EC2 인스턴스 레벨에서의 TLS/SSL 종료에 사용된다.

> HTTPS 요청을 위해 ELB에서 TLS를 종료하면 요청이 ELB에서 복호화되고 VPC 내의 프라이빗 네트워크를 통해 EC2 인스턴스로 암호화되지 않은 상태로 전송된다. EC2 인스턴스에서 HTTPS 요청의 TLS를 종료하면 요청이 ELB에서 복호화되지 않고 EC2 인스턴스에서만 복호화된다.
>
> ELB 레벨에서 TLS를 종료하면 EC2 인스턴스에서 TLS 종료의 오버헤드가 발생하지 않으며 좀 더 효율적이다. 그러나 종단 간 암호화에 대한 준수 요구 사항이 있는 경우 EC2 인스턴스 수준에서 종료해야 한다.

추가 사항

애플리케이션 로드 밸런서의 중요한 컨셉을 빠르게 살펴보면 다음과 같다.

- 애플리케이션 로드 밸런서는 HTTP나 HTTPS 프로토콜만 지원한다. TCP와 같은 다른 프로토콜의 경우 네트워크 로드 밸런서나 클래식 로드 밸런서를 사용해야 한다.
- 애플리케이션 로드 밸런서는 ELB 레벨에서 TLS/SSL 종료만 지원한다.
- 대상 그룹 수준에서 애플리케이션 로드 밸런서에 대한 고정 세션^{Sticky session}을 활성화할 수 있다. 그러나 애플리케이션 로드 밸런서를 사용해 개별 EC2 인스턴스에서 고정 세션을 활성화할 수는 없다.
- 경로 패턴^{Path pattern}이 활성화된 경우 애플리케이션 로드 밸런서를 사용해 경로 기반 라우팅^{Path-based routing}을 수행할 수 있다.
- SSL/TLS 협상^{Negotiation}용 보안 정책^{Security policy}은 기본값인 ELBSecurityPolicy-2016-08로 설정했다. 사용 가능한 정책 목록에는 ELBSecurityPolicy-2016-08, ELBSecurityPolicy-TLS-1-2-2017-01, ELBSecurityPolicy-TLS-1-1-2017-01, ELBSecurityPolicy-TLS-1-2-Ext-2018-06, ELBSecurityPolicy-FS-2018-06, ELBSecurityPolicy-2015-05, ELBSecurityPolicy-TLS-1-0-2015-04, ELBSecurityPolicy-FS-1-2-Res-2019-08, ELBSecurityPolicy-

FS-1-1-2019-08, ELBSecurityPolicy-FS-1-2-2019-08이 있다.

참고 사항

- 애플리케이션 로드 밸런서의 리스너^{Listener} 생성에 대한 자세한 정보는 https://docs.aws.amazon.com/elasticloadbalancing/latest/application/create-https-listener.html을 참고한다.

▌ EC2에서 TLS 종료와 함께 네트워크 로드 밸런서 사용

네트워크 로드 밸런서는 TCP 트래픽의 로드 밸런싱에 사용되며, OSI 모델의 4계층에서 동작한다. 다른 로드 밸런서에 비해 높은 성능을 제공하며 대기 시간이 짧아 초당 수백만 건의 요청을 지원할 수 있다.

준비

이 예제를 완료하려면 대상 그룹을 생성해야 한다. 'ELB 대상 그룹 생성' 예제를 참고해 수행할 수 있으나, 아파치 웹 서버가 설정돼 있고 HTTP와 HTTPS, SSH를 허용하는 보안 그룹이 있는 두 개의 EC2 인스턴스가 필요하다. 그리고 다음의 예외를 적용해야 한다.

- 'EC2 인스턴스에 HTTPS 활성화' 예제에 따라 EC2 인스턴스에 HTTPS를 활성화한다.
- 대상 그룹의 프로토콜로 HTTP 대신 TCP를 선택하고 포트를 443으로 설정한다.

대상 그룹의 설명 탭은 다음과 같아야 한다.

설명 대상 상태 검사 모니터링 태그		
기본 구성		
이름 ⓘ	MyTCPTLSTargetGroup	
ARN ⓘ	arn:aws:elasticloadbalancing:us-east-1:542047108752:targetgroup/MyTCPTLSTargetGroup/016abdf09f0bcbaa ⧉	
프로토콜 ⓘ	TCP	
포트 ⓘ	443	
대상 유형 ⓘ	instance	
VPC ⓘ	vpc-0d2a1777a67fe8d9e	
로드 밸런서 ⓘ	MyNetworkLoadBalancer	

`https://` 접두사를 사용해 인스턴스에 접속할 수 있는지 확인한다.

작동 방법

다음과 같이 EC2 인스턴스에서 TLS 종료를 사용해 네트워크 로드 밸런서를 생성하고 테스트할 수 있다.

1. 콘솔에서 EC2 서비스로 이동한다.
2. 왼쪽 사이드바의 로드 밸런서를 클릭한다.
3. 로드 밸런서 생성을 클릭한다. 애플리케이션 로드 밸런서, 네트워크 로드 밸런서, 클래식 로드 밸런서의 세 가지 타입 로드 밸런서 옵션을 볼 수 있다.
4. 네트워크 로드 밸런서에서 생성을 클릭한다.
5. 로드 밸런서 구성 화면에서 이름에 의미 있는 이름을 입력한다. 체계는 인터넷 경계를 선택한다.
6. 리스너에서 로드 밸런서 프로토콜은 TCP를 선택하고 로드 밸런서 포트 값을 443으로 설정한다.
7. 가용 영역에서 기본 VPC를 선택하고 두 개의 가용 영역을 선택한다. 이 예의 경우 us–east–1b와 us–east–1c를 선택했다.
8. 다음: 보안 설정 구성을 클릭한다.
9. 다음: 라우팅 구성을 클릭한다.

342

10. 라우팅 구성 페이지에서 대상 그룹은 기존 대상 그룹으로 선택하고, 이름은 '준비' 절에서 생성한 대상 그룹을 선택한다. **프로토콜**은 TCP로 선택하고 **포트**는 443을 설정한다.

11. 상태 검사 설정을 검토하고 다음: 대상 등록을 클릭한다.

12. 대상 등록 페이지에서 등록된 대상을 확인하고 다음: 검토를 클릭한다.

13. 검토 페이지에서 로드 밸런서 설정을 확인하고 **생성**을 클릭한다. 초기에 NLB의 상태는 provisioning이다. 대상 그룹으로 이동해 상태를 확인하면 initial일 것이다. 얼마간의 시간 후 NLB의 상태는 active로 변경되고, 대상 그룹의 상태는 healthy로 변경된다.

14. 브라우저의 URL에 https:// 접두사를 포함해 실행한다. 연결이 안전하지 않다는 경고가 표시되면 고급을 클릭하고 진행 버튼/링크를 클릭한다. Web Server 1 또는 Web Server 2의 웹 페이지가 로드된 것을 볼 수 있다.

자체 서명된 인증서를 사용하므로 경고가 표시된다. CA가 서명한 인증서를 사용하면 경고가 표시되지 않는다.

작동 원리

이 예제에서는 TLS 종료와 함께 네트워크 로드 밸런서를 생성했다. 대부분의 옵션은 이 장의 'ELB에서 TLS 종료와 함께 애플리케이션 로드 밸런서 사용' 절에서 본 것과 동일하다. 이 예제에서 TCP 프로토콜과 포트 443을 사용했다. 이는 NLB가 ELB 수준에서 복호화하지 않고 EC2 인스턴스에 HTTPS 요청을 전달할 수 있게 하고자 수행됐다. 또한 대상 그룹은 TCP 통과 허용passthrough을 위해 TCP 프로토콜과 포트 443으로 구성했다. TCP 대신 TLS(Secure TCP)를 선택하면 NLB는 ELB 자체에서 요청을 복호화한다.

추가 사항

이 예제에서는 HTTPS 요청에 대해 TCP 통과 허용을 수행하고 EC2 인스턴스에서 TLS 종료를 수행했다. EC2 인스턴스에서 TLS 종료는 더 많은 EC2 자원을 소비하고 EC2 인스턴스에 추가 로드를 제공한다. 또한 모든 EC2 인스턴스에서 인증서를 관리해야 한다. 그러나 규정 준수나 정부의 정책으로 종단 간 암호화end-to-end encryption가 요구될 경우 이 방법이 선호된다. 그렇지 않은 경우 이 장의 'ELB에서 TLS 종료와 함께 애플리케이션 로드 밸런서 사용' 절에서 본 것과 같이 ELB 레벨에서 SSL/TLS 종료를 수행하는 것이 선호되는 방법이다. NLB에서 SSL/TLS를 종료하고자 프로토콜을 TLS(Secure TCP)로 설정하고 ACM 인증서를 선택해야 한다.

참고 사항

- 네트워크 로드 밸런서의 TLS 종료에 대한 자세한 내용은 https://aws.amazon.com/blogs/aws/new-tls-termination-for-network-load-balancers를 참고한다.

CloudFront와 TLS를 이용한 S3 보호

이 예제에서는 CloudFront 배포 레이어를 추가해 S3 버킷을 보호하는 방법을 배운다. CloudFront 배포에 HTTPS 트래픽만 허용하도록 SSL/TLS를 활성화한다. 이를 구성해 HTTP 요청을 HTTPS 요청으로 리디렉션^{Redirection}할 수 있다. 이 예제에는 기본 CloudFront 인증서(*.cloudfront.net)가 사용된다.

준비

이 예제의 단계를 연습하려면 S3 버킷이 필요하다. S3 버킷을 설정하려면 다음 단계를 진행한다.

1. 콘솔에서 S3 버킷으로 이동한다.
2. S3 버킷을 생성한다.
3. 버킷에 index.html을 업로드한다.

이 예제의 사용자 지정 도메인과 ACM 인증서를 사용한 CloudFront 배포 섹션을 위해 ACM 인증서가 필요하다. 이 장의 'ACM으로 SSL/TLS 인증서 생성' 절에 따라 ACM 인증서를 생성할 수 있다.

작동 방법

사용자 지정 도메인의 유무에 관계없이 S3 버킷에 CloudFront 배포를 추가할 수 있다.

CloudFront 기본 도메인을 사용한 CloudFront 배포

다음과 같이 기본 CloudFront 도메인과 인증서를 사용해 S3 버킷에 CloudFront 배포를 추가할 수 있다.

1. 콘솔에서 CloudFront로 이동한다.

2. Create Distribution을 클릭한다. Web과 RTMP 배포를 생성하는 옵션이 표시된다.

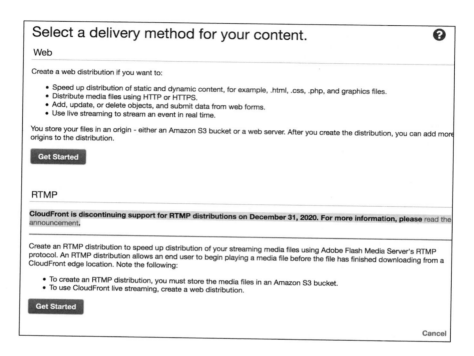

3. Web distribution의 Get Started를 클릭한다.

4. Origin Setting을 다음과 같이 설정한다.

   Origin Domain Name은 '준비' 절에서 생성한 S3를 선택한다. Orign Path는 빈칸으로 둔다. Origin ID는 자동으로 채워지는 값을 사용하고, Restrict Bucket Access는 Yes를 선택한다. Origin Access Identity는 Create a New Identity를 선택한다. Comment는 `access-identity-mycfdemo`로 설정하고, Grant Read Permissions on Bucket은 Yes, Update Bucket Policy로 선택한다.

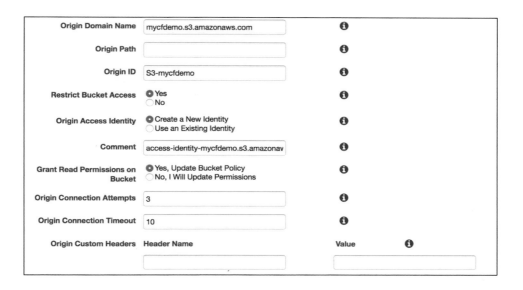

5. Default Cache Behavior Settings에서 Viewer Protocol Policy는 Redirect HTTP to HTTPS를 선택한다.

6. Distribution Settings에서 SSL Certificate는 Default CloudFront Certificate (*.cloudfront.net)를 선택한다. Default Root Object에는 `index.html`을 입력한다.

7. 다른 옵션은 기본값을 사용하고 Create Distribution을 클릭한다. 왼쪽 사이드바에서 Distributions를 클릭한다. 초기에는 distribution의 Status는 In Progress다. 시간이 지난 뒤 Status는 Deployed로 바뀐다.

8. Status가 Deployed로 되면 브라우저에서 도메인 네임을 실행한다. 생성한
   웹 페이지가 로드되는 것을 보게 된다.

다음으로 자체 ACM 인증서와 함께 사용자 지정 도메인을 사용하는 방법을 알아
본다.

사용자 지정 도메인과 ACM 인증서를 사용한 CloudFront 배포

다음과 같이 사용자 지정 도메인과 ACM 인증서를 사용해 S3 버킷에 CloudFront
배포를 추가할 수 있다.

1. 이 예제의 'CloudFront 기본 도메인을 사용한 CloudFront 배포' 절을 참고
   해 1부터 5까지의 단계를 진행한다.

2. Distribution Settings에서 Alternate Domain Names (CNAMEs)는 *.heartin.
   cloud를 입력하고, SSL Certificate에는 Custom SSL Certificate (example.com)
   를 선택하고 '준비' 절에서 생성한 ACM 인증서[certificate]를 선택한다.

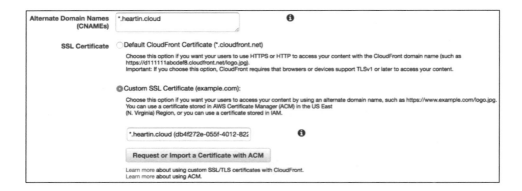

3. Default Root Object에는 `index.html`을 입력한다. 다른 옵션은 기본값으로 두고 Create Distribution을 클릭한다. 왼쪽 사이드바의 Distributions를 클릭한다. 초기에는 Status가 In Progress 상태며, 시간이 지난 후 Status는 Deployed로 변경된다.

4. 이름(또는 호스트)은 `mywebserver.heartin.cloud`(DNS 서비스 공급자가 도메인 이름을 자동으로 추가하는 경우 `mywebserver`만 해당)로 설정하고 CloudFront 도메인 이름으로 값(또는 Points)인 CNAME 레코드를 생성한다. 예를 들어 `d1zg59o9q1p927.cloudfront.net`이다.

5. `https://mywebserver.heartin.cloud`를 실행하고 성공적인 응답을 얻을 수 있다.

이전 URL 대신 CloudFront 도메인 이름으로 구성된 URL을 사용해 웹 페이지에 연결할 수도 있다. 예를 들어 `d1zg59o9q1p927.cloudfront.net`이다.

작동 원리

이 예제에서는 HTTPS를 이용해 S3 버킷에 안전하게 접속하고자 프라이빗 S3 버킷 위에 CloudFront 배포 계층^distribution layer^을 생성했다. 모든 HTTP 요청을 HTTPS 요청으로 방향을 수정^redirection^하도록 이를 구성했다. HTTP와 HTTPS를 선택하면 HTTP와 HTTPS 요청이 모두 허용된다. HTTPS만(Only HTTPS)을 선택하면 모든 HTTP 요청이 폐기된다.

이 예제의 'CloudFront 기본 도메인을 사용한 CloudFront 배포' 절에서 SSL에 CloudFront(`*.cloudfront.com`)에서 제공되는 기본 인증서를 사용했다. 이 인증서를 사용하면 인증서를 생성할 필요 없이 HTTPS를 사용할 수 있다. 이 예제의 '사용자 지정 도메인과 ACM 인증서를 사용한 CloudFront 배포' 절에서 대체 도메인 이름^{Alternate Domain Name}(CNAMEs)에 와일드카드 도메인 이름(* .heartin.cloud)을 지정했다. 이를 통해 DNS 서비스 제공업체 측에서 모든 하위 도메인을 CNAME 레코드로 입력하면 우리의 웹 페이지로 전달될 수 있다.

사용자 정의 도메인을 위해 생성된 ACM 인증서를 선택했다. CloudFront 도메인 이름을 가리키는 DNS 서비스 제공업체에 CNAME 레코드를 입력했다. DNS 서비스 공급자 서버에서 CNAME 레코드를 추가하는 정확한 단계는 DNS 서비스 공급자에 따라 다를 수 있다. 자세한 내용은 DNS 서비스 제공업체 설명서(https://aws.amazon.com/route53/what-is-dns/)를 참고한다.

추가 사항

이 예제에서는 자체 ACM 인증서를 사용하고, 이를 외부 DNS 제공업체에서 구성한 CNAME으로 사용해 하위 도메인을 통해 S3 버킷의 웹 페이지에 액세스할 수 있었다. 이를 대신해 Route 53으로 도메인의 DNS를 관리하고 최상위 도메인을 CloudFront 배포^{distribution}로 가리킬 수 있다.

참고 사항

- Route 53을 사용해 CloudFront 배포로 트래픽을 라우팅하는 자세한 방법은 https://docs.aws.amazon.com/Route53/latest/DeveloperGuide/routing-to-cloudfront-distribution.html을 참고한다.

▎웹 애플리케이션 방화벽(WAF)의 설정과 사용

AWS 웹 애플리케이션 방화벽^{WAF, Web Application Firewall}은 웹 트래픽을 모니터링하기 위한 방화벽 서비스다. 포트와 IP 주소만 점검하는 보안 그룹이나 NACL과는 달리 AWS WAF는 SQL 인젝션, 크로스사이트 스크립팅^{Cross-site scripting}과 같은 알려진 공격을 유발할 수 있는 악성 콘텐츠를 찾을 수 있다. 현재 WAF는 API 게이트웨이, CloudFront, 애플리케이션 로드 밸런서와 함께 사용할 수 있다. WAF는 EC2, Route 53과 같은 서비스에서 직접 사용할 수 없다.

준비

CloudFront 배포를 사용해 WAF를 생성하려면 이 장의 'CloudFront와 TLS를 이용한 S3 보호' 절을 참고해 S3 버킷을 통해 CloudFront 배포를 생성한다.

 WAF는 API 게이트웨이, CloudFront, 애플리케이션 로드 밸런서와 함께 사용할 수 있다. 이 예제의 단계를 조금 변경하면 애플리케이션 로드 밸런서나 API 게이트웨이를 통해 WAF를 사용할 수 있다. 그러나 CloudFront Distribution은 글로벌 서비스지만 애플리케이션 로드 밸런서와 API 게이트웨이는 지역별(Regional) 서비스라는 점은 주목할 만하다.

작동 방법

CloudFront 배포를 위해 다음과 같이 AWS WAF를 생성하고 설정할 수 있다.

1. AWS WAF and AWS Shield 대시보드에 로그인한다. AWS WAF와 AWS Shield, AWS Firewall Manager의 이동 링크가 보일 것이다.

2. AWS WAF로 이동한다. 새로운 AWS WAF 랜딩 페이지를 볼 수 있다.

3. Create web ACL을 클릭한다.

4. Web ACL details 섹션에서 Name 필드에 이름을 입력한다. 선택적으로 Description 필드에 설명을 입력할 수 있다. CloudWatch metric name 필드는 자동으로 기입되는 값을 사용한다. Resource type 필드는 CloudFront distributions를 선택한다.

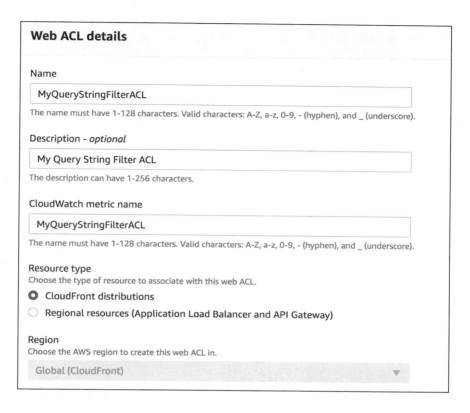

Web ACL details

Name

MyQueryStringFilterACL

The name must have 1-128 characters. Valid characters: A-Z, a-z, 0-9, - (hyphen), and _ (underscore).

Description - *optional*

My Query String Filter ACL

The description can have 1-256 characters.

CloudWatch metric name

MyQueryStringFilterACL

The name must have 1-128 characters. Valid characters: A-Z, a-z, 0-9, - (hyphen), and _ (underscore).

Resource type
Choose the type of resource to associate with this web ACL.
- CloudFront distributions
- Regional resources (Application Load Balancer and API Gateway)

Region
Choose the AWS region to create this web ACL in.

Global (CloudFront) ▼

5. 하단의 Associated AWS resources 섹션에서 Add AWS Resources를 클릭한다.

6. Add AWS resources 화면에서 이 예제의 '준비' 절에서 생성한 CloudFront distribution을 선택하고 Add를 클릭한다.

7. Associated AWS resources 섹션으로 돌아오면 우리가 생성한 CloudFront distribution을 선택하고 Next를 클릭한다.

8. Add rules and rule groups 페이지에서 Add rules 드롭다운을 펼쳐 Add my own rules and rule groups를 선택한다.

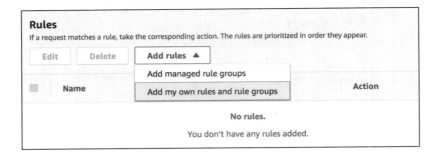

9. Add my own rules and rule groups 페이지에서 Rule builder를 클릭한다.

 규칙 작성기(Rule builder) 외에도 IP set과 Rule group 룰 유형을 선택할 수 있다.

10. Rule builder의 Rule 섹션에서 Name 필드에 이름을 입력하고, Type은 Regular rule로 설정한다.

11. If 섹션 아래에 Statement를 추가해 쿼리 문자열에 **badstring**이라는 단어가 포함돼 있는지 확인한다.

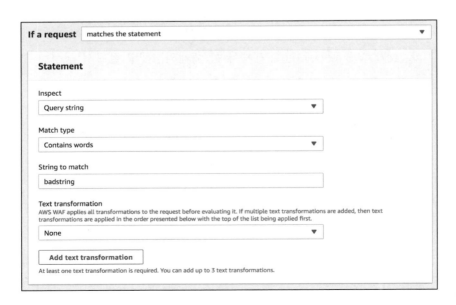

12. Then 섹션에서 Action을 Block으로 선택하고 Add rule을 클릭한다.

13. Add rules and rule groups 페이지에서 Default web ACL action for requests that don't match any rules는 Allow를 선택하고 Next를 클릭한다.

14. Set rule priority 페이지에서 생성한 Rule을 선택하고 Next를 클릭한다.

15. Configure metrics 페이지에서 생성한 Rule을 선택한다. CloudWatch metric name에 자동으로 기재된 값을 사용하며, Next를 클릭한다.

16. Review and create web ACL 페이지에서 변경 내역을 검토하고 Create web ACL을 클릭한다. CloudFront distribution로 이동하면 Status는 In Progress 상태며, Status가 Deployed로 바뀔 때까지 기다린다.

17. Status가 Deployed로 바뀌면 브라우저에 badstring을 포함하는 쿼리 스트링이 URL로 이동한다. 예를 들어 https://d1zg59o9q1p927.cloudfront.net/name=badstring이다.

다음과 같이 403 에러 메시지를 보게 된다.

URL 내에서 **badstring**이라는 단어를 사용하지 않으면 오류는 발생하지 않는다.

18. CloudFront Distribution에서 WEB ACL을 분리하고 Status가 Deployed로 변경될 때까지 기다린 후 **badstring**이 포함된 쿼리 문자열을 사용해 브라우저에서 URL을 다시 실행한다. 이번에는 오류 없이 페이지가 성공적으로 로드될 것이다.

19. 다른 방법으로 다음과 같이 CloudFront 대시보드에서 CloudFront Distribution의 웹 ACL을 분리할 수 있다.

   1. CloudFront Distribution을 선택한다.

   2. Distribution Settings를 선택하고, Edit를 클릭한다.

   3. AWS WEB ACL에서 None을 선택한다.

20. 또한 다음과 같이 WAF 대시보드에서 CloudFront Distribution과 웹 ACL을 분리할 수 있다.

   1. 생성한 WEB ACL을 클릭한다.

   2. Associated AWS resources 탭으로 이동한다.

   3. 생성한 CloudFront distribution을 선택한다.

   4. Remove를 클릭한다.

작동 원리

웹 ACL은 AWS WAF의 기본 구성 요소다. 웹 ACL은 하나 이상의 규칙을 포함한다. 규칙은 조건문(예, IP 주소 범위에서 접근 차단)을 포함한다. 우리는 규칙 작성기[Rule Builder]를 사용해 자체 규칙을 추가했다. 규칙 작성기는 IF 파트와 THEN 파트가 있으며, IF 파트에는 조건을 포함하고 THEN 파트에는 IF 파트의 조건을 충족할 때 취하는 액션이 포함된다. 이 예제에서 쿼리 문자열에 문자열[string], `badstring`이 포함돼 있는지 확인하고 이런 요청을 차단하는 간단한 규칙을 추가했다.

IF 파트에는 헤더[Header], 단일 쿼리 파라미터[Single query parameter], 모든 쿼리 파라미터, URI 경로[path], Query 문자열, 본문[Body], HTTP 메서드[method]와 같은 요청 컴포넌트[Request Component]를 검사할 수 있다. 또한 IP 주소가 IP 세트의 일부이거나 특정 국가에서 요청되는 것인지 검사할 수 있다. 이 예제에서 일반적인 규칙을 만들었다. 단일 사용자의 요청에 대한 속도 제한[rate limit]을 설정하는 속도 기반 규칙[Rate-based rule]을 만들 수 있다. 예를 들어 WAF는 잘못된 요청의 수(4xx 에러)를 기반으로 사용자를 차단할 수 있다.

WAF 대시보드의 왼쪽 사이드바에서 일부 조건에 사용되는 IP 세트와 정규식 패턴 세트[Regex pattern sets], 규칙 그룹[Rule group]과 같은 지원 리소스를 생성할 수 있다. WAF 대시보드의 왼쪽 사이드바에 있는 AWS Marketplace 링크를 사용해 AWS Marketplace 규칙 그룹을 찾을 수 있다. 자체 그룹을 생성하는 대신 AWS 관리형 규칙 그룹을 추가할 수도 있다. 현재 콘솔에는 AWS managed rule groups, Cyber Security Cloud Inc. managed security groups, Fortinet managed rule groups의 세 가지 관리형 규칙 그룹이 있다.[1]

---

1. 현재 콘솔에는 AWS 관리형 규칙 그룹, Cyber Security Cloud사의 관리형 규칙 그룹, Fortinet의 관리형 규칙 그룹, GeoGuard의 관리형 규칙 그룹, Imperva의 관리형 규칙 그룹의 다섯 가지 관리형 규칙 그룹이 있다. – 옮긴이

다음은 현재 관리자 페이지를 위한 AWS managed rule groups: Admin protection에서 사용할 수 있는 규칙 그룹이다.

- 아마존 위협 인텔리전스^{Threat Intelligence}를 기반으로 하는 아마존 IP 평판 목록^{Reputation list}
- 웹 애플리케이션에 대한 일반 규칙이 포함된 핵심 규칙 집합^{Core rule set}
- 유효하지 않으며 취약점으로 연결되는 요청 패턴을 가진 알려진 잘못된 입력^{Known bad inputs}
- 리눅스 취약점 관련 특정 규칙이 있는 리눅스 운영체제
- PHP 취약점 관련 특정 규칙이 있는 PHP 애플리케이션
- LFI 공격과 같이 POSIX/POSIX 유사 OS 특유의 취약성에 대한 규칙이 있는 POSIX 운영체제
- SQL 인젝션 공격^{Injection attacks}과 같은 SQL 데이터베이스 취약성과 연관된 규칙이 있는 SQL 데이터베이스
- 윈도우 취약점 관련 특정 규칙이 있는 윈도우 운영체제
- WordPress 사이트 취약점 관련 특정 규칙이 있는 WordPress 애플리케이션

다음은 현재 Cyber Security Cloud Inc. 관리 보안 그룹에서 사용할 수 있는 규칙 그룹이다. OWASP API 보안/서버리스 10대 위협을 완화하거나 최소화하고자 설계된 Cyber Security Cloud Managed Rules for AWS WAF – API Gateway/Serverless, OWASP 10대 웹 애플리케이션 위협을 완화하고 최소화하고자 설계된 Cyber Security Cloud Managed Rules for AWS WAF – HighSecurity OWASP Set이 있다. Fortinet 관리형 규칙 그룹에는 OWASP 10대 위협에 대응하고자 설계된 OWASP Top 10 – The Complete Ruleset이 있다.

OWASP는 Open Web Application Security Project의 약어다. OWASP에 대한 자세한 내용은 https://www.owasp.org를 참고한다.

추가 사항

이 책의 작성 시점에는 '작동 방법' 절에서 확인했듯이 AWS WAF와 AWS Shield 서비스는 동일한 홈 페이지에 구성돼 있다. 이 예제에서는 AWS WAF를 자세히 살펴봤다. 이 절에서는 AWS 쉴드Shield와 관련된 몇 가지 중요한 개념을 빠르게 살펴본다.

AWS 쉴드는 DDoSDistributed Denial of Service 보호 서비스로, AWS Support에 문의 없이도 DDoS 보호의 이점을 얻고자 애플리케이션 중단 시간과 대기 시간을 최소화하는 상시 감지always-on detection와 자동 인라인 완화Automatic inline mitigation 기능을 제공한다.

AWS 쉴드에는 표준Standard과 고급Advanced의 두 가지 구성이 있다. 쉴드 스탠더드Shield Standard는 웹 사이트나 애플리케이션을 대상으로 하며, 아마존 CloudFront와 아마존 Route 53과 함께 사용할 때 네트워크 계층(계층 3)과 전송 계층(계층 4)의 알려진 인프라 공격으로부터 가장 효과적으로 방어한다. AWS 쉴드 어드밴스드Shield Advanced는 EC2, ELB, CloudFront, AWS Global Accelerator, Route 53 리소스에서 실행되는 애플리케이션을 대상으로 하는 공격에 좀 더 높은 수준의 보호 기능을 제공한다.

참고 사항

- AWS WAF, AWS 쉴드, AWS Firewall Manager에 대한 자세한 내용은 https://docs.aws.amazon.com/waf/latest/developerguide/what-is-aws-waf.html을 참고한다.
- AWS Shield에 대한 자세한 내용은 다음을 참고한다. https://aws.amazon.com/shield를 참고한다.

## 08

CloudWatch, CloudTrail, Config로 모니터링

지금까지 기밀성confidentiality, 무결성integrity, 인증authentication, 인가authorization, 가용성availability과 같은 보안의 여러 가지 측면을 살펴봤다. CIA 모델에서 A인 책임 추적성Accountability은 지속적인 모니터링, 알림, 주기적인 감사를 통해 획득할 수 있다. 적절한 모니터링과 경보는 자동 조치를 통해 더 나은 가용성을 유지하는 데 도움을 준다. 이 장에서 아마존 CloudWatch, AWS CloudTrail, AWS Config를 살펴본다.

CloudWatch는 AWS 내에서 애플리케이션 로깅과 모니터링, 경보 기능을 제공하는 주요 서비스다. CloudTrail은 AWS 내의 API 호출에 대한 로그를 남긴다. AWS Config는 설정의 변경을 기록하고 검토한다. 또한 이 장에서는 알림을 보낼 수 있는 SNSSimple Notification Service도 살펴본다.

8장에서 다루는 내용은 다음과 같다.

- 이메일을 보낼 수 있는 SNS 주제 생성
- CloudWatch 경보와 지표로 작업
- CloudWatch에서 대시보드 생성
- CloudWatch 로그 그룹 생성
- CloudWatch 이벤트로 작업
- CloudTrail에서 로그 읽기와 필터링
- CloudTrail에서 추적 생성
- 아테나Athena를 이용해 S3의 CloudTrail 쿼리
- 교차 계정Cross-account CloudTrail 로그 기록
- CloudWatch와 CloudTrail 연동
- AWS Config 설정과 사용

▍ 기술 요구 사항

이 장의 예제를 완료하려면 사용할 수 있는 AWS 계정이 필요하다.

이 장의 코드는 https://github.com/PacktPublishing/AWS-Security-Cookbook/tree/master/Chapter08에서 다운로드할 수 있다.

▍ 이메일을 보낼 수 있는 SNS 주제 생성

이번 항목에서는 이메일을 보낼 때 SNS 주제를 생성하는 방법을 배운다. SNS는 발행publish과 구독subscribe의 메시징 기능을 제공하는 관리 서비스managed service로 이메일, SMS, 람다Lambda, SQS 등의 많은 엔드포인트endpoint와 함께 사용할 수 있다.

준비

이 예제를 완료하려면 작업 AWS 계정과 작업 이메일 주소가 필요하다.

작동 방법

이메일을 보낼 때 다음 순서대로 SNS 주제를 설정할 수 있다.

1. 콘솔에서 SNS 서비스로 이동한다.
2. 주제를 클릭한다.
3. 주제 생성을 클릭한다.
4. 이름과 표시 이름에 의미 있는 값을 입력한다. 이번 예제에서는 이름에 MyEmailTopic을 입력하고 표시 이름에는 My Email Topic을 입력했다.
5. 다른 옵션은 그대로 두고 페이지의 하단까지 스크롤한다. 주제 생성을 클릭한다.
6. 우리의 주제로 이동해 **구독** 탭을 선택한다.
7. 구독 생성을 클릭한다.
8. **프로토콜**은 이메일로 선택하고 **엔드포인트**에 이메일 주소를 입력한다.

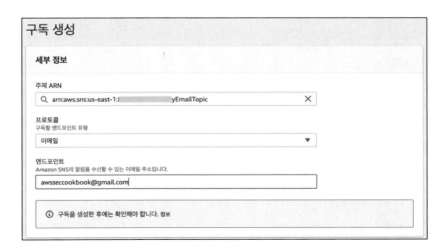

9. 아래로 스크롤해 구독 생성을 클릭한다. 우리의 구독 상태는 확인 대기 중 Pending confirmation으로 나타난다.

10. 이메일 계정에 로그인한 후 받은 메일의 구독 확인Confirm subscription 링크를 클릭한다. 성공했다는 메시지가 나온 후 AWS 콘솔에서 구독으로 다시 가보면 상태가 확인됨으로 나타나야 한다.

작동 원리

이 예제에서는 이메일 구독과 함께 SNS 주제를 생성해봤다. 스팸 메일을 피하고자 지정된 이메일로 보내진 확인 링크를 클릭함으로써 이메일의 소유자를 확인해줘야 한다. 이 SNS 주제는 이 장의 다른 실습들과 이후 장에서도 메일로 알림notification을 보내는 데 사용할 것이다.

이 예제에서는 **프로토콜**을 이메일로 선택했다. 현재 지원되는 프로토콜은 HTTP, HTTPS, 이메일, 이메일-JSON, 아마존 SQS, AWS 람다, 플랫폼 애플리케이션 엔드포인트, SMS가 있다. 이메일-JSON은 이메일 프로토콜과는 다르다. 이메일-JSON 프로토콜은 출력값을 JSON 형태로 구성하고 자동으로 이메일을 읽어 처리하는 서비스에 유용하다.

추가 사항

이메일 알림을 보낼 때 SNS 대신 SESSimple Email Service를 사용할 수도 있다. SES는 이메일을 보내고 받기 위한 클라우드 기반의 이메일 서비스다. SMTP 인터페이스를 사용하고 API를 통해 접근할 수도 있다. SMTP 엔드포인트에 대한 모든 연결을 TLS를 사용해 암호화해야 한다. SES의 기본 포트는 25지만 EC2 이메일 트래픽 임계점throttling을 피하고자 587과 2587 포트를 사용할 수 있다.

참고 사항

- SNS에 대한 더 자세한 내용은 https://aws.amazon.com/sns에서 참고한다.
- SES에 대한 더 자세한 내용은 https://aws.amazon.com/ses에서 참고한다.

▌ CloudWatch 경보와 지표로 작업

이 예제에서는 이미 사용할 수 있는 지표 중 하나를 사용해 CloudWatch 경보를 생성한다. CloudWatch에 대한 첫 번째 실습이기 때문에 CloudWatch의 중요한 기능 중 일부를 배울 수 있다.

준비

'이메일을 보낼 수 있는 SNS 주제 생성' 절을 따라 이메일 구독이 된 SNS 주제를 생성한다.

작동 방법

제공되는 지표를 이용해 CloudWatch 경보를 다음의 단계를 따라 만든다.

1. 콘솔에서 CloudWatch 서비스로 이동한다.
2. 왼쪽 사이드바에서 경보를 클릭한다.
3. 경보 생성을 클릭한다.
4. 지표 선택을 클릭한다. 사용하고 있는 서비스에 기반을 두고 모든 사용 가능한 지표들이 화면에 보인다.

5. 결제를 클릭한다.[1]

6. 서비스별을 클릭한다.

7. Amazon EC2에 체크한다.

8. 지표 선택 버튼을 클릭한다. 지표 및 조건 지정 화면으로 이동된다.

9. 지표 및 조건 지정 화면의 지표 부분에 대해서는 다음 그림과 같이 기본값을 사용한다.

10. 지표 및 조건 지정 화면의 조건 부분에 임곗값 1을 넣고, 다른 나머지 항목들은 기본값을 사용한다.

---

1. 결제 지표가 나타나지 않는 경우 Billing 서비스 〉 결제 기본 정보 〉 결제 알림 받기에 체크한 후 저장한다. 결제 지표는 미국 동부 버지니아 북부 리전에서 나타난다. – 옮긴이

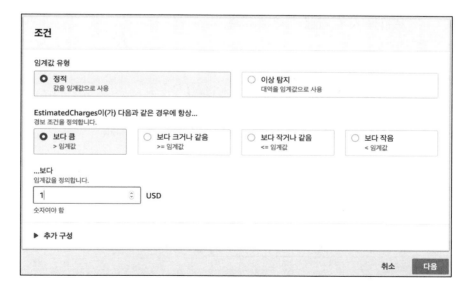

11. 추가 구성 부분을 확장해 경보를 알릴 데이터 포인트와 누락된 데이터 처리를 설정한다.

12. 다음을 클릭한다.
13. 작업 구성 페이지의 알림 부분에서는 기존 SNS 주제 선택 옵션을 선택하고 '준비' 절에서 생성한 SNS 주제를 선택한다. 나머지 항목들은 다음 화면에서 보이는 것과 같이 그대로 둔다.

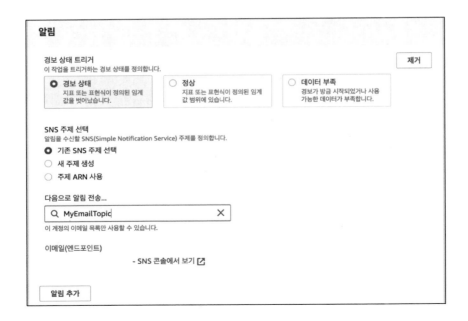

14. 다음을 클릭한다.

15. 이름과 설명을 입력한다. 예제에서는 이름에 MyEC2BillingAlarm, 설명에 My EC2 Billing Alarm으로 입력했다. 다음을 클릭한다.

16. 상세 내역을 확인한 후 경보 생성을 클릭한다. 경보 페이지에 새롭게 만든 경보가 표시된다. 최초에 경보의 상태는 데이터 부족^{Insufficient Data}으로 나타날 것이다. 경보의 상태가 경보 상태로 변하면 다음과 같은 이메일이 온다.

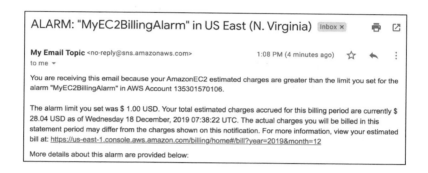

이 예제에서는 임곗값을 매우 작게 잡고 경보를 보낼 수 있을 정도로만 EC2 서비스를 사용했다. 임곗값은 요구 사항에 따라 수정할 수 있다.

작동 원리

CloudWatch 경보는 지표를 모니터링할 수 있다. 우리는 경보를 생성할 때 지표를 지정했다. 경보가 발생되기 위한 임곗값의 설정을 위해 지표를 평가할 시간의 범위, 경보를 발생시키기 전 계산에 포함될 시간 범위의 개수, 평가 범위에서 지정할 데이터 포인트의 개수도 지정할 수 있다. 경보는 이메일을 보내거나 오토스케일링을 설정하거나 실패한 EC2 인스턴스의 재부팅 등 추가적인 작업^{action}을 발생시킬 수 있다.

CloudWatch 경보는 데이터 부족^{INSUFFICIENT DATA}, 확인^{OK}, 경보^{ALARM}의 세 가지 상태에

있을 수 있다. 분석을 위한 충분한 데이터가 얻어지기 전까지는 경보의 상태가 데이터 부족으로 표시된다. 평가할 충분한 데이터가 있고 특정 기간 동안 평가 결과가 임계치를 넘지 않으면 상태는 **확인**이다. 특정 기간 동안 결과가 임계치를 넘은 경우 경보가 발생되고 CloudWatch 경보의 상태는 **경보**ALARM 상태가 된다.

추가 사항

CloudWatch와 연관된 중요한 개념들을 한 번 훑어보자.

- CloudWatch 서비스는 CloudWatch 자체, CloudWatch 로그, CloudWatch 이벤트 세 개의 컴포넌트로 구성돼 있고, 콘솔과 API, CLI에서 접근할 수 있다. 이 컴포넌트들이 무엇을 할 수 있는지 살펴보자.
  - CloudWatch 컴포넌트는 경보와 지표, 대시보드를 지원한다.
  - 로그 컴포넌트는 로그 스트림과 로그 그룹을 제공해 애플리케이션의 데이터를 로그로 기록한다.
  - 이벤트 컴포넌트는 알림notifications과 AWS 람다를 이용한 자동 조치를 지원한다.
- AWS에서 기본적으로 제공하는 몇 가지 지표가 있고 애플리케이션을 위한 사용자 지정custom 지표도 생성할 수 있게 해준다.
- CloudWatch 콘솔의 왼쪽 사이드바에서 **지표**를 클릭함으로써 사용 가능한 지표를 볼 수 있다.
- CloudWatch는 알림 전송과 자동 조치를 위해 SNS, SQS Simple Queue Service, AWS 람다, AWS 오토스케일링 등과 같은 다른 서비스들과 연계된다.
- 왼쪽 사이드바의 **경보**에서는 결제 경보를 설정할 수 있다.
- 기본 EC2 지표에서 지원되는 중요한 운영 항목은 CPU 사용률, 디스크 읽기 쓰기, 네트워크 인앤아웃, 상태 체크 실패 등을 포함한다.

- 사용자 지정 지표를 만들려면 https://docs.aws.amazon.com/AmazonCloud Watch/latest/monitoring/publishingMetrics.html을 참고한다.

▎CloudWatch에서 대시보드 생성

이 예제에서는 CloudWatch 콘솔에서 대시보드를 생성한다. 대시보드는 관련된 지표를 한곳에서 볼 수 있게 해준다. 우리는 성능, 보안, 네트워크, 비용 최적화 등 관련된 지표들을 그룹화해 대시보드를 생성할 수 있다.

준비

이 예제를 완료하려면 사용할 수 있는 AWS 계정이 필요하다.

작동 방법

다음의 순서로 CloudWatch 대시보드를 생성할 수 있다.

1. 콘솔에서 CloudWatch 서비스로 이동한다.
2. 왼쪽 사이드바에서 대시보드를 클릭한다.
3. 대시보드 생성을 클릭한다.
4. 팝업 스크린에서 대시보드 이름을 입력하고 대시보드 생성을 클릭한다. 이 예제에서는 대시보드 이름을 MySecurityDashboard로 입력한다.
5. 위젯 유형은 행^{Line}을 선택하고 구성을 클릭한다.

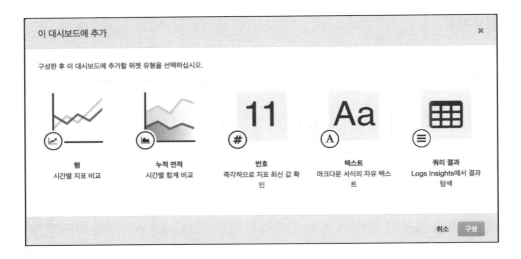

6. 지표 항목 리스트 중 결제를 클릭한다.

7. 서비스별을 선택한다.

8. 모니터링할 모든 서비스를 선택한다. 필요할 경우 그래프에서 보여줄 시간 주기와 타입을 변경한다. 여기에서 기간은 1w, 타입은 행으로 선택했다.

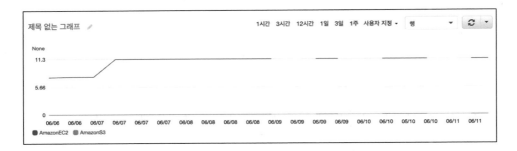

9. 아래로 스크롤한 후 위젯 생성하기를 클릭한다. 대시보드에 위젯이 나타나 야 한다.

10. 대시보드 저장을 클릭한다. 새로운 대시보드에 대한 링크가 왼쪽 사이드바 에 나타난다. 링크를 클릭하면 오른쪽에서는 위젯과 함께 대시보드가 나 타난다.

위젯 추가를 클릭해 추가적인 위젯을 추가할 수 있다. 위젯을 추가한 후에는 대시보드 저장을 클릭해 대시보드를 저장한다.

작동 원리

이 예제에서는 CloudWatch 콘솔에서 대시보드를 생성했다. 여러 서비스에서 지표를 선택함으로써 대시보드의 위젯도 생성했다. 경보를 생성했을 때 한 가지 지표만 생성할 수 있었다. 더 많은 위젯을 생성하고 대시보드에 추가할 수 있다.

AWS는 현재 행, 누적 면적, 번호, 텍스트, 쿼리 결과와 같은 시각화를 위젯에 지원한다. 이 예제에서는 행 시각화를 선택했다. 그래프에서 보여줄 기간은 1주로 했지만 사용자 지정 기간도 추가할 수 있다.

추가 사항

CloudWatch 대시보드와 관련한 중요한 개념을 살펴보면 다음과 같다.

- 같은 대시보드 위젯에 서로 다른 서비스의 지표를 추가하고 그들의 사용

량에 대한 관계를 연관 지을 수 있다.

- 위젯 구성에서 위젯 UI의 데이터를 갱신하고자 자동 새로 고침 간격을 설정할 수 있다.

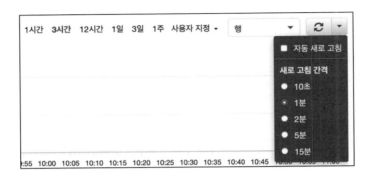

이 그림은 시간 간격과 타입의 선택 항목을 보여준다.

참고 사항

- CloudWatch 대시보드에 대해 더 많은 내용을 https://docs.aws.amazon.com/AmazonCloudWatch/latest/monitoring/CloudWatch_Dashboards.html 에서 읽을 수 있다.

▌ CloudWatch 로그 그룹 생성

이 예제에서는 CloudWatch 로그 그룹을 생성해본다.

준비

이 예제를 완료하려면 사용할 수 있는 AWS 계정이 필요하다.

작동 방법

다음과 같이 CloudWatch 로그 그룹을 만들 수 있다.

1. 콘솔에서 CloudWatch 서비스로 이동한다.
2. 왼쪽 사이드바에서 로그를 클릭한다.
3. 작업 버튼을 누르고 로그 그룹 생성을 클릭한다.

4. 로그 그룹 이름을 입력하고 로그 그룹 생성을 클릭한다.

새로운 로그 그룹이 생성된다.

작동 원리

로그 그룹을 생성할 때 많은 정보를 설정할 필요가 없다. CloudWatch에 로그를 기록할 다른 예제에서 이 로그 그룹을 사용할 것이다. 로그 그룹은 로그 스트림의 그룹이다. 로그 스트림은 같은 원천으로부터의 로그 이벤트 시퀀스다. 로그 그룹에서 로그 스트림은 같은 보관 기간, 모니터링과 접근 권한 설정을 갖는다. 어떤 스트림을 각각의 로그 그룹에 지정할 수 있다. 로그 그룹 내에 로그 스트림 개수의 제한은 없다.

추가 사항

로그 그룹은 이 책의 VPC 플로우 로그와 같은 다른 서비스와 기능에서도 사용됐다. 로그 그룹은 다른 사용자 지정 빌드 애플리케이션과 마이크로서비스에서도 사용할 수 있다.

참고 사항

- CloudWatch 로그에 대한 자세한 정보는 https://cloudmaterials.com/en/book/amazon-cloudwatch-essentials에서 확인할 수 있다.

▌CloudWatch 이벤트로 작업

이 예제에서는 이벤트를 생성하고 사용하는 방법을 알아본다. CloudWatch 이벤트는 다양한 AWS 자원에서 시스템 이벤트를 거의 실시간 스트림으로 제공하고 이 이벤트 데이터를 기반으로 작업을 진행할 규칙을 생성할 수 있다.

준비

이 예제를 완료하려면 이메일 구독을 포함하는 SNS 주제를 생성해야 한다. 이 장의 '이메일을 보낼 수 있는 SNS 주제 생성' 절을 참고해 SNS 주제를 생성할 수 있다.

작동 방법

다음과 같이 CloudWatch 이벤트를 만들 수 있다.

1. 콘솔에서 CloudWatch 서비스로 이동한다.

2. CloudWatch 서비스에 처음 접근한다면 CloudWatch 시작하기 페이지를 볼
   수 있다. 시작하기 버튼을 클릭하면 규칙 생성 페이지로 이동한다.

 또한 Create rule 페이지로 이동할 수 있는 다른 방법이 있다. 왼쪽 사이드바에서 Rules를 클릭하
고 Rules 페이지에서 Create ruile을 클릭한다.

3. 이벤트 소스 부분에서는 다음의 단계를 실행한다.

   1. 이벤트 패턴을 선택한다.

   2. 서비스 이름은 EC2를 선택한다.

   3. 이벤트 유형은 EC2 Instance State-change Notification(EC2 인스턴스 상태
      변경 알림)을 선택한다.

   4. 모든 상태와 모든 인스턴스를 선택한다.

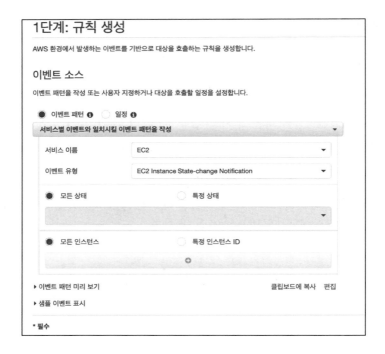

4. 대상 부분은 다음과 같이 설정한다.

1. 대상 추가를 클릭한다.

2. 메뉴에서 SNS 주제를 선택한다.

3. '준비' 절에서 준비됐던 SNS 주제를 선택한다.

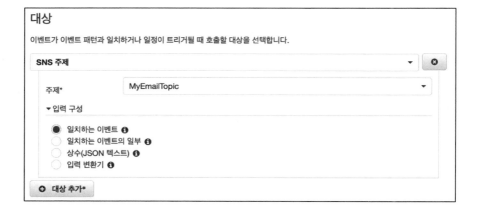

5. 화면 하단의 세부 정보 구성을 클릭한다.

6. 규칙 세부 정보 구성 페이지에서 이름과 설명을 입력한다. 규칙 생성을 클릭한다. 규칙 페이지에 새로 생성된 규칙이 나타날 것이다.

7. EC2 대시보드로 이동한다. 인스턴스를 생성한다. 상태가 pending(대기 중)이 되고 알림 이메일을 받게 된다. 그 후 상태가 running(실행 중)이 됐다는 메일을 받는다. 인스턴스를 종료하게 되면 상태가 shutting-down(종료 중)인 메일을 받게 된다. 이후 상태가 terminated(종료)된 알림을 받는다.

작동 원리

이 예제에서 이벤트 패턴을 선택했고, 서비스 이름은 EC2, 이벤트 유형은 EC2 Instance State-change Notification(EC2 인스턴스 상태 변경 알림)으로 설정해 EC2 이벤트의 상태가 변경되는 것과 맞췄다. 이벤트 패턴 대신 마치 크론 잡$^{cron\ jobs}$ 설정처럼 일정에 따라 대상이 실행되도록 일정을 선택할 수도 있다.

이 예제에서 어떤 상태 변경 사항에 대해서도 알림을 받도록 설정했다. 또는 pending, running, shutting-down, stopped, stopping, terminated와 같은 특정 상태를 선택할 수도 있다.

또한 이 규칙을 계정 내의 모든 인스턴스에 적용할 수도 있다. 이렇게 하는 대신 이 예제에서는 특정 EC2 인스턴스를 선택했다. 대상으로는 SNS 주제를 선택했다. 대상을 설정할 때 CloudWatch 이벤트는 대상에 필요한 권한을 제공해 규칙이 실행됐을 때 대상을 호출할 수 있게 한다.

추가 사항

이벤트를 설정할 때 SNS 주제를 대상으로 선택했다. 다음의 항목은 현재 대상으로 설정할 수 있는 항목의 목록으로, 배치 작업 대기열, CloudWatch 로그 그룹,

CodeBuild 프로젝트, CodePipeline, EC2 CreateSnapshot API 호출, EC2 RebootInstances API 호출, EC2 StopInstances API 호출, EC2 TerminateInstances API 호출, ECS 작업, 다른 AWS 계정의 이벤트 버스, Firehose 전송 스트림, Inspector 평가 템플릿, Kinesis 스트림, Lambda 함수, SNS 주제, SQS 대기열, SSM 자동화, SSM OpsItem, SSM Run Command, Step Functions 상태 시스템이다.

참고 사항

- CloudWatch 이벤트에 대해 더 많은 내용을 https://docs.aws.amazon. com/AmazonCloudWatch/latest/events/WhatIsCloudWatchEvents.html에 서 읽을 수 있다.

▌ CloudTrail에서 로그 읽기와 필터링

이 예제에서는 CloudTrail 대시보드를 통해 제공되고 자동으로 생성되는 CloudTrail 로그 이벤트를 읽고 필터링하는 방법을 배운다.

준비

이 예제를 완료하려면 사용할 수 있는 AWS 계정이 필요하다.

작동 방법

CloudTrail에서 생성되는 이벤트 로그를 체크할 때 다음과 같은 단계를 따른다.

1. 콘솔에서 CloudTrail로 이동하면 대시보드에서 최근의 이벤트 리스트를 볼 수 있다.

Recent events

These are the most recent events recorded by CloudTrail. To view all events for the last 90 days, go to Event history.

	이벤트 시간	사용자 이름	이벤트 이름
▶	2019-12-10, 08:27:23 AM	i-07d6614e1dec5e537	UpdateInstanceInformation
▶	2019-12-10, 08:22:23 AM	i-07d6614e1dec5e537	UpdateInstanceInformation
▶	2019-12-10, 08:17:23 AM	i-07d6614e1dec5e537	UpdateInstanceInformation
▶	2019-12-10, 08:12:23 AM	i-07d6614e1dec5e537	UpdateInstanceInformation
▶	2019-12-10, 08:07:23 AM	i-07d6614e1dec5e537	UpdateInstanceInformation

모든 이벤트 보기

2. 왼쪽 사이드바에서 이벤트 기록을 클릭한다. 이벤트 기록 페이지로 이동된다.

 최근 이벤트 하단의 **모든 이벤트 보기**를 클릭하여 **이벤트 기록** 페이지로 이동할 수도 있다.

3. 드롭다운 메뉴에서 **사용자 이름**을 선택한다. 리스트 중 사용자 이름을 하나 복사하고 최근 10일 동안 해당 사용자의 모든 활동을 검색한다. 이 예제에서는 2019년 12월 1일부터 2019년 12월 10일까지의 시간 기간을 사용했다.

필터:	사용자 이름 ▼	i-07d6614e1dec5e537 ⊗	Time range:	2019-12-01 12:00 AM — 2019-12-10 12:00 AM 🗓

	이벤트 시간	사용자 이름	이벤트 이름	리소스 유형
▶	2019-12-09, 11:57:23 PM	i-07d6614e1dec5e537	UpdateInstanceInformation	
▶	2019-12-09, 11:56:14 PM	i-07d6614e1dec5e537	ListInstanceAssociations	

4. 오른쪽 상단의 다운로드 아이콘을 클릭하고 결과를 CSV 파일로 다운로드 하고자 Download CSV를 클릭한다.

결과는 JSON 파일로도 다운로드할 수 있다.

작동 원리

AWS CloudTrail은 AWS 계정의 API 활동을 기록하고 모니터링하기 위한 아마존의 서비스다. 추가적인 설정의 변경 없이 CloudTrail은 계정의 API 활동 이벤트를 기록하고 CloudTrail 콘솔에서 90일간 확인할 수 있다. **이벤트 기록** 페이지에서는 다양한 기준과 시간 범위로 결과를 필터링할 수 있다. 이 예제에서는 **사용자 이름**으로 필터링을 해봤다. 사용자 이름 이외에 이벤트 이름, 리소스 유형, 리소스 이름, 이벤트 소스, 이벤트 ID, AWS 액세스키, 그리고 읽기 전용의 파라미터들을 기준으로 필터링할 수 있다.

추가 사항

이 예제에서는 콘솔에서 로그를 조회해봤다. 또한 CLI에서 로그를 조회할 수 있다. CloudTrail 로그를 쿼리하는 중요한 몇 가지 CLI 명령은 다음과 같다.

- `aws cloudtrail lookup-events` 명령은 자동으로 생성된 이벤트의 최근 90일 데이터를 쿼리할 수 있다. 더 많은 결과가 있다면 페이지 나누기pagination 토큰이 리턴된다.

- `max-items` 옵션 값을 설정해 `aws cloudtrail lookup-events` 명령에서 리턴되는 결과 아이템의 수를 제한할 수 있다. 예를 들면 `aws cloudtrail lookup-events --max-items 10`과 같이 지정할 수 있다. 또한 start-time(시작 시간)과 `end-time`(종료 시간) 파라미터에 날짜 범위를 지정할 수 있는데, `aws cloudtrail lookup-events --start-time 2019-01-12--end-time 2019-10-12`와 같이 사용할 수 있다.

- 시간, 분, 초 단위의 파라미터를 지정할 수도 있다. 예를 들면 `--start-time 2019-01-12T00:30:45`와 같이 사용할 수 있다.

- `lookup-attributes` 파라미터를 통해 특정 파라미터의 값을 지정할 수

도 있다. 예를 들면 `aws cloudtrail lookup-events --lookup-attributes "AttributeKey=Username,AttributeValue=i-07d6614e1dec5e537"`와 같이 사용할 수 있다.

CloudTrail 로그의 중요한 개념을 좀 더 살펴보면 다음과 같다.

- CloudTrail 서비스는 이벤트들을 분석하고 대응할 수 있게 해줌으로써 이 벤트 중심 보안을 달성할 수 있게 도와준다.
- CloudTrail은 AWS API 호출과 관련된 이벤트만 기록한다. 따라서 EC2 인 스턴스에서 실행 중인 애플리케이션이 오류가 발생하는 경우 기록되지 않는다. EC2에서 실행되는 애플리케이션이나 람다 함수에서의 로깅은 CloudWatch를 사용할 수 있다.
- 기본적으로 트레일은 하나의 리전에서의 이벤트를 기록한다. 그러나 멀 티리전 추적을 설정할 수 있다.
- CloudTrail은 추가적인 보안과 컴플라이언스 제공을 위해 다른 AWS 서비 스들과 연동될 수 있다. 알람을 위한 CloudWatch와의 연계, 패턴을 분석하 기 위한 GuardDuty와의 연계, 민감한 데이터를 보호하고, 분류하고 발견 하기 위한 Macie와의 연계 등이 포함된다.
- 지금의 CloudTrail 가격 모델은 다음과 같다. 각 리전의 첫 번째 티어는 무 료(S3와 람다 데이터 이벤트는 제외), 첫 번째 티어 이후 CloudTrail은 매니지 먼트 이벤트와 데이터 이벤트에 대해 비용이 부과된다.

참고 사항

- CloudTrail 가격에 대해 더 자세한 내용은 https://aws.amazon.com/cloudtrail/pricing에서 참고할 수 있다.

▌CloudTrail에서 추적 생성

이 예제에서는 추적을 생성하고 연계된 S3 버킷에서 로그를 읽는 방법을 알아본다. 기본적으로 CloudTrail API 이벤트 로그는 90일간 유효하다. S3 데이터 이벤트와 람다 호출은 기본 설정으로는 기록되지 않는다. 로그를 90일 이상 보관하고 S3와 람다에 대한 데이터 이벤트를 기록하고 로그 검색의 유연성을 위해 추적을 생성해 S3 버킷에 로그를 기록할 수 있다.

준비

이 예제를 완료하려면 사용할 수 있는 AWS 계정이 필요하다.

작동 방법

CloudTrail에 다음과 같은 단계를 따라 추적^{trail}을 생성할 수 있다.

1. 콘솔에서 CloudTrail로 이동한다.
2. 왼쪽 사이드바에서 추적^{Trails}을 클릭한다.
3. 추적 생성을 클릭한다.
4. 추적 이름에 의미 있는 이름을 입력한다. 추적을 모든 리전에 적용에 예를 선택한다.

추적 생성

추적 이름*	aws-sec-cookbook-trail
추적을 모든 리전에 적용	● 예 ○ 아니요

모든 리전에서 동일한 추적을 생성하고 모든 리전의 로그 파일을 전송합니다.

---

5. 관리 이벤트 아래의 이벤트 읽기/쓰기에는 모두를 선택한다. AWS KMS 이벤트 기록에는 예를 선택한다.

6. 인사이트^{Insights} 이벤트의 인사이트 이벤트 로깅은 아니요를 선택한다.

7. 데이터 이벤트 아래의 S3와 람다 데이터 이벤트에 대한 선택은 체크하지 않고 둔다.

8. 스토리치 위치 아래의 S3 버킷 새로 만들기에 예를 선택하고 버킷 이름을 입력한다.

9. 고급 메뉴를 펼쳐 추가적인 설정을 확인한다. 다음과 같이 기본값을 그대로 둔다.

로그 파일 접두사
위치: /AWSLogs/135301570106/CloudTrail/us-east-1

SSE-KMS로 로그 파일 암호화 ○ 예 ● 아니요

로그 파일 검증 활성화 ● 예 ○ 아니요

모든 로그 파일 전송에 대해 SNS 알림 발송 ○ 예 ● 아니요

10. 페이지 아래 끝까지 스크롤한 후 생성을 클릭한다. CloudTrail 대시보드의 왼쪽 사이드바에서 추적을 클릭해 상태가 정상(초록색)임을 확인할 수 있다

11. 설정 페이지로 가고자 추적 이름을 클릭한다. 이 페이지에서 어떤 설정이든 변경할 수 있다. 로깅 버튼을 통해 로깅을 중지시킬 수도 있다. 현재 로깅의 값은 켜기로 보인다.

로깅 켜기

S3 버킷에서 다음과 같이 CloudTrail 로그를 볼 수 있다.

1. 추적 리스트로 가서 S3 버킷 로그 폴더로 이동하고자 S3 버킷 이름을 클릭한다. S3 대시보드에서 폴더로 접근할 수도 있다. 모든 리전에 추적을 적용한 이후 작업이 있었던 리전별로 폴더가 생성된 것을 볼 수 있다.

2. 로그 파일을 볼 때까지 폴더를 클릭한다. 로그 파일 이름은 계정 번호, 리전, 타임스탬프를 포함한다. 예를 들면 다음과 같은 이름이다. 135301570106_ CloudTrail_useast-1_20191210T0415Z_1sv2LnhPyOY5ioQi.json.gz. 이 파일의 상위 폴더 구조는 다음과 비슷할 것이다. Amazon S3 | aws-sec-cb-trail | AWSLogs | 135301570106 | CloudTrail | us-east-1 | 2019 | 12 | 10.

3. S3에서 파일을 보자. 파일을 선택하고 팝업에서 Select 소스를 선택한다. 파일 형식은 JSON, JSON Type은 JSON lines, 압축은 GZIP으로 선택한 후 파일 미리 보기 표시를 클릭한다. 로그 파일의 미리 보기가 표시된다.

```
{
    "Records": [
        {
            "eventVersion": "1.05",
            "userIdentity": {
                "type": "AWSService",
                "invokedBy": "vpc-flow-logs.amazonaws.com"
            },
            "eventTime": "2019-12-10T04:14:21Z",
            "eventSource": "sts.amazonaws.com",
```
Next

4. 다음을 클릭한다. 이제 SQL 쿼리 실행 화면에서 실제 결과를 얻을 수 있다.

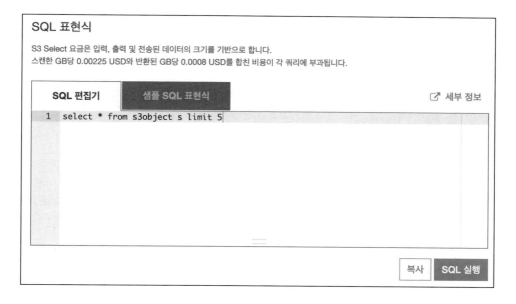

SQL 표현식

S3 Select 요금은 입력, 출력 및 전송된 데이터의 크기를 기반으로 합니다.
스캔한 GB당 0.00225 USD와 반환된 GB당 0.0008 USD를 합친 비용이 각 쿼리에 부과됩니다.

SQL 편집기	샘플 SQL 표현식	☑ 세부 정보

```
1  select * from s3object s limit 5
```

복사   SQL 실행

5. SQL을 필요에 따라 수정하고 SQL 실행을 클릭한다. 결과 텍스트박스에서 다음 화면과 같은 결과를 볼 수 있다.

```
Result

{
    "Records": [
        {
            "eventVersion": "1.05",
            "userIdentity": {
                "type": "AWSService",
                "invokedBy": "vpc-flow-logs.amazonaws.com"
            },
```

6. 아래로 스크롤한 후 다운로드를 클릭해 결과를 다운로드한다. 파일 이름이 select_result_135301570106_CloudTrail_us-east-1_20191210T0415Z_ 1sv2LnhPyOY5ioQi_json.gz_1575968762090과 비슷한 파일을 얻을 수 있 다. 마이크로소프트 워드와 이 파일 읽기를 지원하는 애플리케이션으로 열어볼 수 있다.

작동 원리

로그를 90일 이상 저장하고자 추적을 생성하고 추적은 로그를 S3 버킷으로 보낸 다. 이 예제에서는 멀티리전 추적을 생성했다. 모든 이벤트를 기록하기 위한 옵션 을 선택했으나 읽기 전용, 쓰기 전용, None(기록하지 않기) 옵션 중 하나를 선택할 수 도 있다. AWS KMS 이벤트 기록을 남기도록 설정했으나 인사이트^{Insights} 이벤트 로 깅은 설정하지 않았다.

 인사이트 이벤트는 쓰기 관리 API들의 비정상적인 호출 볼륨을 캡처한다. 인사이트 이벤트는 추 가적인 과금이 발생한다.

S3와 람다 데이터 이벤트에 대해서는 활성화하지 않았다. 이 옵션을 활성화하면 S3 버킷과 람다 함수 내에 실행된 자원에 대한 작업(resource operation(data event)) 을 기록한다. 또한 이 작업들은 데이터 플레인$^{data\ plane}$ 작업으로도 불린다. 데이터

이벤트에 대해서는 추가적인 과금이 부과된다.

AWS에 새로운 S3 버킷을 만들게 하고 고급 링크에서 다음 파라미터들에 대해서는 기본값을 사용했다.

- 로그 파일을 쉽게 찾기 위한 로그 파일 접두사
- 기본 SSE-S3 암호화 대신 사용하는 SSE-KMS로 로그 파일 암호화 로그
- 파일 검증 활성화: CloudTrail이 로그를 전달한 후 변경, 삭제 또는 변경되지 않았음을 확인하기 위한 옵션
- 즉각적인 행동을 하기 위한 모든 로그 파일 전송에 대해 SNS 알림 발송

설정 페이지에서 추적을 중지시키기 위한 옵션도 살펴봤다. 로깅 중지는 새로운 이벤트가 로그로 보내지는 것을 중지하지만 기존 로그는 동일하게 남아 있다.

추가 사항

이 예제에서는 S3 콘솔에서 S3에 있는 로그 파일을 쿼리해봤다. S3의 CloudTrail 로그를 더 유연하게 쿼리하고 싶다면 아마존 아테나^{Amazon Athena}를 사용할 수 있다. 이 장의 '아테나를 이용해 S3의 CloudTrail 쿼리' 절에서 아마존 아테나로 CloudTrail 로그를 쿼리하는 방법을 알아볼 것이다.

참고 사항

- S3에 대한 더 자세한 내용은 https://cloudmaterials.com/en/book/amazon-s3-and-overview-other-storage-services를 참고한다.

아테나를 이용해 S3의 CloudTrail 쿼리

이 예제에서는 아마존 아테나를 이용해 CloudTrail 로그를 쿼리하는 방법을 알아본다. 아테나를 이용해 CloudTrail 로그를 쿼리하는 것은 굉장한 유연성이 있다. 예를 들면 CloudTrail 콘솔에서 계정 ID 값으로 필터링해볼 수 없다. 하지만 아테나로는 CloudTrail의 S3 버킷에서 계정 ID 기반으로 로그를 쿼리할 수 있다.

준비

이 예제를 완료하려면 추적 생성에서 추적이 생성돼 있어야 한다. 이 장의 'CloudTrail에서 추적 생성' 절을 참고해 설정할 수 있다.

아테나를 처음 사용한다면 다음의 단계를 따라 쿼리를 실행하기 전에 쿼리 결과를 저장할 아마존 S3 위치를 설정해야 한다.

1. 아테나의 콘솔로 이동한다.
2. 쿼리 편집기^{Query Editor} 탭으로 이동한다. 아테나를 처음 이용한다면 "Before you run your first query, you need to set up a query result location in Amazon S3"(첫 번째 쿼리를 실행하기 전에 쿼리 결과 저장을 위해 아마존 S3 위치를 설정해야 한다)라는 문구를 볼 수 있다.

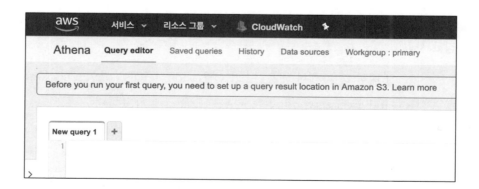

3. 문구의 set up a query result location in Amazon S3. Learn more(S3에 쿼리 결과 저장 위치 저장하기. 더 알아보기) 링크를 클릭한다.

4. Query result location(쿼리 결과 위치) 필드에 버킷 이름을 입력한다. 이 예제에서는 `aws-sec-cb-query-results`라고 입력했다.

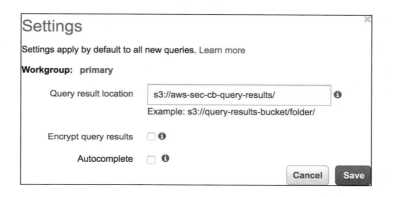

5. 저장을 클릭한다.

작동 방법

다음의 단계를 따라 아테나를 설정하고 CloudTrail 로그를 쿼리할 수 있다.

1. 콘솔에서 CloudTrail로 이동한다.

2. CloudTrail 대시보드의 왼쪽 사이드바에서 이벤트 기록을 클릭한다. 이벤트 기록 페이지로 이동된다.

3. 설명이 써진 부근에서 아마존 아테나에서 고급 쿼리 실행을 클릭한다. 아마존 아테나에서 테이블 생성 화면에서 테이블 생성을 위한 명령 레퍼런스를 확인할 수 있다.

4. 스토리지 위치는 생성한 추적[trail]의 S3 버킷을 선택한다.

5. 테이블 생성을 클릭한다. 테이블이 성공적으로 생성된 후 아테나로 이동이라는 링크를 볼 수 있다.

6. 아테나로 이동을 클릭한다.

7. Query Editor(쿼리 편집기) 탭으로 이동한다. 왼쪽 메뉴에서 우리가 생성한 것을 포함해 테이블 리스트를 볼 수 있고, 오른쪽 윈도우에는 쿼리 편집기가 나온다.

 CloudTrail 대시보드에서 테이블 생성을 시행한 후 테이블이 생성되고 아테나 대시보드가 나타나는 데 시간이 걸릴 수 있다. 왼쪽 사이드바에서 **새로 고침** 아이콘을 클릭해 테이블 리스트를 새로 고침 할 수 있다.

8. 생성한 테이블 상단에서 세 개의 점으로 이뤄진 버튼을 누르고 Preview table(테이블 미리 보기)을 클릭한다.

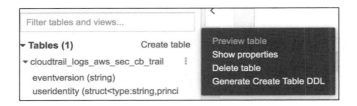

샘플 쿼리가 나타나고 용도에 맞게 수정할 수 있다.

392

9. SELECT * FROM "default"."cloudtrail_logs_aws_sec_cb_trail" limit 2;
   으로 수정해 Limit를 2로 설정하고 쿼리 실행^{Run query}을 클릭한다. 다음 화면
   과 같은 결과를 볼 수 있다.

	eventversion	useridentity
1	1.05	{type=AWSService, principalid=null, arn=null, accountid=null, invokedby=vpc-flow-logs.amazonaws.com, accesskey
2	1.05	{type=AWSService, principalid=null, arn=null, accountid=null, invokedby=vpc-flow-logs.amazonaws.com, accesskey

10. 우측 상단 코너의 다운로드 아이콘을 클릭해 CSV 포맷으로 결과를 다운로드
    한다. 확장 아이콘을 사용해 결과를 전체 스크린^{full-screen} 모드로 볼 수 있다.

작동 원리

이 예제에서는 S3에 있는 CloudTrail 로그를 쿼리하고자 아마존 아테나를 사용했
다. 아테나는 SQL^{Structured Query Language}에 기반을 둔 쿼리를 사용하고 가상의 테이블
을 생성한다. 아테나를 처음 사용한다면 쿼리를 실행하기 전에 쿼리 결과 저장 위
치를 아마존 S3로 설정해야 한다. CloudTrail 대시보드에서 아마존 아테나에서 고급
쿼리 실행을 클릭해 아테나에 테이블을 생성했다. 그 뒤 아테나로 이동해 preview
query(쿼리 결과 미리 보기)를 실행했다. 쿼리를 수정해 실행했다. 마지막으로 결과
화면에서 아이콘을 사용해 결과를 CSV 파일로 저장할 수 있었다.

그 뒤 SELECT * FROM "default"."cloudtrail_logs_aws_sec_cb_trail" limit 2; 쿼
리를 실행해봤다. 이 쿼리에서 "default"."cloudtrail_logs_aws_sec_cb_trail"
테이블은 쿼리를 생성했을 때 자동으로 만들어진다. Select *는 모든 칼럼을 선택
하고 limit 2는 결과를 두 개로 제한한다는 의미다.

추가 사항

아마존 아테나와 관계된 중요한 몇 가지 개념은 다음과 같다.

- 아테나는 AWS에서 SQL을 이용해 아마존 S3 데이터를 분석하고자 AWS에서 제공하는 쿼리 서비스다.
- 아테나는 S3의 데이터를 쿼리하며 CloudTrail을 직접적으로 쿼리하지는 않는다.
- 아마존 아테나는 Federated Query를 지원한다. 관계형, 비관계형, 객체와 사용자 지정 데이터 원본에 SQL 쿼리를 실행할 수 있고 결과를 아마존 S3에 저장한다. 이 문서를 작성하는 시점에 이 기능은 프리뷰^{preview} 상태다.
- 아테나는 서버리스다. 어떤 인프라도 설정할 필요가 없으며, 오직 실행한 쿼리에 대해서만 지불하면 된다.
- 아테나는 AWS Glue와 연계해 데이터 소스를 수집하고 테이블과 파티션 정의를 생성하고 스키마의 버전까지 관리한다.

참고 사항

- 아마존 아테나에 대해 더 많은 내용은 https://aws.amazon.com/athena를 참고한다.

▌교차 계정 CloudTrail 로그 기록

이 예제에서는 CloudTrail 로그를 하나의 계정에서 다른 계정으로 보내는 방법을 알아본다. 분리된 계정에 로그를 저장함으로써 소스 계정에서 로그를 격리해 소스 계정에 접근 가능한 누군가가 로그를 변조시키려는 것을 막을 수 있다. 로그 계정의 교차 계정 접근 권한은 제한된 사람에게만 허용할 수 있다.

여러 계정에서 하나의 계정으로 로그를 보내는 것은 로그를 한곳에서만 쿼리할 수 있게 해준다.

준비

이 예제를 완료하려면 사용할 수 있는 두 개의 AWS 계정이 필요하다. 이 계정을 로그 계정과 로거 계정이라고 부르겠다. 로거 계정이 로그 계정으로 로그를 보낸다.

로거 계정에 로그인해 계정 번호를 적어놓는다. 계정 번호는 지원 센터^{Support Center}에서 찾을 수 있다. **지원** 메뉴에서 **지원 센터**를 선택하고 AWS 대시보드의 상단 왼쪽 코너에서 정보를 확인할 수 있다.

모든 로그가 저장될 로그 계정에서도 CloudTrail을 설정해야 한다. 'CloudTrail에서 추적 생성' 절을 참고해 설정할 수 있다.

작동 방법

두 개의 AWS 계정 사이에 다음의 단계를 통해 로그를 보내게 할 수 있다.

1. 로그가 보내질 로그 계정에 로그인한다. '준비' 절에서 설명한 것처럼 추적은 이미 설정돼 있어야 한다.

 AWS Organizations를 사용한다면 단계가 더 간단해지며 '추가 사항' 절에서 설명할 것이다.

2. 추적에 설정된 버킷의 권한 탭으로 간다. 버킷 정책을 클릭한다. 정책은 cloudtrail.amazonaws.com이 arn:aws:s3:::aws-sec-cbtrail 자원에 대해 s3:GetBucketAcl 액션을 수행할 수 있게 허용해야 한다. 또한 cloudtrail. amazonaws.com이 arn:aws:s3:::aws-sec-cbtrail/AWSLogs/135301570106/* 자원에 s3:x-amz-acl 값이 bucket-owner-full-control인 경우 s3:PutObject를 수행할 수 있게 허용해줘야 한다.

```json
{
    "Version": "2012-10-17",
    "Statement": [
      {
          "Sid": "AWSCloudTrailAclCheck20150319", "Effect": "Allow",
          "Principal": {
              "Service": "cloudtrail.amazonaws.com"
          },
          "Action": "s3:GetBucketAcl",
          "Resource": "arn:aws:s3:::aws-sec-cb-trail"
      },
      {
          "Sid": "AWSCloudTrailWrite20150319", "Effect": "Allow",
          "Principal": {
              "Service": "cloudtrail.amazonaws.com"
          },
          "Action": "s3:PutObject",
          "Resource": "arn:aws:s3:::aws-sec-cb-
trail/AWSLogs/135301570106/*",
          "Condition": { "StringEquals": {
              "s3:x-amz-acl": "bucket-owner-full-control"
          }
      }
    }
  ]
}
```

3. Sid가 AWSCloudTrailWrite로 시작하는 정책문statement에 대해 Resource 항목을 리스트로 변경하고 로거 계정의 로그 폴더에 쓰기가 가능한 권한을 추가한다. 정책문은 이제 다음과 같이 보일 것이다.

```
{
    "Sid": "AWSCloudTrailWrite20150319", "Effect": "Allow",
    "Principal": {
        "Service": "cloudtrail.amazonaws.com"
    },
    "Action": "s3:PutObject",
    "Resource": [
        "arn:aws:s3:::aws-sec-cb-trail/AWSLogs/135301570106/*",
        "arn:aws:s3:::aws-sec-cb-trail/AWSLogs/380701114427/*"
    ],
    "Condition": { "StringEquals": {
            "s3:x-amz-acl": "bucket-owner-full-control"
        }
    }
}
```

4. 로거 계정에 로그인해 'CloudTrail에서 추적 생성' 절을 따라 추적을 생성한다. 그러나 저장 위치는 다음과 같이 변경한다.

1. S3 버킷 새로 만들기는 아니요를 선택한다.

2. S3 버킷에는 로그 계정의 추적에서 생성한 버킷 이름을 입력한다. 이 예제에서는 aws-sec-cb-trail로 입력했다.

어떤 API의 액티비티의 경우 EC2 인스턴스를 실행할 수 있다. 6장의 'VPC에서 EC2 인스턴스 시작' 절을 참고할 수 있다.

5. 로그 계정으로 로그인한 후 추적이 기록되는 버킷(내 경우 380701114427)의 로거 계정 번호 폴더에 로그가 기록되는지 체크한다. 이 버킷에 로그는 AWSLogs/380701114427/CloudTrail/useast-1/2019/12/11과 유사한 폴더 구조에 로그가 있을 것이다. 이 장의 이전 CloudTrail 예제를 이용해 이 로그들을 살펴볼 수 있다.

작동 원리

이 예제에서는 로그를 하나의 계정(로거 계정)에서 다른 계정(로그 계정)으로 보냈다. 첫째, 로그 계정의 추적을 생성했다. 버킷 정책은 CloudTrail 서비스가 현재 계정의 로그 폴더에 로그를 기록할 수 있게 설정했다. 버킷 정책을 수정해 CloudTrail 서비스가 로거 계정의 로그 폴더에서 기록할 수 있게 했다. CloudTrail은 각각 계정의 지정된 폴더에 로그를 기록한다.

기본 버킷 정책은 AWS에 의해 생성되는데, 두 개의 정책문으로 구성됐다. 첫 번째 정책은 Sid가 AWSCloudTrailAclCheck로 시작되고, CloudTrail이 버킷의 ACL을 읽을 수 있게 한다. 두 번째 정책은 Sid가 AWSCloudTrailWrite로 시작하고 CloudTrail 권한이 특정 계정 폴더에 쓸 수 있게 한다. 각각의 계정 로그는 지정된 폴더에 기록된다.

그 후 로거 계정에 추적을 생성하면서 스토리지 위치를 로그 계정과 동일한 S3 버킷으로 지정했다. 로그 계정에 다시 로그인해 로거 계정에서 로그가 정상적으로 기록되는 것을 확인했다. 버킷에는 로그가 AWSLogs/380701114427/CloudTrail/us-east-1/2019/12/11과 유사한 폴더 구조에 기록되며 380701114427은 로거 계정의 계정 번호, **us-east-1**은 리전, **2019/12/11**은 날짜다.

추가 사항

이 예제에서는 CloudTrail 로그를 하나의 계정에서 다른 계정으로 보내는 설정을 살펴봤다. AWS Organizations를 사용한다면 마스터 계정에서 추적을 생성할 때 내 조직에 트레일 적용에 예를 선택함으로써 교차 계정에 대한 CloudTrail을 활성화할 수 있다.

조직의 트레일은 모든 멤버 계정에서 생성되고, 이는 이 예제에서 본 것처럼 버킷 정책을 수정할 필요가 없게 된다는 뜻이다. 이 옵션을 활성화하는 것은 멤버 계정에서 이미 추적을 생성한 후라면 추가적인 비용을 발생시킬 수 있다. 리전에서 첫 번째 추적만 무료이기 때문이다. AWS Organizations에 대해서는 1장의 'AWS Organizations 사용을 위한 마스터 계정 만들기' 절에서 살펴봤다.

참고 사항

- AWS Organizations에 대한 더 자세한 내용은 https://aws.amazon.com/organizations를 참고한다.

▌ CloudWatch와 CloudTrail 연동

이 예제에서는 CloudWatch와 CloudTrail을 연동하는 방안을 알아본다. 한 번 연동이 되면 CloudTrail 로그에 기반을 두고 CloudWatch에서 지표^{metric}와 경보를 생성할 수 있다. 또한 CloudTrail 로그를 사용해 CloudWatch에서 경보를 생성할 수 있게 AWS에서 제공하는 CloudFormation 템플릿을 이용하는 방법도 알아본다.

준비

이 장의 'CloudTrail에서 추적 생성' 절을 따라 추적을 생성한다. 예제에서 생성한 추적 이름은 `aws-sec-cookbook-trail`이었다.

 이 예제에서 약간의 수정을 통해 추적을 생성할 수 있다.

작동 방법

다음의 단계를 따라 CloudWatch와 현재 있는 추적을 연계할 수 있다.

1. CloudTrail 콘솔로 이동한다.
2. 추적을 클릭한다.
3. 추적의 구성 페이지로 이동하고자 추적 이름을 클릭한다.
4. CloudWatch 로그까지 스크롤다운하고 구성을 클릭한다.
5. 새 또는 기존 로그 그룹에 자동으로 채워진 값을 그대로 두고(이 경우 `CloudTrail/DefaultLogGroup`) 계속 버튼을 누른다.
6. 허용을 눌러 CloudTrail이 계정의 API 액티비티와 연관된 CloudTrail 이벤트를 CloudWatch 로그의 로그 그룹으로 보낼 수 있게 권한을 준다. 추적의 구성 페이지 CloudWatch 로그 섹션에서 CloudWatch의 세부 정보를 볼 수 있다.

▼ CloudWatch Logs(CloudWatch 로그)

로그 그룹	CloudTrail/DefaultLogGroup
IAM 역할	CloudTrail_CloudWatchLogs_Role

CloudFormation 템플릿을 사용하여 보안 및 네트워크관련 API 활동에 대한 CloudWatch 경보를 생성합니다.

7. ClooudFormation 템플릿을 사용하여 보안 및 네트워크 관련 API 활동에 대한 CloudWatch 경보를 생성합니다.의 링크를 클릭한다. 템플릿이 지정된 CloudFormation의 스택 생성 페이지로 이동된다.

8. 다음을 클릭한다.

9. 스택 세부 정보 지정 페이지의 파리미터에 API 활동에 대한 알림을 받기 위한 이메일 주소를 입력한다. 다음을 클릭한다.

10. 스택 옵션 구성 페이지에서는 기본값들을 사용할 것이다. 다음을 클릭한다.

11. CloudWatchAlarmsForCloudTrail 검토 페이지에서 우리가 선택한 값들을 살펴보고 스택 생성을 클릭한다. 스택의 상태가 CREATE_COMPLETE(생성 완료)로 변경될 때까지 기다린다. CloudWatch의 경보 페이지로 간다면 새로 생성된 경보들을 볼 수 있다.

CloudTrailNetworkAclChanges	⊖ 데이터 부족	5 분 내 1개의 데이터 포인트에 대한 NetworkAclEventCount >= 1	확인 보류 중
CloudTrailEC2LargeInstanceChanges	⊖ 데이터 부족	5 분 내 1개의 데이터 포인트에 대한 EC2LargeInstanceEventCount >= 1	확인 보류 중
CloudTrailSecurityGroupChanges	⊖ 데이터 부족	5 분 내 1개의 데이터 포인트에 대한 SecurityGroupEventCount >= 1	확인 보류 중
CloudTrailChanges	⊖ 데이터 부족	5 분 내 1개의 데이터 포인트에 대한 CloudTrailEventCount >= 1	확인 보류 중
CloudTrailAuthorizationFailures	⊖ 데이터 부족	5 분 내 1개의 데이터 포인트에 대한 AuthorizationFailureCount >= 1	확인 보류 중
CloudTrailConsoleSignInFailures	⊖ 데이터 부족	5 분 내 1개의 데이터 포인트에 대한 ConsoleSignInFailureCount >= 3	확인 보류 중
CloudTrailGatewayChanges	⊖ 데이터 부족	5 분 내 1개의 데이터 포인트에 대한 GatewayEventCount >= 1	확인 보류 중
CloudTrailEC2InstanceChanges	⊖ 데이터 부족	5 분 내 1개의 데이터 포인트에 대한 EC2InstanceEventCount >= 1	확인 보류 중
CloudTrailVpcChanges	⊖ 데이터 부족	5 분 내 1개의 데이터 포인트에 대한 VpcEventCount >= 1	확인 보류 중
CloudTrailIAMPolicyChanges	⊖ 데이터 부족	5 분 내 1개의 데이터 포인트에 대한 IAMPolicyEventCount >= 1	확인 보류 중

경보의 상태가 **확인**에서 **경보**로 변경될 때까지 기다리고 이 경보들을 더 살펴본다.

12. 제공한 이메일 주소를 살펴본다. 구독을 확인할 수 있게 이메일이 왔을 것이다. Confirm subscription(구독 확인) 링크를 클릭한다. **경보** 페이지를 새로고침하면 확인 대기 중 상태가 사라진 것을 확인할 수 있다.

작동 원리

이 예제에서는 추적의 설정을 통해 CloudWatch를 CloudTrail과 연계했다. CloudTrail은 API 액티비티와 연관된 CloudTrail 이벤트를 계정의 로그 그룹으로 전송하기 위한 권한을 요청했다. 콘솔에서 이 권한을 허용했으며 다음의 권한이 부여됐다.

- 지정된 로그 그룹의 로그 스트림을 생성하기 위한 CreateLogStream
- CloudTrail 이벤트를 로그 스트림에 전달하기 위한 PutLogEvents

또한 보안과 네트워크 관련 API 액티비티를 위한 CloudWatch 경보를 설정하고자 AWS에 의해 제공된 CloudFormation 템플릿을 사용했다. CloudFormation 스택을 지우면 경보들도 모두 삭제된다.

AWS는 SNS를 사용해 알림을 보내고 SNS 주제 구독을 생성했다. 구독을 수동으로 확인하기 전까지 SNS가 알림을 보내지 않으므로 이메일로 전송된 구독을 확인했다.

추가 사항

이 예제에서는 CloudWatch를 CloudTrail과 연계하고 보안과 네트워크 관련 API에 대한 몇 가지 경보를 생성하고자 아마존에서 제공한 CloudFormation 템플릿을 사용했다. 이 장의 'CloudWatch에서 대시보드 생성' 절을 따라 경보들을 대시보드에 추가할 수 있다.

- CloudFormation의 자세한 내용은 https://aws.amazon.com/cloudformation 을 참고한다.

▌ AWS Config 설정과 사용

이 장에서는 AWS Config를 설정하고 사용하는 방법을 알아본다. AWS 자원들에 대해 설정을 기록하고 검토하고자 Config를 사용할 수 있다. 보안의 기준을 정의 하고 이 보안 기준에 만족되지 않는 자원을 찾아낼 수 있다. 또한 Config는 문제가 발생했을 때 자동 조치^{auto-remediation} 기능도 지원한다.

준비

알림에 대해 SNS 주제를 추가하고자 이 장의 '이메일을 보낼 수 있는 SNS 주제 생성' 절을 따라 이메일 구독을 위한 SNS 주제를 생성할 수 있다.

테스트를 위해 추가 인증^{MFA, Multi Factor Authentication}이 설정된 하나 이상의 IAM 사용자 가 필요하다.

작동 방법

다음의 단계를 따라 Config 서비스를 설정할 수 있다.

1. 콘솔의 Config 서비스로 이동한다.
2. 처음 서비스를 사용하므로 시작하기 페이지를 보게 된다. 시작하기 버튼을 클릭한다. 설정 페이지로 이동된다.

3. 기록할 리소스 유형 설정 항목의 모든 리소스에서 이 리전 내에서 지원되는 모든 리소스 유형 기록과 전역 리소스(예, AWS IAM 리소스) 포함의 체크박스를 체크한다.

4. Amazon S3 버킷 항목에서는 버킷 생성을 선택한다. 버킷 이름은 기본값을 사용할 것이다.

5. Amazon SNS 주제 항목에서는 구성 변경 사항과 알림을 Amazon SNS 주제에 스트리밍합니다.를 선택한다. 주제는 사용자 계정에서 주제 선택을 선택하고 주제 이름은 '준비' 절에서 생성한 주제를 선택한다.

6. AWS Config 역할 항목에서는 AWS Config 서비스 연결 역할 생성을 선택한다.

7. 다음을 클릭한다. AWS Config 규칙 페이지로 이동된다.

8. `iam-user-mfa-enabled` 규칙을 검색해 선택한 후 다음을 클릭한다.

 규칙은 더 추가할 수 있다. 이 설정 프로세스가 완료된 뒤에도 규칙 추가가 가능하다.

9. 검토 페이지에서 변경 사항들을 확인하고 확인 버튼을 클릭한다. Config 대시보드 화면으로 이동된다. 조금 기다리면 대시보드의 왼쪽 화면에는 모니터링되는 모든 리소스에 대한 정보가 표시된다. 오른쪽 화면에는 컴플라이언스 상태 그래프와 미준수 규칙의 리스트를 보여준다. 이 규칙을 클릭해 상세 정보를 확인할 수 있다.

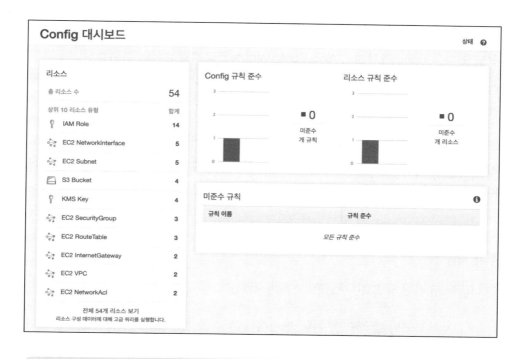

 현재는 새롭게 디자인된 AWS Config 콘솔을 사용해볼 수 있다. **지금 사용해 보십시요**라는 버튼을 클릭하면 새로운 대시보드를 확인할 수 있고 **자원 현황**을 확인할 수 있다. 콘솔의 디스플레이 옵션은 때때로 바뀌지만 개념은 동일하다.

작동 원리

이 예제에서는 계정에 AWS Config를 설정해봤다. 모든 리전의 모든 리소스를 기록하고자 모든 리소스에 대해 이 리전 내에서 지원되는 모든 리소스 유형 기록과 전역 리소스 포함을 선택했다. 특정 자원의 타입에 대해서만 기록하도록 설정하고자 이 리전 내에서 지원되는 모든 리소스 유형 기록 항목을 체크하지 않을 수 있으며, 특정 유형 항목에 특정 자원들을 선택할 수 있다.

SNS 알림을 활성화해 이메일 알림을 받을 수 있도록 SNS 주제에 계정의 이메일 구독을 선택했다. 다른 계정에서 주제 선택을 선택하면 다른 계정의 SNS 주제를 선택할 수도 있다. Config 역할에는 AWS Config 서비스 연결 역할 생성을 선택했다. 이 역할은 Config에 읽기 전용 권한을 부여해 AWS 자원들의 설정 정보를 기록할 수 있게 해준다. 또한 이 역할은 S3와 SNS에 정보를 보낼 수 있는 권한을 부여한다.

또한 Config 규칙으로는 `iam-user-mfa-enabled`을 선택했는데, 이는 주기적으로 실행되는 규칙이다. 다른 타입의 규칙은 구성 변경 규칙으로 연관된 설정이 바뀌면 바로 실행되는 타입이다.

추가 사항

Config와 관련된 중요한 개념은 다음과 같다.

- AWS Config로 체크가 가능한 항목들은 추가 인증(MFA)이 활성화됐는지의 여부, S3 버킷이 공개적^{Public}으로 오픈돼 있는지 여부, 데이터베이스가 암호화됐는지 여부, VPC 플로우 로그가 활성화됐는지 여부 등을 확인할 수 있다.
- AWS 람다를 이용해 새로운 규칙을 만들 수도 있다.
- AWS Config는 규칙에 대해 문제 해결 작업의 수행도 가능하다. 예를 들면 규칙에 따라 EC2 인스턴스의 설정 값을 변경할 수 있다. 하지만 AWS가 EC2 인스턴스를 중지하고 재시작할 수 있는 조치도 있으므로 가능한 다운타임 시간도 고려해야 한다.
- 새로운 콘솔에서 문제 해결 작업을 설정하려면 규칙을 선택한 후 **작업** 버튼을 눌러 메뉴 중 문제 해결 작업을 선택한다. 이전 콘솔에서는 규칙을 수정하거나 새로운 규칙을 추가하면서 문제 해결 작업에서 설정할 수 있다.
- 동일한 세트의 규칙을 여러 계정에 걸쳐 동일하게 설정해 동일한 공통의 규칙을 따르게 할 수도 있다.

- 여러 계정과 모든 리전에 대해 AWS 자원 현황과 Config 규칙의 컴플라이언스 상태를 보고자 AWS Config에 애그리케이터aggregator를 추가할 수 있다. 현재 버전의 콘솔에서는 왼쪽 사이드바에서 **집계 보기**를 클릭한 후 **애그리게이터 추가**를 눌러 추가할 수 있다.

- AWS Config는 기록된 규칙 검토의 수에 기반을 두고 비용이 부과된다.

사용자 지정 규칙 생성의 단계는 다음과 같이 요약할 수 있다.

1. 람다에서 필요한 권한이 부여된 IAM 역할을 생성한다. AWS Config에 리포트하고자 `AWSConfigRulesExecutionRole`이 필요하다. CloudWatch로 로그를 보내고자 `AWSLambdaBasicExecutionRole`도 필요하다. 마지막으로 모니터링할 서비스에 접근할 수 있는 권한도 필요하다(예를 들면 S3에 접근하려면 `AmazonS3ReadOnlyAccess`가 필요).

2. 1번 단계에서 생성한 IAM 역할을 선택하고 지원되는 프로그래밍 언어를 이용해 람다 함수를 생성한다.

3. 람다에 모니터링하기 위한 서비스 파라미터(예를 들면 S3 버킷 속성)를 검토하는 코드를 작성하고, 매 검토마다 `ResultToken` 객체를 업데이트하고 Config에 `ResultToken` 객체 리스트를 반환한다. `ResultToken`은 반드시 다음의 정보들로 구성돼야 한다. `ComplianceResourceType`(대상 자원의 타입, 예를 들면 `AWS::S3::Bucket`), `ComplianceResourceId`(대상 자원의 아이디, 예를 들면 버킷 이름), `ComplianceType`(규칙에 맞는 상태인지 여부, `COMPLIANT` 또는 `NON_COMPLIANT`), `OrderingTimestamp`(타임스탬프) 등이다.

4. Config 대시보드에서 **규칙**으로 이동해 **규칙 추가** 버튼을 누른다. 사용자 지정 규칙을 선택한다. 화면의 정확한 이름은 작업이 다를 수 있다.

5. 트리거 유형은 구성 변경이나 주기적에서 고른다.

6. 다음으로 문제 해결 작업이나 규칙에 대한 알림을 선택할 수 있다.

7. 저장을 클릭한다. 추가된 규칙은 **규칙** 페이지에서 다른 규칙들과 같이 표시될 것이다.

참고 사항

* AWS Config에 대한 더 자세한 정보는 https://aws.amazon.com/config에서 확인할 수 있다.

09

GuardDuty, Macie, Inspector로 규제 준수

주기적으로 계정의 보안 준수 사항을 확인하고 준수하지 않는 상황이 발생했을 때 알림을 보내게 하는 것은 계정을 안전하게 보호하는 중요한 단계다. 이 장에서는 보안 준수 사항을 확인하고 추가적인 인텔리전스 정보와 규칙의 도움을 받아 계정을 안전하게 보호할 수 있는 AWS의 서비스들을 알아본다. 아마존 GuardDuty와 아마존 Macie, 아마존 Inspector는 머신러닝과 고급 알고리즘을 사용해 규제를 준수할 수 있도록 도와준다.

9장에서 다루는 내용은 다음과 같다.

- 아마존 GuardDuty 설정과 사용
- GuardDuty의 여러 계정 결과를 모으고 아마존 Macie 사용
- 아마존 Inspector 설정과 사용

- Inspector 템플릿 생성

기술 요구 사항

이 예제를 완료하려면 사용할 수 있는 AWS 계정이 필요하다.

이 장의 코드 파일은 다음 URL에서 확인할 수 있다.

https://github.com/PacktPublishing/AWS-Security-Cookbook/tree/master/Chapter09

아마존 GuardDuty 설정과 사용

이 예제에서는 아마존 GuardDuty를 설정하고 사용하는 방법을 배운다. GuardDuty는 CloudTrail, VPC 플로우 로그, DNS log를 분석하고 악의적인 행동과 허용되지 않은 행위를 찾고자 머신러닝, 이상 행위 감지, 연계된 위협 정보를 사용한다. GuardDuty는 CloudWatch 및 SNS와 연계해 경보를 만들고 알림을 보낸다. 또한 GuardDuty는 여러 계정의 데이터를 통합할 수 있다.

준비

이 예제를 완료하려면 사용할 수 있는 AWS 계정이 필요하다.

작동 방법

다음의 단계를 따라 계정에서 GuardDuty를 활성화할 수 있다.

1. 콘솔에서 GuardDuty 서비스로 이동한다.

2. 처음 서비스를 사용한다면 **시작하기** 페이지가 보인다. **다음**을 클릭한다. 시작하기를 클릭한다. 다음 화면과 같이 GuardDuty 소개 페이지가 보일 것이다.

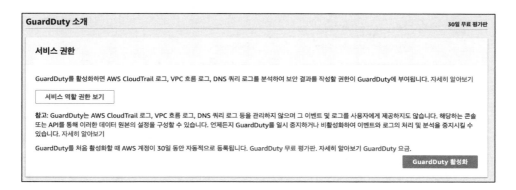

3. GuardDuty 활성화 버튼을 클릭한다.

다음과 같이 AWS에서 제공하는 샘플 이벤트를 통해 GuardDuty 동작을 확인할 수 있다.

1. GuardDuty 대시보드에서 왼쪽 사이드바의 **설정**을 클릭한다.

2. 샘플 결과의 **샘플 결과 작성**을 클릭한다.

3. 왼쪽 사이드바의 **결과**를 클릭해 결과 페이지로 이동한다. 이제 새로운 샘플 결과가 생성된다.

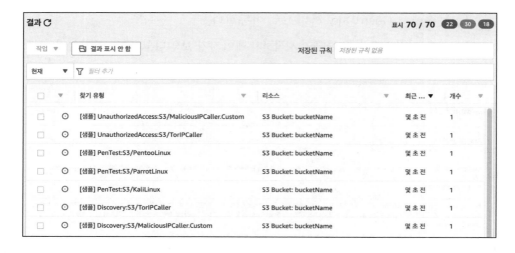

4. 특정 결과에 대해 제공된 추가 사항을 보려면 이벤트 중 하나를 클릭한다.

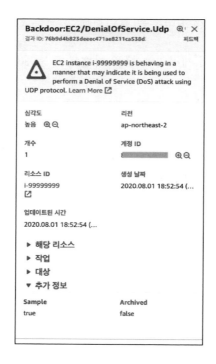

5. 이벤트에 대해 더 많은 정보를 이해하고자 해당 리소스, 작업과 작업자, 추가 정보를 확장해볼 수 있다.

다음과 같이 GuardDuty에서 화이트리스트와 블랙리스트 IP들을 추가하는 작업도 가능하다.

1. 신뢰할 수 있는 IP 목록용 파일과 위협 IP 목록용 파일을 생성하고 S3 버킷에 업로드한다.
   - trusted-ips.txt: 신뢰할 수 있는 IP들과 CIDR 범위의 리스트가 있는 텍스트 파일. 각각의 IP와 CIDR 범위는 한 줄에 하나씩 적는다.
   - threat-lists.txt: 의심스러운 IP와 CIDR 범위 각각의 IP와 CIDR 범위는 한 줄에 하나씩 적는다.

   예제에서는 샘플 IP들로 아마존 문서에서 제공하는 것을 사용했으며, myguarddutydemo 버킷에 업로드했다.

2. 왼쪽 사이드바에서 목록을 클릭한다.

3. 신뢰할 수 있는 IP 목록에서 신뢰할 수 있는 IP 목록 추가를 클릭한다.

4. 신뢰할 수 있는 IP 목록 추가 팝업 화면에서 목록 이름에 이름을 입력한다. 위치에는 신뢰할 수 있는 IP 목록의 S3 URL을 입력하며, 이 예제의 경우 https://myguarddutydemo.s3.amazonaws.com/trusted-ips.txt다. 형식은 텍스트 문서를 선택한다.

5. 목록 추가를 클릭한다. 신뢰할 수 있는 IP 목록에서 리스트를 볼 수 있다.

6. 생성된 리스트의 활성 칼럼 하위의 선택 박스를 클릭한다. 리스트가 활성화됐다는 표시를 볼 수 있고, 변경이 적용되기까지 5분 이상 걸릴 수 있다.

7. 위협 목록 하위에 있는 위협 목록 추가를 클릭한다. 위협 목록 추가라는 이름을 가진 팝업 화면이 나타난다.

8. 신뢰할 수 있는 IP 목록이 위협 목록으로 변경된 것만 빼고, 4단계부터 6

단계까지의 과정을 동일하게 반복한다. 위협 목록에 대해서는 위치를 https://myguarddutydemo.s3.amazonaws.com/threat-list.txt로 입력한다.

작동 원리

먼저 GuardDuty를 활성화했다. GuardDuty는 `ec2:DescribeInstances`와 `ec2:Describe Images`에 대한 권한을 요청했다. 참조를 위해 퍼미션 파일을 코드 파일과 함께 제공한다. 테스트의 목적으로 GuardDuty 콘솔에서 샘플 결과 작성을 수행했고, 이 예제에서 GuardDuty는 54개의 샘플 이벤트를 생성했다. GuardDuty 이벤트는 가장 낮은 수준부터 높은 수준으로 파란색, 노란색, 빨간색의 아이콘으로 표시되는 세 개의 심각도로 나눠지는데, 파란색이 가장 낮은 심각도며 빨간색이 가장 심각한 수준이다. 결과를 클릭하면 해당 결과에 대한 자세한 정보를 얻을 수 있다.

신뢰할 수 있는 IP 목록과 위협 목록을 제공함으로써 화이트리스트와 블랙리스트를 표시할 수 있었다. GuardDuty는 신뢰할 수 있는 IP 목록에 있는 IP에 대해서는 결과를 생성하지 않는다. 회사 IP인 경우 오탐을 방지하고자 설정할 수 있다. 그러나 공격자는 내부에도 있을 수 있음을 인지해야 한다. 위협 목록은 알려진 악성 IP 주소들로 구성된다. 고객이 제공하는 주소들은 AWS가 리서치와 경험에 의해 이미 알고 있는 것과 같이 사용될 것이다.

신뢰할 수 있는 IP 목록과 위협 목록에는 IP와 CIDR 범위가 텍스트(한 줄에 하나의 IP나 CIDR을 포함한 파일), STIX^Structured Threat Information Expression, OTX^Open Threat Exchange CSV, FireEye iSIGHT Threat Intelligence CSV, Proofpoint ET Intelligence Feed CSV, AlienVault 평판 피드의 다양한 포맷으로 추가될 수 있다. 현재 신뢰할 수 있는 IP 목록에 최대 2,000줄, 위협 목록에 25만 줄을 가질 수 있다.

추가 사항

GuardDuty와 연관된 중요한 개념들은 다음과 같다.

- GuardDuty는 VPC 플로우 로그를 분석함으로써 손상된 EC2 인스턴스를 탐지할 수 있다. 예를 들면 GuardDuty는 인스턴스가 서비스 거부[DOS] 공격에 사용됐는지를 탐지할 수 있다.
- GuardDuty는 인스턴스가 암호 화폐 마이닝에 사용됐는지 여부를 탐지할 수 있다.
- GuardDuty는 악의적인 IP에 액세스하고 EC2 외부에서 EC2 인스턴스 프로필을 사용해 자격증명을 도난당했는지 여부를 감지할 수 있다.
- 또한 서로 다른 계정들의 GuardDuty 결과를 하나의 계정에서 집계할 수 있다. GuardDuty 예제 중 다수 계정의 결과 집계에서 이 부분을 살펴볼 예정이다.
- 결과 집계를 쉽게 하고자 여러 계정과 리전의 GuardDuty 결과를 아마존 S3 버킷으로 내보낼 수 있다. 이는 새로운 기능으로 여러 계정의 결과를 하나의 계정으로 모으는 것과는 다른 기능이다.
- GuardDuty 결과를 모니터링하고 알림을 보내고자 CloudWatch와 SNS를 사용할 수 있다.
- GuardDuty의 비용은 분석된 데이터의 양을 기준으로 부과된다.
  - VPC 플로우 로그와 DNS 로그 분석의 경우 분석된 데이터의 크기에 따라 비용이 청구된다.
  - CloudTrail 이벤트의 경우 분석된 이벤트의 수에 따라 비용이 부과된다.

GuardDuty 결과를 모니터링하고자 CloudWatch를 설정하는 단계는 다음과 같이 요약될 수 있다.

1. 콘솔에서 CloudWatch 서비스로 이동한다.

2. 왼쪽 사이드바에서 이벤트 메뉴의 규칙을 클릭하면 규칙 페이지로 이동한다.

3. 규칙 생성을 클릭해 규칙 생성 페이지로 이동한다.

4. 이벤트 소스 부분에서는 다음의 단계를 실행한다.

   1. 이벤트 패턴을 선택한다.

   2. 서비스 이름은 GuardDuty를 선택한다.

   3. 이벤트 유형은 GuardDuty Finding을 선택한다.

5. 대상에서 다음과 같이 실행한다.

   1. 대상 추가를 클릭한다.

   2. 드롭다운 메뉴에서 SNS 주제를 선택한다.

   3. SNS 주제를 선택한다. 8장의 '이메일을 보낼 수 있는 SNS 주제 생성' 절을 참고해 SNS 주제를 생성할 수 있다.

6. 아래로 스크롤해 세부 정보 구성을 클릭한다.

7. 규칙 세부 정보 구성 페이지에서 이름과 설명을 입력한다. 규칙 생성을 클릭한다.

8. GuardDuty의 설정 페이지에서 결과 내보내기를 설정해 CloudWatch 이벤트(CWE)와 S3로 전달하는 주기를 수정할 수 있다.

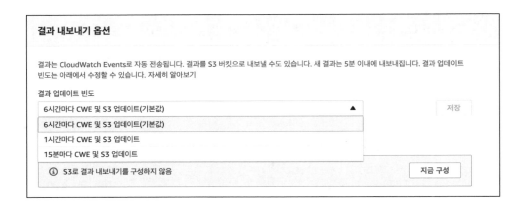

참고 사항

- CloudWatch 이벤트 사용에 대한 자세한 내용은 8장의 'CloudWatch 이벤트로 작업' 절을 참고한다.
- GuardDuty의 위협 인텔리전스 생성 API에 대해서는 https://docs.aws.amazon.com/guardduty/latest/ug/create-threat-intel-set.html을 참고한다.

▌여러 계정의 GuardDuty 결과 집계

이 예제에서 여러 AWS 계정의 GuardDuty 결과를 하나의 계정으로 집계하기 위한 설정을 해볼 것이다. 여러 계정의 결과를 하나의 지정된 계정으로 모으는 것은 모든 계정에 대해 한곳에서 조회할 수 있는 장소를 제공한다. 또한 모든 계정에 대한 설정도 한곳에서 변경할 수 있다.

준비

이 예제를 완료하려면 사용할 수 있는 두 개의 AWS 계정이 필요하다. 이는 메인 계정과 멤버 계정으로 불린다. 메인 계정은 멤버 계정과 이후 추가될 계정의 로그를 취합한다.

멤버 계정에 로그인한 후 계정 번호를 적는다. 이 계정 번호는 8장의 '교차 계정 CloudTrail 로그 기록' 절의 '준비' 절에서 설명한 지원 센터를 참조해 찾을 수 있다.

작동 방법

멤버 계정의 결과를 취합하고자 GuardDuty 설정을 다음과 같이 변경할 수 있다.

1. 메인 계정 콘솔의 GuardDuty 서비스로 이동한다.
2. 왼쪽 사이드바에서 계정을 클릭한다.
3. 계정 추가를 클릭한다.
4. 멤버 계정의 계정 아이디와 이메일 주소를 입력한다.

5. 계정 추가를 클릭한다. 추가할 계정 하위에 계정 정보가 나타난다.
6. 다음을 클릭한다. 계정 페이지에서 추가된 계정을 볼 수 있다. 상태 필드는 방금 추가한 계정을 초대할 수 있는 링크가 있다.

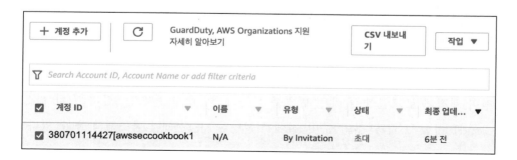

7. 상태 칼럼의 초대를 클릭한다.

8. 다른 계정의 관리자에게 보낼 메시지와 이메일을 추가할 수 있는 팝업 스크린이 나타난다. 두 개의 계정을 모두 관리한다면 이 메시지 필드를 비워두고, 초대 받은 AWS 계정의 루트 사용자에게 이메일 알림 보내고, 초대 받은 계정의 개인 상태 대시보드에도 알림 생성도 체크하지 않은 상태로 둔다.

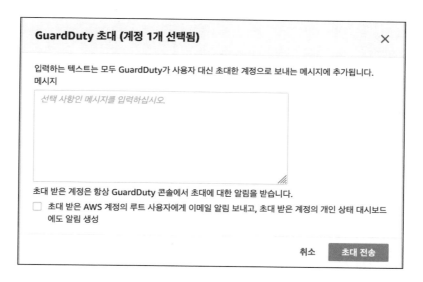

9. 초대 전송을 클릭한다. 계정의 상태는 초대 보냄으로 변경된다.

10. 멤버 계정의 GuardDuty 서비스로 이동한다.

11. 처음 사용하는 경우 시작하기 페이지가 나타난다. 시작하기를 클릭한다. GuardDuty 소개 페이지로 이동된다. 멤버쉽 초대가 왔습니다.라는 메시지가 나타날 것이다.

12. GuardDuty 소개 페이지에서 GuardDuty 활성화 버튼을 누른다. 초대 페이지로 이동된다.

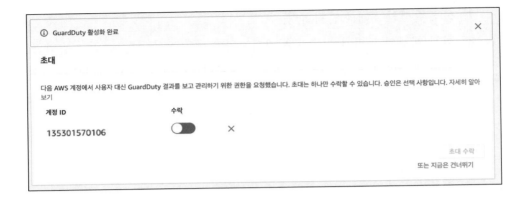

또는 왼쪽 사이드바에서 **초대** 버튼을 눌러 **초대** 페이지로 이동할 수도 있다.

13. 수락 버튼을 클릭하고 초대 수락을 클릭한다.

14. 왼쪽 사이드바에서 설정을 눌러 설정 페이지로 이동한 뒤 **샘플 결과 작성**을 클릭한다.

15. 메인 계정의 GuardDuty 대시보드로 이동해 결과를 확인한다. 멤버 계정의 결과를 확인할 수 있어야 한다.

작동 원리

먼저 모든 GuardDuty의 결과를 집계할 메인 계정에 로그인했다. 그 후 멤버 계정을 초대한다. 계정 아이디를 이미 적어뒀기 때문에 계정의 루트 계정 이메일 주소를 알고 있다.

그 후 멤버 계정으로 로그인한 후 초대를 수락했다. 멤버 계정에서 샘플 결과를 생성했다. 마지막으로 메인 계정에 다시 로그인해 방금 생성한 멤버 계정의 결과를 확인할 수 있었다.

420

추가 사항

이 책을 작성할 때 AWS에서는 새로운 결과를 S3 버킷으로 내보내기하는 새로운 기능을 공지했다.

 New feature: Exporting findings to an S3 bucket ✕
You can now export findings to Amazon S3 to simplify aggregation of all GuardDuty findings across all accounts and regions. In addition to pushing findings out through AWS CloudWatch Events, this gives customers another option for the aggregation and retention of GuardDuty findings across accounts and regions using S3. Learn more

이제 결과 취합을 단순하게 하고자 교차 계정과 리전에서 S3 버킷으로 내보낼 수 있게 됐다.

참고 사항

- GuardDuty의 결과 내보내기는 https://docs.aws.amazon.com/guardduty/latest/ug/guardduty_exportfindings.html에서 상세 내용을 참고할 수 있다.

▌아마존 Macie 설정과 사용

이 예제에서는 아마존 Macie를 설정하고 사용하는 방법을 알아본다. Macie는 머신러닝을 활용한 서비스로, 민감한 데이터를 찾고 분류하고 보호할 때 사용한다. Macie는 S3 버킷의 데이터를 분석하고 개인 정보나 지적 재산권과 같은 민감 정보를 검색할 수 있다. 또한 Macie는 사용자 지정 탐지 규칙 기능을 제공해 조직의 지적 재산권이나 특정 시나리오를 반영할 수 있게 지원한다.

준비

민감한 데이터를 저장할 S3 버킷을 다음과 같이 준비한다.

1. Macie를 활성화하는 리전에 S3 버킷이 생성돼 있어야 한다. 이 버킷은 Macie의 작업에서 샘플 데이터를 업로드할 용도로 사용할 예정이며, 이 예제에서는 cookbooksec-demo 버킷을 사용할 예정이다.

2. 다음의 샘플 데이터를 txt 파일로 저장한다. 이 예제에서는 sampledata.txt로 저장했다.

```
name,bankaccount
john,123456123456
jane,678900678900
```

3. 생성된 txt 파일을 S3 버킷에 업로드한다.

Macie의 작업 결과를 저장할 S3 버킷을 암호화하고자 동일한 리전에 KMS에서 생성한 키가 필요하며, 4장의 'KMS에 키 생성' 절을 참고해 생성할 수 있다.

이 예제에서 KMS 키를 사용하려면 Macie가 해당 키를 사용할 수 있도록 정책이 업데이트돼야 한다.

다음의 단계를 통해 해당 KMS 키 정책을 업데이트한다.

1. KMS 콘솔로 이동한다.
2. 좌측의 메뉴에서 고객 관리형 키를 클릭한다.
3. '4장, KMS와 CloudHSM으로 키 관리'에서 생성한 키 별칭을 클릭한다. 정책 보기로 전환 버튼을 클릭한다. 하단의 키 정책이 나타나면 우측 상단의 편집 버튼을 클릭한다. Json 형태에 맞춰 기존의 정책은 수정하지 않고 다음의 키 정책을 추가한다.

```json
{
    "Sid": "Allow Macie to use the key",
    "Effect": "Allow",
    "Principal": {
        "Service": "macie.amazonaws.com"
    },
    "Action": [
        "kms:GenerateDataKey",
        "kms:Encrypt"
    ],
    "Resource": "*"
}
```

4. 변경 사항 저장을 클릭한다.

5. 정책이 추가된 후 다음과 비슷하게 키 정책이 표시될 것이다.

작동 방법

S3 버킷에서 데이터의 리스크를 찾고 분류하도록 Macie를 활성화한다.

1. Macie 콘솔로 이동한다.
2. Macie를 처음 사용한다면 **시작하기** 페이지를 볼 수 있다. **시작하기**^{Get Started} 버튼을 클릭한다. Macie의 서비스 롤 권한을 살펴보고 Macie를 활성화할 수 있다. **활성화**^{Enable Macie} 버튼을 클릭한다.
3. Macie는 자동으로 현재 리전의 S3 버킷에 대한 평가를 시작한다. 몇 분 후에 요약 페이지에서 평가 결과를 확인할 수 있다. 요약 페이지에서는 공개 접근 가능 여부, 암호화 여부, 공유된 버킷을 보여준다.

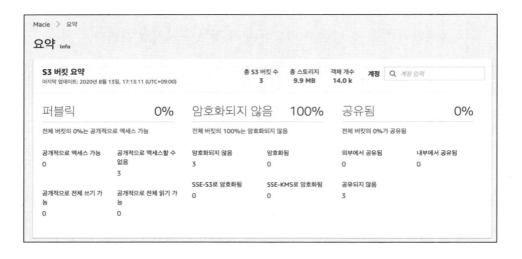

4. 요약 페이지의 우측 상단에 있는 **총 S3 버킷**^{Total S3 buckets}의 숫자 링크를 누르면 현재 계정의 리전에서 평가된 버킷 리스트를 확인할 수 있다. 해당 페이지로는 왼쪽 사이드바에서 S3 버킷을 클릭해 이동할 수 있다.
5. Macie의 결과를 보관하려면 결과 저장용 S3 버킷 설정이 필요하다. 결과 저장용 버킷을 설정하지 않은 경우 상단에 다음과 같은 메시지가 나타남

을 확인할 수 있다.

6. **지금 구성** 버튼을 클릭한다. 검색 결과를 저장하기 위한 저장소 설정 페이
   지로 이동된다. 해당 페이지는 왼쪽 사이드바에서 설정 하단의 검색 결과
   Discovery results를 클릭하고 **지금 구성**을 클릭해 이동할 수 있다.

7. **버킷 생성**을 선택하고 버킷 생성 텍스트박스에 신규 S3 버킷 이름을 입력한
   다. 이 예제에서는 cookbook-security-macie-result로 입력한다.

8. 고급 부분을 펼치면 데이터 검색 결과 접두사Prefix를 지정할 수 있다. 모든
   퍼블릭 액세스 차단은 예로 선택된 것을 확인할 수 있으며, 이 예제에서는 기
   본값을 그대로 사용한다.

9. 버킷 이름을 입력하면 KMS 암호화 설정 부분이 활성화된다. 계정에서 키 선택을 선택하고 KMS 키 별칭을 선택한다. '준비' 절에서 키 정책이 업데이트된 키를 선택해야 한다.

10. 저장을 클릭한다. 검색 결과를 위한 리포지토리가 설정된 것을 확인할 수 있다.

11. S3 버킷에 저장된 데이터를 분석하고자 작업을 생성할 수 있다. 왼쪽 사이드바의 **작업**을 클릭한다. 우측 상단의 **작업 생성** 버튼을 클릭한다.

12. S3 버킷 선택에서 데이터를 분석할 버킷에 체크한다. 이 예제에서는 **cookbooksec-demo**를 선택했다. 다음을 클릭한다.

13. S3 버킷 검토에서는 선택된 버킷을 검토한다. 다음을 클릭한다.

14. 범위에서는 **일회성 작업**을 선택한다. 주기적으로 작업을 실행하려면 예약된 작업을 선택하고 업데이트 빈도를 선택할 수 있다. 이 예제에서는 일회성으로 작업을 생성한다. 다음을 클릭한다.

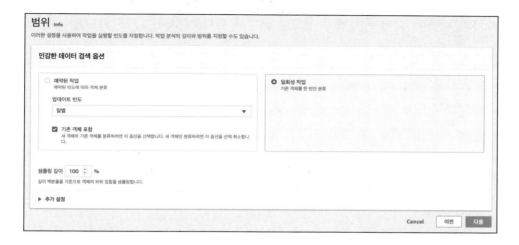

15. 사용자 지정 데이터 식별자는 추가하지 않는다. 다음을 클릭한다.

16. 이름 및 설명 단계에서 작업 이름과 작업 설명을 입력한다. 이 예제에서는 작업 이름을 OneTimeMacieJob으로 입력했다. 다음을 클릭한다.

17. 입력된 값들을 검토하고 제출 버튼을 클릭한다.

18. 생성된 작업의 상태가 활성(실행 중)으로 변경된다. 새로 고침 아이콘을 클릭하면서 상태가 완료로 바뀔 때까지 기다린다.

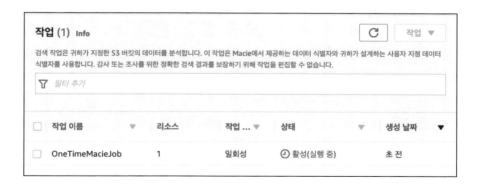

19. 작업을 선택하면 오른쪽으로 작업의 상세 내역이 나타나고 결과 표시 버튼을 클릭해 결과 페이지로 이동한다.

20. 다음과 같이 파이낸셜 정보가 포함돼 있다는 결과가 나타난다.

21. 결과 유형은 SensitiveData:S3Object/Financial이며, 해당 결과를 선택하면 우측 화면에 상세 내역과 대상 객체(리소스)가 표시된다.

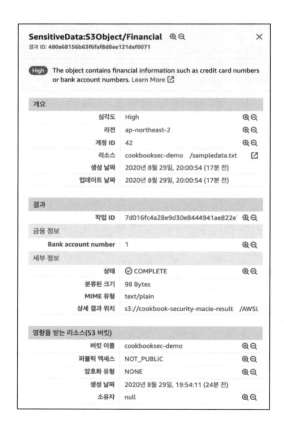

작동 원리

아마존 Macie는 데이터 보안과 프라이버시를 위한 관리형 서비스로, 머신러닝과 패턴 분석을 통해 S3 버킷에 포함된 데이터를 검색하고 모니터링해 민감 정보를 보호할 수 있게 도와준다.

AWS는 2020년 5월 13일에 새롭게 업그레이드된 Macie 서비스를 발표했고, 서울 리전을 비롯한 많은 리전에서 서비스되고 있다. 이전 버전의 Macie는 Macie Classic으로 불린다. 이 예제에서는 Macie 서비스를 활성화해 같은 리전에서 S3 버킷의 요약 페이지를 확인했다. Macie 서비스를 활성화하면 같은 리전에 있는 S3 버킷을 검토한 후 요약 페이지에서 퍼블릭 액세스 가능한 S3 버킷, 암호화 여부, 공유 여부에 대한 정보를 보여준다. Macie는 작업을 통해 S3 버킷에 저장된 객체들에 대해 검토 결과를 만들어내는데, 기본값으로는 90일 동안만 저장한다. 따라서 90일 이상 결과를 저장하고자 데이터 검토 결과 저장을 위한 S3 버킷을 구성했다. 이 예제에서는 새로운 버킷을 생성했는데, 새로운 버킷을 생성하는 경우 Macie가 결과를 저장할 수 있도록 버킷의 정책도 함께 업데이트된다. 또한 결과를 저장하는 버킷은 KMS를 통해 암호화가 설정되는데, 같은 리전에 생성된 고객 관리형 키를 선택할 수 있으며 해당 키는 Macie가 결과를 암호화해 저장할 수 있도록 키 정책을 업데이트했다.

S3 버킷에 저장된 데이터를 주기적으로 또는 일회성으로 민감한 데이터를 포함하는지 여부를 확인하고자 작업을 생성할 수 있다. S3에 저장된 데이터 중 Macie가 지원하는 타입의 데이터가 정의돼 있으며, 이미지, 오디오, 비디오, 또는 다른 타입의 멀티미디어 자원은 지원하지 않는다. 이 예제에서는 특정 S3 버킷을 대상으로 작업을 생성했다. '준비' 절에서 샘플 데이터 파일을 S3 버킷에 업로드해뒀는데, 이 파일에는 샘플 은행계좌 번호가 포함돼 있었다. 왼쪽 사이드바의 **작업**에서 새로운 작업을 생성했다. 작업은 주기적으로 실행되게 하거나 일회성으로 생성할 수 있다. 주기적인 작업은 일별, 주별, 월별 빈도 선택이 가능하다. 샘플링 깊이

에 대해 퍼센트 설정을 할 수 있는데, 이는 작업이 분석할 데이터의 범위를 지정하는 것으로, 예를 들어 S3 버킷에 1,000개의 객체가 있고 30%를 범위로 입력했다면 Macie는 랜덤하게 300개의 객체에 대해 분석을 수행한다. 추가 설정에서는 태그, 마지막 수정된 시간, 파일 확장명, 객체 크기 등을 기준으로 포함하거나 제외할 수 있는 기준을 추가로 정의할 수 있다. 예제에서는 별도의 포함, 제외 기준을 설정하지는 않았다.

데이터 분석 작업이 끝나면 발견된 결과의 타입과 세부 사항을 확인할 수 있으며, 이 예제의 경우 Financial 데이터로 확인됐다.

추가 사항

Macie가 민감 정보를 탐지하는 방식을 좀 더 살펴보자.

- Macie는 민감 데이터를 탐지할 때 내장된 데이터 탐지 규칙을 사용한다. 이러한 탐지 규칙은 개인 정보, 금융 정보, 비밀번호 정보 등을 탐지하기 위한 규칙들이 포함돼 있다. 또한 Macie는 사용자 지정 데이터 탐지 규칙 Custom data identifier를 추가할 수 있는 기능을 제공한다.

- 사용자 지정 데이터 탐지 규칙은 일치시킬 패턴을 정의하는 정규식, 키워드, 무시할 단어, 최대 일치 거리를 지정할 수 있다. 사용자 지정 데이터 탐지 규칙은 한 번 저장한 이후에는 감사 증적을 위해 수정이 불가하므로 패턴을 충분히 테스트한 후 생성한다.

- Macie를 통해 여러 계정을 관리하려면 AWS Organization 서비스와 연동시킨다. AWS Organization 마스터 계정에서는 조직에 속한 특정 계정을 Macie의 마스터 계정으로 지정할 수 있다. 또는 초대 메일을 통해 다른 계정을 Macie의 멤버 계정으로 초대할 수 있다.

- Macie의 결과는 시큐리티 허브와 이벤트 브리지(이전 명칭은 CloudWatch

Event)로 보내진다. 결과 게시의 빈도는 다음과 같이 15분, 1시간, 6시간 중에서 지정할 수 있다.

참고 사항

- Macie가 지원하는 파일과 스토리지 포맷에 대한 자세한 정보는 https://docs.aws.amazon.com/ko_kr/macie/latest/user/discovery-supported-formats.html에서 자세히 볼 수 있다.

- Macie가 생성하는 결과 타입에 대한 자세한 정보는 https://docs.aws.amazon.com/macie/latest/user/findings-types.html에서 자세히 볼 수 있다.

▌아마존 Inspector 설정과 사용

이 예제에서는 아마존 Inspector를 설정하고 사용하는 방법을 알아본다. 아마존 Inspector는 AWS에 배포된 애플리케이션의 자동화된 보안 진단 취약점이나 표준적인 적용 방식과의 차이점을 찾기 위한 서비스다. Inspector의 결과는 콘솔이나 Inspector가 제공하는 진단 리포트로 확인할 수 있다.

준비

기본 VPC의 퍼블릭 서브넷에 EC2 인스턴스를 생성한다. 이 작업을 위해 6장의 'VPC에서 EC2 인스턴스 시작' 절을 참고한다.

작동 방법

다음의 단계를 통해 Inspector를 설정한다.

1. 콘솔에서 Inspector 서비스로 이동한다.
2. 처음 사용한다면 시작하기 페이지를 볼 것이다. 시작하기를 클릭한다.
3. Welcome to Amazon Inspector 페이지에서 Assessment Setup^{평가 설정} 하단의 Network Assessments^{네트워크 진단}와 Host Assessment^{호스트 진단}를 선택한다. Run weekly (Recommended)를 클릭한다. 다음과 같은 확인 창이 나타난다.

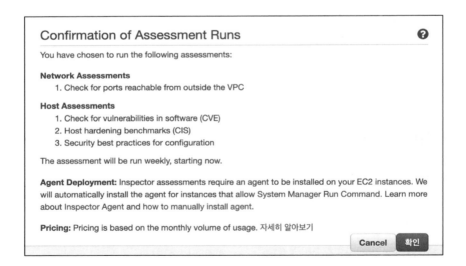

4. 확인을 클릭하면 다음과 같은 성공 메시지를 볼 수 있다.

432

5. 왼쪽 사이드바에서 대시보드를 클릭한다. 평가 실행이 완료되면 대시보드에서 평가의 상태를 확인할 수 있다.

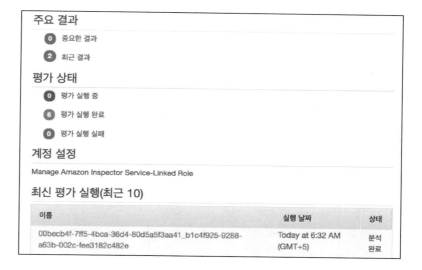

6. 최신 평가 실행 박스의 이름 아래 링크를 클릭해 결과를 확인한다.

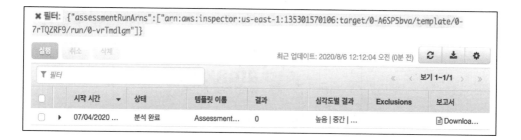

7. 결과 칼럼 하단의 링크를 눌러 결과를 살펴본다.

8. 또는 **심각도별** 결과 열의 특정 심각도에 대한 링크를 클릭해 해당 심각도 레벨에 속한 결과만 확인할 수도 있다.

9. 보고서 열 하단의 링크를 클릭해 보고서를 다운로드한다. 다음과 같은 팝 업 창을 볼 수 있다.

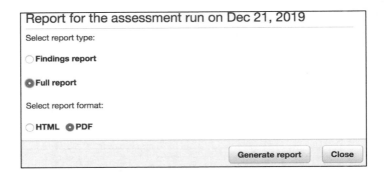

10. 보고서 타입은 Full report, 보고서 포맷은 PDF를 선택하고 Generate report를 클릭한다. 다음과 같은 표지로 시작하는 상세 보고서를 받을 수 있다.

평가한 인스턴스의 수에 따라 보고서 파일의 크기는 달라진다.

작동 원리

Inspector를 활성화시킬 때 평가의 주기는 일주일 단위로 설정했다. 또는 수작업으로 한 번씩 수행할 수도 있다. EC2 인스턴스에 대한 평가 종류는 네트워크 평가network assessment와 호스트 평가host assessment로 선택했다. 네트워크 평가에서 AWS는 VPC 밖에서 접근이 가능한 포트를 체크하고자 네트워크 설정을 분석한다. 네트워크 평가에서 에이전트를 설치하는 것은 선택적이지만 에이전트가 설치돼 있다면 AWS는 포트에 접근할 수 있는 프로세스를 찾을 수 있다.

호스트 평가를 통해 AWS는 일반적인 취약점 및 노출CVE, 호스트 하드닝(CIS 벤치마크)과 다른 보안 모범 사례의 구현 여부를 체크한다. 호스트 평가는 EC2 인스턴스에 Inspector 에이전트를 설치해야 한다. 인스턴스가 시스템 매니저 서비스의 명령 실행Run Command을 허용한다면 AWS는 자동으로 에이전트를 실행한다. 시스템 매니저에 관해서는 6장에서 시스템 매니저의 파라미터 저장소에 민감한 데이터를 저장하는 방법을 통해 간단히 배웠다.

EC2 머신에 Inspector 에이전트를 설치하려면 EC2 인스턴스에 SSM 에이전트가 설치돼 있어야 하고, 명령을 실행할 수 있는 IAM 역할이 할당돼 있어야 한다. EC2 윈도우 인스턴스와 아마존 리눅스 인스턴스는 SSM 에이전트가 설치돼 있다.

추가 사항

이 예제에서는 Inspector가 주 단위로 실행되도록 일정을 설정했다. 다음과 같은 단계를 통해 Inspector를 실행시킬 수도 있다.

1. 평가 템플릿 페이지로 이동한다.

2. 평가 템플릿을 선택한다.

3. 실행을 클릭한다.

CloudWatch와 SNS를 사용해 알림을 구성하는 단계는 다음과 같이 요약할 수 있다.

1. 콘솔에서 CloudWatch 서비스로 이동한다.

2. 규칙 페이지로 이동하기 위해 이벤트 메뉴 하단의 **규칙**을 클릭한다.

 평가 템플릿 페이지에서 **평가 이벤트 생성**을 클릭해 CloudWatch의 **규칙** 페이지로 바로 이동할 수 있다.

3. 규칙 생성 페이지로 이동하기 위해 **규칙 생성**을 클릭한다.

4. 이벤트 소스 부분에서는 다음의 단계를 실행한다.

   1. 이벤트 패턴을 선택한다.

   2. 서비스 이름은 Inspector를 선택한다.[1]

   3. 이벤트 유형은 모든 이벤트를 선택한다.

5. 대상은 다음과 같이 설정한다.

   1. 대상 추가를 클릭한다.

   2. 드롭다운 메뉴에서 SNS 주제를 선택한다.

   3. SNS 주제를 선택한다. 8장의 '이메일을 보낼 수 있는 SNS 주제 생성' 절을 참고해 SNS 주제를 생성할 수 있다.

6. 아래로 스크롤하고 구성 세부 사항을 클릭한다.

7. **구성 세부 사항** 페이지에서는 이름과 설명을 입력한다. **규칙 생성**을 클릭한다.

8장의 '이메일을 보낼 수 있는 SNS 주제 생성' 절을 참고해 SNS 주제를 생성할 수 있다.

---

1. 서울 리전에서는 나타나지 않는다. – 옮긴이

AWS Inspector의 가격 정책은 다음과 같다. 네트워크 평가는 인스턴스 평가의 월 단위 볼륨을 기준으로 가격이 평가된다. 호스트 평가는 에이전트 평가의 월 단위 볼륨을 기준으로 가격이 평가된다. 많이 사용할 수 있도록 인스턴스 평가당 단가는 떨어진다. 최근 AWS는 90일간의 무료 평가 기간을 제공하는데, 250개 인스턴스에 대한 평가는 가격이 책정되지 않는다.

참고 사항

- 아마존 Inspector 평가 대상 관련 자세한 정보는 https://docs.aws.amazon. com/inspector/latest/userguide/inspector_applications.html#create_application_ via_console을 참고한다.

▌ 사용자 지정 관리자 템플릿 생성

이 예제에서는 사용자 지정 EC2 인스턴스를 대상으로 태그 정보를 활용해 새로운 평가 템플릿을 생성하는 방법을 배운다. 이전의 예제에서는 AWS 계정의 모든 EC2 인스턴스를 대상으로 하는 평가 템플릿을 생성했다.

준비

기본 VPC 보안 그룹을 이용해 기본 VPC의 퍼블릭 서브넷에 EC2 인스턴스를 생성한다. 6장의 'VPC에서 EC2 인스턴스 시작' 절을 참고한다. 평가 대상 EC2 인스턴스에 대해 태그 키는 Environment, 값은 Prod로 설정한다.

Key	Value
Environment	Prod

8장의 '이메일을 보낼 수 있는 SNS 주제 생성' 절을 참고해 Inspector 알림을 보내기 위한 SNS 주제를 생성할 수 있고, 주제를 만들 때 다음의 변경 사항을 적용한다.

1. 주제에 대해 이름과 설명을 입력한다. 이름은 `MyInspectorEmailTopic`으로 입력하고 설명은 `My Email Topic for Inspector`로 입력한다.
2. 액세스 정책 ❯ 선택 사항을 클릭해 확장한다.
3. 방법은 기본을 선택한다.
4. 주제에 메시지를 게시할 수 있는 사용자를 정의합니다.의 항목에서는 지정된 AWS 계정만을 선택한다. 값은 arn:aws:iam::316112463485:root로 입력한다. 이 주제를 구독할 수 있는 사용자를 정의한다. 부분에서는 지정된 AWS 계정만을 선택한다. 값은 arn:aws:iam::316112463485:root로 입력한다.

이 ARN은 미국 동부(버지니아 북부)에 해당하는 ARN이다. 각 리전별 ARN의 리스트는 https://docs.aws.amazon.com/inspector/ latest/userguide/inspector_assessments.html# sns-topic을 참고한다.

마지막으로 구독을 생성하고 확인한다.

작동 방법

평가 템플릿은 다음의 방법으로 생성할 수 있다.

1. 콘솔에서 Inspector 서비스로 이동한다.

2. 왼쪽 사이드바에서 **평가 대상**을 클릭한다.

3. 아마존 Inspector – 평가 대상 페이지에서 **생성**을 클릭한다.

4. All Instances 항목에 대해 Include all EC2 instances in this AWS account and region(이 계정과 리전의 모든 EC2 인스턴스 포함하기) 옵션은 체크하지 않는다.

5. Use Tags에 대해서는 **새 키 추가**를 클릭하고 '준비' 절에서 생성한 EC2 인스턴스의 키와 값을 선택한다. 평가 대상 생성 화면은 다음 화면처럼 보인다.

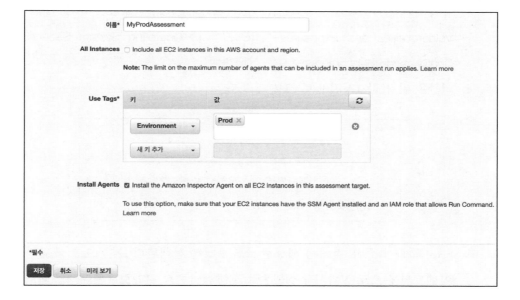

6. **미리 보기**를 클릭한다.

7. 평가 대상의 리소스 화면에서 인스턴스를 확인한 후 **확인**을 누른다.

8. **저장**을 클릭한다.

평가 템플릿은 다음의 단계를 통해 생성할 수 있다.

1. Inspector 서비스 콘솔에서 평가 템플릿을 클릭한다.

2. 생성을 클릭한다.

3. 이름을 입력한다.

4. 대상 이름은 이전 단계에서 생성한 대상을 선택한다.

5. 규칙 패키지는 Network Reachability-1.1, Security Best Practices-1.0, Common Vulnerabilities and Exposures-1.1(CVE), CIS Operating System Security Configuration Benchmarks-1.0을 선택한다.

6. 기간은 권장 값 1시간으로 그대로 둔다.

7. SNS 주제는 '준비' 절에서 생성한 SNS 주제를 선택한다. 자동으로 채워진 이벤트의 값으로 실행 시작, 실행 완료, 실행 상태 변경, 결과 보고 완료는 그대로 둔다.

8. 태그는 '준비' 절에서 생성한 EC2 인스턴스의 키와 값을 선택한다.

9. 결과에 추가된 속성은 비워둔다.

10. 평가 스케줄은 Set up recurring assessment runs once every 7 days(매 7일마다 실행하기)로 설정한다.

11. 생성을 클릭한다.

12. 템플릿이 스케줄대로 실행되기를 기다리거나 다음과 같이 직접 실행을 시작할 수 있다.

    1. 평가 템플릿 페이지로 이동한다.

    2. 템플릿을 선택한다.

    3. 실행을 클릭한다.

    하나의 EC2 인스턴스만 있는 경우 이전 단계의 화면과 비슷한 화면을 볼 수 있다.

		Severity ❶ ▼	Date ▼	Finding
☐	▶	Medium	Today at 10:…	On instance i-06e203cfa224c2125, TCP port 22 w…
☐	▶	Informational	Today at 10:…	Aggregate network exposure: On instance i-06e20…

실제의 경우 대부분 운영체제와 같은 대상에 대해 실행하게 될 것이다. 비용이 제약 사항이 아니라면 모든 인스턴스에 대해 평가를 실행하는 것은 계정을 좀 더 안전하게 만들어줄 것이다.

작동 원리

이 예제에서는 먼저 평가 대상을 생성했다. 대상을 생성하면서 계정의 모든 인스턴스를 포함하지 않고자 AWS 계정과 리전의 모든 EC2 인스턴스를 포함시키는 것은 체크하지 않았다. 대신 EC2 인스턴스의 태그를 선택했다. 대상이 되는 EC2 인스턴스에 AWS가 Inspector 에이전트를 설치하도록 선택했다. EC2 인스턴스에

Inspector 에이전트를 설치하려면 EC2 인스턴스는 SSM 에이전트가 설치돼 있어야 하고 Run Command를 실행할 수 있는 IAM 역할이 할당돼야 한다. EC2 윈도우 인스턴스와 아마존 리눅스 인스턴스는 SSM 에이전트가 설치돼 있다.

추가적으로 이미 선택한 평가 대상으로 평가 템플릿을 생성했다. 규칙은 가능한 규칙을 모두 선택했는데, Network Reachability-1.1, Security Best Practices-1.0, Common Vulnerabilities and Exposures-1.1, and CIS Operating System Security Configuration Benchmarks-1.0을 포함한다. 기간은 AWS에서 권장하는 1시간으로 설정했다. 다른 가능한 값은 15분, 8시간, 12시간과 24시간이 있다. '준비' 절에서 생성한 SNS 주제를 선택했다. EC2 인스턴스에 생성한 태그를 선택했다.

추가 사항

아마존 Inspector 규칙 패키지의 ARN은 각 리전마다 다른 특정 계정을 사용한다. 미국 동부(버지니아 북부)의 경우 Inspector 규칙을 사용하는 계정 계정은 **316112463485**다. 그러므로 SNS 주체는 이 계정에 대해 권한을 부여했다. 8장의 '이메일을 보낼 수 있는 SNS 주제 생성' 절을 참고해 생성한 SNS 주제를 바로 사용하는 경우에는 템플릿 생성 시 다음과 같은 에러가 발생한다.

> ❗ ERROR ✕
> - The Inspector Account was denied access to the requested topic Grant account 316112463485 permission to publish to the topic arn:aws:sns:us-east-1:135301570106:MyEmailTopic

대상 리전의 ARN을 사용하는데, '참고 사항' 절을 확인해 전체 리전별 ARN을 참고할 수 있다.

참고 사항

- Inspector 알림을 위한 SNS 주제 설정의 자세한 방법은 https://docs. aws.amazon.com/inspector/latest/userguide/ inspector_assessments.html# sns-topic에서 확인할 수 있다.

- 아마존 Inspector 규칙 패키지의 리전별 ARN은 https://docs.aws.amazon. com/inspector/latest/userguide/inspector_rules-arns.html에서 볼 수 있다.

10

AWS 보안의 추가적인
서비스와 가이드

지금까지 이 책을 통해 보안과 연관된 여러 개념과 서비스를 살펴봤다. 그 외에도 AWS 인프라스트럭처를 안전하게 구성하게 도와주는 보안 서비스와 방안들이 있다. 10장에서는 주목할 만한 가치가 있는 추가적인 서비스와 방안을 살펴본다. 다른 장들과는 달리 서비스들을 자세히 살펴보지는 않을 것이다. 각 서비스에 대해 좀 더 자세한 정보를 원하는 경우 서비스별 문서와 '참고 사항' 절에서 제공하는 링크를 참고하면 된다. 또한 이전 장에서 배운 여러 가지 보안 서비스와 함께 동작하는 AWS 시큐리티 허브를 알아본다. 이전 장에서 배우지 않은 AWS 싱글사인온 SSO과 AWS 리소스 액세스 매니저Resource Access Manager, AWS 시크릿 매니저Secrets Manager, AWS Trusted Advisor, AWS 아티팩트Artifact도 알아본다. S3 글레이셔 볼트Glacier Vaults의 기능도 살펴보며 AWS 마켓플레이스Marketplace의 보안 상품을 어떻게 사용할 수 있는지 알아본다.

10장에서 다루는 내용은 다음과 같다.

- AWS 시큐리티 허브와 AWS 싱글사인온의 설정과 사용
- AWS 리소스 액세스 매니저의 설정과 사용
- 볼트 잠금을 이용해 S3 글레이셔 볼트 보호
- RDS 자격증명을 관리하기 위해 AWS 시크릿 매니저 사용
- EC2 사용자 데이터 대신 AMI 생성
- AWS 마켓플레이스의 보안 제품 사용
- AWS Trusted Advisor 사용
- 컴플라이언스 리포트를 위해 AWS 아티팩트 사용

▌기술 요구 사항

이 장의 예제를 완료하려면 사용할 수 있는 AWS 계정이 필요하다.

이 장의 코드 파일은 https://github.com/PacktPublishing/AWS-Security-Cookbook/tree/master/Chapter10에서 확인할 수 있다.

▌AWS 시큐리티 허브의 설정과 사용

이 예제에서는 AWS 시큐리티 허브를 설정하고 사용하는 방법을 알아본다. 시큐리티 허브는 Config, GuardDuty, Macie, Inspector와 같은 서비스에서의 결과를 받아 하나의 뷰로 제공하고, 보안 알람들을 관리하고 컴플라이언스 체크에 대응할 수 있게 한다.

시큐리티 허브는 기본적으로 활성화된 CIS AWS 파운데이션 벤치마크를 사용해 자동화된 컴플라이언스 검사를 수행할 수 있다.

준비

8장과 9장을 참고해 Config, GuardDuty, Macie, Inspector를 설정한다.

작동 방법

다음의 단계를 따라 시큐리티 허브를 설정할 수 있다.

1. 시큐리티 허브 콘솔로 이동한다. 처음으로 시큐리티 허브를 사용하는 경우 시작하기 페이지가 나타나며, 시큐리티 허브로 이동 버튼을 눌러 시큐리티 허브 페이지로 이동할 수 있다.

2. 시큐리티 허브로 이동을 클릭한다. 시큐리티 허브 소개 페이지가 시큐리티 허브 활성화 옵션과 같이 표시되며 컴플라이언스 체크를 위해 서비스 링크드 롤SLR, Service Linked Roles이 생성되는 서비스(CloudWatch, SNS, Config, CloudTrail) 리스트와 결과를 가져오기 위한 권한(GuardDuty, Inspector, Macie, IAM 액세스 분석기Access Analyzer, AWS 방화벽 매니저Firewall Manager)을 보여준다.

3. 시큐리티 허브 활성화를 클릭한다. 요약, 보안 표준, 인사이트가 나온 화면을 볼 수 있다. 요약 부분은 인사이트와 AWS 통합의 최근 분석 결과가 표시된다. 결과의 업데이트까지는 얼마간의 시간이 소요된다.

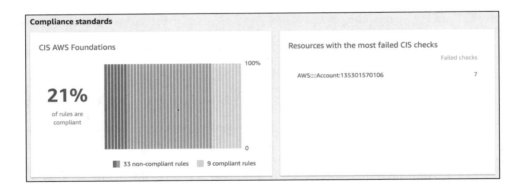

보안 표준에서는 AWS 기초 보안 모범 사례 v1.0.0, CIS AWS Foundations Benchmark v1.2.0, PCI DSS v3.2.1에 대한 결과와 실패한 보안 검사가 가장 많은 리소스가 나타난다.

인사이트 부분에서는 분석 결과 개수 기준 상위 제품, 분석 결과 개수 기준 심각도, 분석 결과 개수 기준 상위 S3 버킷, 분석 결과 개수 기준 상위 EC2 인스턴스, 분석 결과를 가장 많이 생성한 AMI, 분석 결과 개수 기준 상위 IAM 사용자, 분석 결과 개수 기준 상위 계정, 분석 결과가 가장 많은 AWS 리소스와 같은 결과들을 확인할 수 있다.

4. 왼쪽 사이드바에서 **보안 표준**을 클릭한다. AWS 기초 보안 모범 사례 v1.0.0, CIS AWS Foundations Benchmark v1.2.0, PCI DSS v3.2.1의 세 가지 보안 표준을 제공한다.

5. 왼쪽 사이드바에서 **인사이트**를 클릭하고 인사이트 리스트를 볼 수 있는 페이지로 이동한다. 약 30여 개의 인사이트 필터가 존재한다.

6. 왼쪽 사이드바의 **분석 결과**를 클릭하면 여러 서비스에서 발생된 분석 결과 리스트를 확인할 수 있다. 결과를 발생시킨 서비스나 심각도에 따라 결과를 필터링해서 볼 수 있다.

7. 왼쪽 사이드바의 **통합**을 클릭하면 활성화된 통합과 아직 활성화되지는 않았으나 통합을 지원하는 서비스 또는 제품들을 확인할 수 있다. 활성화된 통합에 대해서도 **통합** 페이지에서 다시 비활성화 상태로 수정할 수 있다.

8. 왼쪽 사이드바에서 **설정**을 클릭하고 **사용량** 탭을 클릭하면 사용 비용을 확인할 수 있는 페이지로 이동된다.

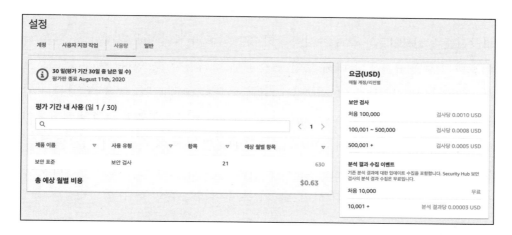

9. 설정 페이지의 **계정** 탭을 클릭하면 이 계정으로 분석 결과를 공유하는 계정들을 확인할 수 있다. 이렇게 할 때 초대 메일이 멤버 계정으로 보내지고 반드시 초대를 수락해야 분석 결과가 공유된다.

10. 설정 페이지의 **사용자 지정 작업**으로 이동하면 선택된 인사이트와 분석 결과를 CloudWatch 이벤트로 보낼 수 있다.

 시큐리티 허브를 비활성화하려면 **일반** 탭으로 이동한다. 설정에서 **AWS 시큐리티 허브 비활성화**를 클릭한다. 비용에 대한 제약을 고려해야겠지만 모든 리전에 대해 시큐리티 허브를 활성화하는 것이 권고되는 방안이다.

작동 원리

콘솔에서 시큐리티 허브를 활성화하면서 연계된 서비스들에 권한을 부여했다. 시큐리티 허브는 CloudWatch, SNS, Config, CloudTrail 서비스를 이용해 보안 표준을 체크한다. 시큐리티 허브는 GuardDuty, Inspector, Macie, AWS 방화벽 매니저, IAM 액세스 분석기에서 분석 결과를 받는다. 시큐리티 허브는 비교적 신규 서비스로, 연계되는 시스템은 점차 증가될 것으로 보인다.

보안 표준과 인사이트의 결과는 시큐리티 허브의 요약 페이지에 나타난다. 왼쪽 사이드바의 **보안 표준**을 클릭해 보안 표준을 모니터링할 수 있다. 현재 기준으로 AWS 기초 보안 모범 사례, CIS AWS Foundations Benchmark, PCI DSS v3.2.1을 보안 표준에서 제공한다. CIS AWS Foundation Bechmark 기준으로는 43개의 컨트롤이 제공된다. 왼쪽 사이드바에서 **인사이트**를 클릭하면 약 30여 개의 인사이트를 볼 수 있다. 인사이트는 관련된 분석 결과들을 위해 저장된 필터다. 왼쪽 사이드바의 분석 결과를 클릭하면 연계된 서비스들의 분석 결과를 확인할 수 있었다.

설정 페이지에서는 **사용량** 탭을 클릭해 예상되는 비용을 확인했다. **사용량** 탭은 비용에 대한 요약 정보를 제공한다. 설정 페이지에서 분석 결과를 공유해 줄 멤버 계정들을 추가할 수 있다. **사용자 지정 작업** 탭에서는 선택된 인사이트와 분석 결과를 CloudWatch 이벤트로 보내도록 설정할 수 있다.

설정 페이지의 일반 탭에서는 시큐리티 허브를 비활성화할 수 있다. 비활성화 이후 시큐리티 허브는 분석 결과의 수집과 보안 표준 체크를 중지한다. 비활성화가 되면 시큐리티 허브 설정과 분석 결과를 잃게 되고 데이터를 복구할 수는 없다. 그러나 시큐리티 허브를 비활성화하기 전에 결과를 내보낼 수 있다.

설정 페이지의 일반 탭에서는 시큐리티 허브가 데이터 소스를 모니터링할 때 필요로 하는 서비스 권한을 확인할 수 있고, 파트너 솔루션과의 연계를 쉽게 하기 위한 리소스 정책도 확인할 수 있다.

추가 사항

시큐리티 허브와 관련된 중요한 개념과 관련 서비스들은 다음과 같다.

- 시큐리티 허브는 리전별 서비스다. 비용의 제약 사항이 없는 경우 모든 리전에서 활성화하는 것을 권고한다.
- 시큐리티 허브는 얼럿 로직^{Alert Logic}, 아머^{Armor}, 아틀라시안 옵스지니^{Atalassian Opsgeni}와 같은 서드파티 보안 툴과 연계할 수 있다.
- 분석 결과 페이지에서 분석 결과를 아카이브해 오래된 결과들이 다시 표시되지 않게 할 수 있다.
- CIS^{Center of Internet Seurity}는 여러 서버, 애플리케이션과 클라우드 프로바이더에 대한 보안 기준을 제공한다. 예를 들면 AWS 보안에 대한 보안 기준들을 제공한다.
- AWS를 위한 CIS Benchmark는 네 가지 카테고리인 계정 관리^{Identity and access management}, 로깅^{Logging}, 모니터링^{monitoring}, 네트워킹^{networking}으로 나뉜다.
- IAM 액세스 분석기는 AWS 환경의 리소스 기반 정책에 대한 로직 기반 리즈닝 기법을 사용해 외부 주체자에게 공유된 계정의 리소스가 무엇인지 알려준다.

- AWS 방화벽 매니저는 여러 계정에 걸쳐 방화벽 규칙을 관리할 때 사용한다.

AWS에 대한 CIS 보안 벤치마크에 대해 알면 AWS 인프라스트럭처를 사용하는 동안 보안에 대해 더 잘 이해할 수 있게 도와준다. 이 컨트롤들은 업무나 자격증 시험에서 더 나은 의사 결정을 내릴 수 있게 도와준다.

참고 사항

- IAM 액세스 분석기에 대해서는 https://docs.aws.amazon.com/IAM/latest/UserGuide/what-is-access-analyzer.html에서 정보를 확인할 수 있다.
- AWS 방화벽 매니저에 대해서는 https://aws.amazon.com/firewall-manager에서 정보를 확인할 수 있다.
- 시큐리티 허브가 지원하는 CIS 보안 표준에 대해서는 https://docs.aws.amazon.com/securityhub/latest/userguide/securityhub-standards.html에서 확인할 수 있다.
- 시큐리티 허브와 연계되는 서드파티 제품에 대해서는 https://cloudmaterials.com/en/blog-entry/cis-benchmark-controls-available-within-aws-security-hub에서 확인할 수 있다.

▌ AWS SSO 설정과 사용

이 예제에서는 AWS 싱글사인온을 알아본다. AWS 싱글사인온은 여러 AWS 계정과 애플리케이션에 대한 싱글사인온 액세스를 쉽게 관리하게 도와주는 서비스다.

준비

두 개의 AWS 계정이 필요하다. 1장의 'AWS Organizations 사용을 위한 마스터 계정 만들기' 절과 'AWS Organizations에 하위 계정 만들기' 절을 통해 설정한 하나의 마스터 계정과 차일드 계정을 사용할 것이다.

작동 방법

메인 계정에서 다음의 순서로 SSO를 설정할 수 있다.

1. AWS SSO 서비스 콘솔로 이동한다. AWS SSO를 처음 사용한다면 시작하기 페이지가 나타난다. AWS SSO 서비스가 지원되지 않는 리전의 경우 지원 지원되는 리전 목록이 나오므로 그중 하나의 리전으로 이동한다.

2. AWS SSO 활성화 버튼을 클릭한다. AWS SSO가 활성화되면 다음과 같은 대시보드를 볼 수 있다.

권장 설정 단계

1 **자격 증명 원본 선택**
자격 증명 원본은 사용자 및 그룹을 관리하는 위치이며 사용자를 인증하는 서비스입니다.

2 **AWS 계정에 대한 SSO 액세스 관리**
사용자와 그룹에게 AWS 조직 내의 특정 AWS 계정 및 역할에 대한 액세스 권한을 부여합니다.

3 **클라우드 애플리케이션에 대한 SSO 액세스 관리**
사용자 및 그룹에게 클라우드 애플리케이션 및 SAML 2.0 기반 사용자 정의 애플리케이션에 대한 액세스 권한을 부여합니다.

사용자 포털

사용자 포털은 할당된 모든 AWS 계정, 역할 및 애플리케이션에 액세스할 수 있는 단일 위치를 제공합니다.

사용자 포털 URL:
https://d-9▒▒▒▒▒▒9.awsapps.com/start │ 사용자 지정

또는 왼쪽 사이드바의 대시보드를 클릭해 권장 설정 단계 페이지를 볼 수도 있다.

3. 사용자 포털 부분의 사용자 정의^{Customize}를 클릭해 사용자 포털 URL을 수정할 수 있다. 수정을 한 후 저장 버튼을 클릭한다.

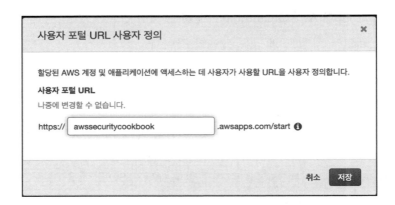

4. 기본 자격증명 원본은 AWS SSO를 사용한다. 설정 페이지의 자격증명 원본부분에서 이 값을 확인할 수 있다. 왼쪽 사이드바의 설정을 클릭하거나 2단계에서 본 권장 설정 단계의 자격증명 원본 선택을 클릭해 설정 페이지로 이동할 수 있다.

자격증명 원본 값을 변경하기 위해 변경 링크를 클릭한다. AWS SSO, 액티브 디렉터리$^{Active\ Directory}$, 외부 자격증명 공급자 옵션 중에서 선택할 수 있다.

5. AWS 계정 페이지로 이동한다. AWS 계정 페이지는 사이드바의 AWS 계정 링크를 클릭하거나 2단계에서 권장 설정 단계의 AWS 계정에 대한 SSO 액세스 관리를 눌러 이동할 수 있다.

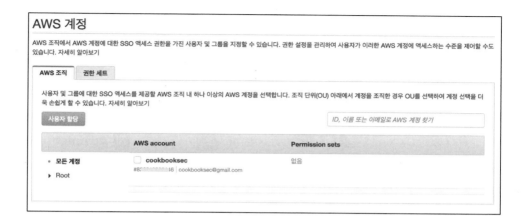

AWS Organization의 어떤 AWS 계정에 대해 사용자와 그룹에게 권한을 부여할 수 있다.

6. 애플리케이션 페이지로 이동한다. 왼쪽 사이드바의 애플리케이션 링크나 3단계에서 권장 설정 단계의 클라우드 애플리케이션에 대한 SSO 액세스 관리를 눌러 이동할 수 있다.

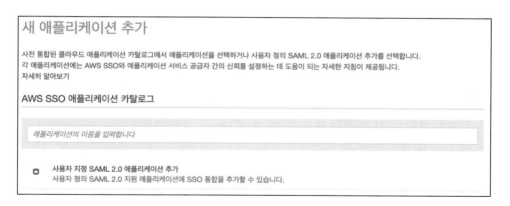

7. 새 애플리케이션 추가를 클릭해 미리 정의된 카탈로그에서 클라우드 애플리케이션을 선택하거나 사용자 지정 SAML2.0 애플리케이션 추가를 선택할 수 있다.

더 많은 애플리케이션 보기를 클릭해 사전 연계된 클라우드 애플리케이션 리스트를 확인할 수 있다. 선택한 뒤에는 애플리케이션 추가를 클릭한다.

작동 원리

콘솔에서 AWS SSO를 활성화하면 AWS 조직 멤버 계정들에 AWS SSO가 역할을 생성할 수 있도록 허용한다. 또한 AWS 조직의 멤버 계정들이 AWS SSO 사용자들에게 애플리케이션 접근을 허용할 수 있게 한다.

자격증명 원본으로는 AWS SSO를 사용했다. 액티브 디렉터리나 외부 자격증명 공급자를 선택하는 방안도 제공된다. 액티브 디렉터리 옵션을 사용하는 경우 AWS 관리형 마이크로소프트 액티브 디렉터리^{Managed Microsoft AD}를 사용하거나 AWS Managed Microsoft AD 또는 AD 커넥터^{Connector}와 연계해 이미 사용하는 액티브 디렉터리를 사용할 수도 있다. 외부 자격증명 공급자 옵션을 선택하는 경우 외부 자격증명 공급자에서 사용자, 그룹, 자격증명, 추가인증^{MFA} 등을 관리하게 된다. AWS SSO와 액티브 디렉터리 옵션을 통해 사용자는 AWS SSO 유저 포털에 로그인할 수 있다. 외부 자격증명 공급자 옵션은 사용자들이 자격증명 공급자의 로그인 페이지를 통해 AWS SSO 사용자 포털에 접근하게 된다.

추가 사항

AWS SSO 서비스의 중요 사용 방안은 다음과 같다.

- AWS 조직의 모든 AWS 계정, 비즈니스 애플리케이션과 사용자 지정 SAML 2.0 기반 애플리케이션에 대해 SSO를 설정하고 관리할 수 있게 한다.
- 기업 내 마이크로소프트 액티브 디렉터리 인스턴스의 사용자와 그룹들에게 SSO 접근을 허용한다.
- 사용자용 포털을 통해 사용자들이 AWS 계정과 비즈니스 애플리케이션에 쉽게 접근할 수 있도록 한다.

참고 사항

- AWS SSO에 대한 자세한 정보는 https://aws.amazon.com/single-sign-on 에서 확인할 수 있다.

❙ AWS 리소스 액세스 매니저에 대해 설정과 사용

이 예제에서는 AWS 리소스 액세스 매니저^{RAM, Resource Access Manager}를 알아본다. AWS 리소스 액세스 매니저는 다른 AWS 계정과 AWS 조직 내에서 AWS 자원을 안전하게 공유할 수 있게 해준다. 공유가 가능한 자원들은 AWS 트랜짓 게이트웨이^{Transit Gateways}, 서브넷^{Subnets}, AWS 라이선스 매니저^{License Manager} 설정, Amazon 라우트 53 리

졸버$^{Route\ 53\ Resolver}$ 규칙 등을 비롯한 여러 가지가 있다.

준비

리소스 공유 유형으로 서브넷을 사용한다면 5장의 'VPC의 서브넷 만들기' 절을 참고해 서브넷을 생성할 수 있다.

자원을 공유할 때 조직 단위^{OU}를 선택하고자 조직에서 조직 단위를 설정해야 한다. 이 예제에서는 1장의 'AWS Organizations 사용을 위한 마스터 계정 만들기' 절과 'AWS Organizations에 하위 계정 만들기' 절에서 생성한 조직을 사용한다.

작동 방법

AWS 리소스 액세스 매니저에서 다음과 같이 설정하고 사용할 수 있다.

1. 콘솔에서 AWS 리소스 액세스 매니저 서비스로 이동한다. 이 서비스를 처음 사용한다면 초기 랜딩 페이지로 이동한다.
2. 왼쪽 사이드바에서 설정을 클릭하고 공유 활성화 범위 ❯ AWS Orgnizations를 선택하고 설정 저장을 클릭한다.

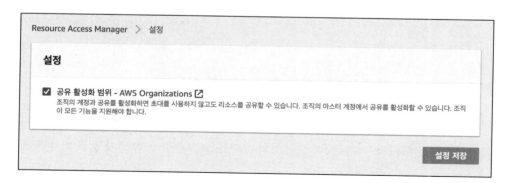

마스터 계정에서만 AWS 조직과의 공유를 활성화할 수 있다.

3. AWS 리소스 액세스 매니저 대시보드로 이동한 후 리소스 공유 생성^{Create a}
resource share을 클릭한다.

4. 설명 부분의 이름을 입력한다.

5. 리소스–선택 사항 부분에서는 리소스 유형을 선택한다. 서브넷을 선택한다. 선택할 수 있는 서브넷이 있으면 선택한다. 5장의 'VPC에서 서브넷 생성' 절에서 서브넷을 생성했었다.

6. 프린시펄–선택 사항 부분에서는 리소스를 공유할 계정의 계정 번호를 추가한다.

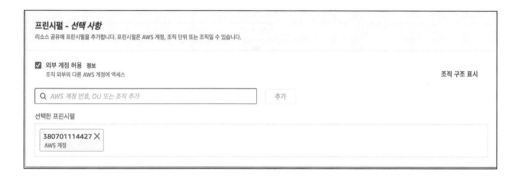

조직 구조 표시를 클릭해 AWS 조직의 마스터 계정, 조직 단위, 또는 조직 단위 하위의 계정을 선택할 수 있다. 선택한 프린시펄 부분에 선택한 계정과 조직 단위를 확인할 수 있다.

 계정의 12자리 계정 번호는 계정의 지원센터에서 확인할 수 있다. 이 예제에서는 조직 단위로 선택했지만, 가능한 방법들은 소개했다. 또한 이 예제에서는 외부 계정 허용을 선택했다. 이 책에서 조직 내의 계정을 선택했기 때문에 외부 계정 허용이 필요한 것은 아니었다.

7. 리소스 공유 생성을 클릭한다.

8. 리소스 공유를 확인할 때 공유한 계정으로 로그인해 리소스 액세스 매니저의 대시보드로 이동한다. 다음을 클릭한다. 왼쪽 사이드바의 내가 공유 하위의 리소스 공유를 클릭한다.

멤버 계정에서 공유된 자원을 확인할 수 있다. 이 예제에서 마스터 계정의 아이디는 135301570106이다.

작동 원리

먼저 AWS 조직^{Organization} 내에서 공유를 활성화했다. AWS 리소스 액세스 매니저 콘솔 페이지나 AWS CLI aws ram enable-sharing-with-aws-organization으로 설정할 수 있다. AWS 조직 내에서의 공유를 활성화하지 않으면 추가한 계정은 같은 조직 내의 계정이라 하더라도 외부 계정으로 인식되고 다음과 같은 에러를 발생시킨다.

⊗ **리소스 공유 생성에 실패했습니다.**
Resource arn:aws:ec2:us-east-1:135301570106:subnet/subnet-071b1776b379a5e58 can only be shared with principals inside your AWS organization.

이 예제에서는 서브넷을 공유 리소스로 추가하고 같은 조직 단위 내의 다른 계정에 공유했다. 콘솔에서는 직접 계정 ID **135301570106**을 추가했다. 이 예제의 경우 조직 구조에서 직접 계정을 선택하는 방법도 있으나 다른 가능한 방법도 보여주려고 직접 추가했다. 외부 계정 허용도 선택을 했는데, 이 책의 예제에서는 외부 계정 허용이 꼭 필요한 옵션은 아니다.

추가 사항

이 예제에서는 AWS 리소스 액세스 매니저에서 서브넷 타입의 자원을 공유했다. 현재 리소스 공유가 가능한 자원의 목록은 오로라 DB 클러스터^{Aurora DB Clusters}, 코드 빌드^{CodeBuild} 보고서 그룹, 코드빌드 프로젝트, 고객 소유 IP 버전 4의 풀(ipv4Pool), 라이선스 구성, 리소스 그룹, 메시, 서브넷, 용량 예약, 이미지 빌더 구성 요소, 이미지 빌더 이미지, 이미지 빌더 이미지 예제, 전송 게이트웨이, 전용 호스트, 접두사 목록, 트래픽 미러링 대상, 해석기 규칙^{Resolver Rules}이 있다.

참고 사항

- AWS 리소스 액세스 매니저 관련 상세 정보는 https://aws.amazon.com/ram 에서 참고할 수 있다.

▍S3 글레이셔 볼트의 볼트 잠금 기능 사용

이 예제에서는 아마존 S3 글레이션 볼트 잠금^{Vault Lock}과 볼트 잠금 정책을 알아본다. '준비' 절에서 이 예제에 필요한 글레이셔 볼트를 생성한다.

준비

다음의 단계를 따라 S3 글레이셔 볼트를 생성한다.

1. 콘솔에서 글레이셔 서비스로 이동한다.
2. 볼트 생성을 클릭한다.
3. 리전을 선택하고 이름을 입력한다. 이 예제에서는 미국 동부 버지니아 리전을 선택했다. 이름은 mybackupvault로 선택한다. 다음 단계를 클릭한다.
4. 알림 활성화하고 기존 SNS 주제 사용을 선택하고 다음 단계를 클릭한다.
5. 이전 장에서 생성했던 SNS 주제의 아마존 리소스 이름[ARN, Amazon Resoure Name]을 입력한다. SNS 주제는 8장의 '이메일을 보낼 수 있는 SNS 주제 생성' 절에서 생성했다.
6. 알림을 발생시킬 작업의 유형을 아카이브 검색 작업 완료와 볼트 인벤토리 검색 작업 완료 두 개에 체크한다. 다음 단계를 클릭한다.
7. 검토를 한 후 전송을 클릭한다.

작동 방법

다음의 단계를 통해 볼트 잠금을 실행했다.

1. 글레이셔 서비스의 콘솔로 이동한다.
2. 볼트를 선택한다.
3. 볼트 잠금 탭을 선택한다.
4. 볼트 잠금 정책 생성을 클릭한다.
5. 다음의 정책문을 추가한다.

```
{
    "Version":"2012-10-17",
```

```
    "Statement":[
        {
            "Sid": "deny-delete-if-archive-age-less-than-year",
            "Principal": "*",
            "Effect": "Deny",
            "Action": "glacier:DeleteArchive", "Resource": [
                "arn:aws:glacier:us-
    east-1:135301570106:vaults/mybackupvault"
            ],
            "Condition": { "NumericLessThan" : {
                "glacier:ArchiveAgeInDays" : "365"
            }
        }
    }
    ]
}
```

계정 ID 135301570106과 볼트 이름 mybackupvault를 구독자 환경에 맞는 값으로 수정한다. 권한 추가를 클릭해 정책을 생성할 수도 있다.

6. 볼트 잠금 시작을 클릭한다. 다음과 같은 메시지를 확인할 수 있다.

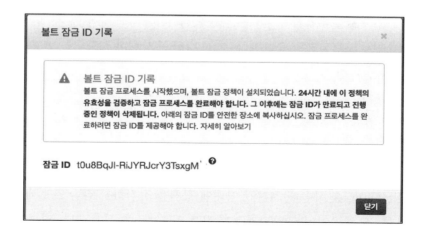

7. 잠금 아이디의 값을 복사해 안전한 곳에 보관한다. 닫기를 클릭한다. 볼트 잠금 상태가 진행 중인 것을 확인할 수 있다.

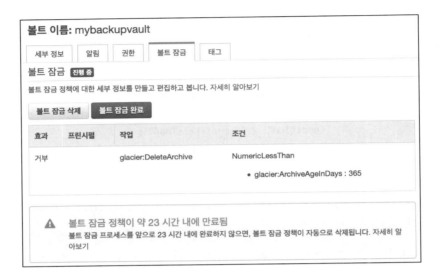

8. 충분한 검증을 한 뒤 24시간 이내에 볼트 잠금 프로세스를 시작하고자 볼트 잠금 완료를 클릭한다.
9. 잠금 아이디를 입력하고 볼트 잠금이 원하는 대로 구성되었고, 볼트 잠금 프로세스 완료를 취소할 수 없다는 점을 인정합니다.라는 문구에 체크한다.
10. 볼트 잠금 완료를 클릭한다. 볼트 잠금의 상태가 잠금으로 변경된 것을 확인할 수 있다.

작동 원리

볼트 잠금 프로세스를 시작한 후 볼트 잠금 정책이 설치되고 잠금 아이디를 제공했다. 잠금 아이디를 사용해 24시간 이내에 정책을 점검하고 잠금 프로세스를 완료해야 했다. 잠금 아이디를 입력해 볼트 잠금 프로세스를 완료했다. 일단 볼트 잠금 프로세스가 완료되면 이 정책은 변경할 수 없다. 24시간 이내에 잠금 프로세스를 완료하지 않으면 잠금 아이디는 만료되고 정책은 삭제될 것이다. 완료 전이라면 볼트 잠금 탭에서 볼트 잠금 삭제 버튼을 클릭해 볼트 잠금을 삭제할 수 있다.

추가 사항

이 예제의 정책에서 DeleteArchive 액션을 사용했다. 지원되는 정책의 액션은 다음과 같다. AbortMultipartUpload, AddTagsToVault, CompleteMultipartUpload, DeleteArchive, DeleteVault, DeleteVaultAccessPolicy, DeleteVaultNotifications, DescribeJob, DescribeVault, GetJobOutput, GetVaultAccessPolicy, GetVaultLock, GetVaultNotifications, InitiateJob, InitiateMultipartUpload, ListJobs, List MultipartUploads, ListParts, ListTagsForVault, RemoveTagsFromVault, SetVault Notifications, UploadArchive, UploadMultiPart, SetVaultAccessPolicy다.

참고 사항

* 볼트 잠금 정책에 관련된 더 자세한 정보는 https://docs.aws.amazon.com/ amazonglacier/latest/dev/vault-lock-policy.html에서 확인할 수 있다.

▮ AWS 시크릿 매니저를 이용해 RDS의 비밀번호 관리

이 예제에서는 AWS 시크릿 매니저를 이용해 RDS의 비밀번호를 관리하는 방법을 알아본다. 이 방법은 수작업으로 RDS 비밀번호를 관리하고 교체하는 것보다 더 안전한 대안이다.

준비

이 예제를 완료하려면 RDS 인스턴스가 필요하다. 예제에서는 아마존 오로라^{Aurora} 데이터베이스를 기본 설정으로 생성했다.

작동 방법

RDS 데이터베이스의 비밀번호를 관리하고자 다음의 단계를 따라 AWS 시크릿 매니저를 설정할 수 있다.

1. 시크릿 매니저의 콘솔로 이동한다.
2. 시크릿 매니저를 처음 사용한다면 초기 화면의 **시작하기** 부분을 볼 수 있다. 새 보안 암호 저장을 클릭한다.
3. 보안 암호 유형 선택에서 RDS 데이터베이스에 대한 자격증명을 선택한다.

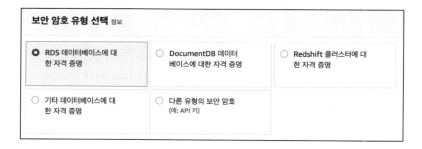

4. 사용자 이름과 암호를 입력한다. 암호화키 선택에서 `DefaultEncryptionKey`를 선택한다. KMS에서 생성한 키를 선택할 수도 있다.
5. 이 보안 암호로 액세스할 RDS 데이터베이스 선택에서 비밀번호를 관리할 RDS 데이터베이스를 선택한다. 다음을 클릭한다.
6. 암호를 쉽게 찾고 관리할 수 있게 시크릿 이름과 설명을 입력한다. 선택적으로 태그를 추가한다. 다음을 클릭한다.
7. 자동 교체 구성에서 자동 교체 활성화를 선택한다. 교체 간격 선택은 30일을 선

택한다. 새 AWS Lambda 함수를 생성하여 교체 수행을 선택하고 람다 함수 이름을 입력한다. 교체를 수행하는 데 사용할 보안 암호 선택은 이 보안 암호 사용을 선택한다. 다음을 클릭한다.

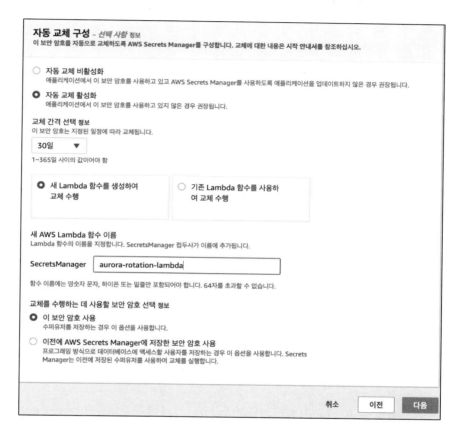

8. 다음 화면에서 세부 사항을 검토한 후 저장을 클릭한다. 이 정보를 저장한 후 즉시 첫 번째 암호 교체가 발생한다는 것에 대한 경고 메시지를 볼 수 있다.

> ⓘ 자동 교체를 활성화하는 경우 첫 번째 교체는 이 보안 암호를 저장하는 즉시 수행됩니다. 이 보안 암호를 이미 사용 중인 경우 AWS Secrets Manager에서 이 보안 암호를 검색하도록 애플리케이션을 업데이트해야 합니다. 교체에 대한 내용은 **시작 안내서**를 참조하십시오.

또한 이 페이지는 애플리케이션에서 비밀번호를 읽어올 수 있는 다양한 언어의 샘플 코드를 제공한다. 현재, 자바^{Java}, 자바스크립트^{JavaScript}, C#, Python3, 루비^{Ruby}, Go 언어의 샘플이 제공된다.

 시크릿 정보는 다음과 같이 삭제할 수 있다. 시크릿 설정 페이지로 이동한다. 메뉴 중 **작업**에서 **보안 암호 삭제**를 클릭한다. 시크릿 정보가 삭제되기 전에 7일에서 30일 사이의 기간을 지정할 수 있다.

작동 원리

이 예제에서는 RDS 데이터베이스의 비밀번호를 시크릿 매니저에 저장하는 방법을 알아봤다. 시크릿 타입은 RDS 데이터베이스 비밀번호를 선택했으나 콘솔에서 제공하는 다른 타입은 레드시프트 클러스터 비밀번호, 도큐먼트DB 데이터베이스 비밀번호, 다른 데이터베이스의 비밀번호, 다른 타입의 시크릿(예를 들면 API 키)이 있다.

30일 주기의 자동 암호 교체를 활성화했는데, 60일, 90일, 또는 최대 365일까지 지정할 수 있다. 이 예제에서는 암호화키로 기본 암호화키를 선택했는데, 새로 생성한 KMS 키를 사용할 수도 있다. KMS 키는 4장에서 살펴봤다.

암호를 설정한 후 애플리케이션에서는 프로그래밍으로 시크릿 매니저에 저장된 암호를 읽어오고자 API를 호출한다. 암호를 저장할 때 AWS는 암호를 읽어올 수 있는 여러 언어의 샘플 코드를 제공한다. 현재는 자바, 자바스크립트, C#, 파이썬, 루비, Go 언어의 샘플이 제공된다.

자동 교체를 선택한 경우 즉시 암호의 자동 교체가 수행된다는 경고 메시지도 확인했다. 그러므로 애플리케이션에서 하드코딩된 암호를 사용하고 API를 사용하도록 코드가 업데이트되지 않았다면 DB 접속은 실패할 것이다.

추가 사항

AWS 시크릿 매니저는 AWS 시스템 매니저의 파라미터 스토어와 비슷하게 보인다. 시크릿 매니저와 파라미터 스토어를 비교해보자.

- 시크릿 매니저는 데이터베이스의 암호, API 키, SSH 키를 저장하기 위한 용도로 사용된다. 파라미터 스토어는 라이선스 코드, 데이터베이스 설정, 사용자 지정 파라미터, 데이터베이스 문자열들을 저장하고자 사용되고 비밀번호 저장 용도로는 자주 사용되지 않는다.
- 시크릿 매니저는 RDS 데이터베이스와 연동되는 기능을 가진다.
- 시크릿 매니저는 RDS 암호의 교체 기능을 포함한다. 또한 RDS가 아닌 데이터베이스를 위해 사용자 지정 람다를 지원한다.
- 파라미터 스토어는 AWS 시스템 매니저와 연동된다.
- AWS 시크릿 매니저는 시크릿별 월별 비용과 API 호출에 따라 비용이 부과된다. AWS 시스템 매니저 파라미터 스토어는 일반 파라미터에 대해서는 비용이 부과되지 않으며 고급 파라미터에 대해서는 저장된 파라미터와 API 호출에 따라 비용이 부과된다.

참고 사항

- 시스템 매니저의 파라미터 스토어에 민감 정보를 저장하는 기능은 6장을 참고한다.

▌사용자 데이터를 사용하지 않는 EC2 AMI 생성

이 예제에서는 웹 서버를 이용해 아마존 머신 이미지^{AMI, Amazon Machine Image}를 생성하고 AMI에서 인스턴스를 생성하는 방법을 알아본다. AMI에서 생성된 인스턴스는 EC2 사용자 데이터에 동일한 설정을 가진 인스턴스보다 더 빠르게 부팅된다. 6장의 '사용자 데이터를 사용해 웹 서버 인스턴스의 시작' 절에서 EC2 사용자 데이터를 통해 OS를 업데이트하고 간단한 웹 서버를 설정해 실행하는 방법을 살펴봤다.

준비

6장의 'VPC에서 EC2 인스턴스 시작' 절을 따라 EC2 인스턴스를 생성한다. 인스턴스에 SSH로 연결한 후 다음의 명령을 실행한다.

```
sudo su
yum update -y
yum install -y httpd
systemctl start httpd.service
systemctl enable httpd.service
cd /var/www/html
echo "<html><h1>My Web Server</h1></html>" > index.html
```

6장의 '사용자 데이터를 사용해 웹 서버 인스턴스의 시작' 절에서 EC2 사용자 데이터를 통해 진행해봤다.

작동 방법

다음의 단계를 따라 EC2 인스턴스에서 AMI를 생성할 수 있다.

470

1. EC2 서비스의 콘솔로 이동한다.
2. 인스턴스 화면에서 인스턴스를 선택하고 작업을 클릭해 이미지 › 이미지 생성을 클릭한다.
3. 이미지 생성 화면에서 이름과 설명을 입력한다. 다른 파라미터들에 대해서는 기본 설정을 유지하고 이미지 생성을 클릭한다.

AMI 리스트 화면에서는 방금 생성한 AMI의 상태가 대기 중[pending]으로 나타난다. 상태가 사용 가능[available]으로 변경되면 이 AMI에서 새로운 인스턴스를 만들어보자. 인스턴스를 생성할 때 AMI는 나의 AMI 탭에서 선택한다.

작동 원리

이 예제에서는 EC2 인스턴스에서 AMI를 생성했다. 인스턴스를 시작할 때 필요한 정보들은 조직의 특정 설정들을 포함해 AMI에 저장될 수 있다. 이 예제에서는 기본 AMI를 사용했기 때문에 명령들도 아마존 리눅스 2에 알맞은 명령들을 사용했다. 아마존 리눅스 1을 쓴다면 다음 명령 세트가 필요할 것이다.

```
#!/bin/bash yum
yum update -y
yum install -y httpd
service httpd start
chkconfig httpd on
```

6장에서 비슷한 작업을 안내했다. AMI에서 생성된 인스턴스는 EC2 사용자 데이터에 동일한 설정을 가진 인스턴스보다 더 빠르게 부팅된다. AMI는 필요한 패키지가 설치돼 있고 반면 EC2 사용자 데이터를 이용하는 경우에는 인스턴스 시작 시점에 사용자 데이터를 통해 설치되기 때문이다.

추가 사항

AMI와 관련된 중요한 개념은 다음과 같다.

- 하나의 AMI에서 여러 개의 EC2 인스턴스들이 실행될 수 있다.
- AMI는 리전별로 저장되지만 다른 리전으로 복사할 수 있다.
- 인스턴스를 시작할 때 아마존에서 제공되는 AMI, 직접 생성한 AMI, 마켓플레이스의 AMI, 커뮤니티 AMI를 선택할 수 있다. 또한 추가 파라미터를 기반으로 목록을 필터링할 수 있다.
- 공개 AMI는 신뢰할 수 있는 것만 사용해야 한다. 사용하기 전 AMI 등급을 확인할 수 있다.
- AMI는 S3에 저장된다. 따라서 S3 가격에 따라 요금이 청구되고 이 가격은 프리티어 자격과 사용량에 따라 다르다. 그러나 S3 콘솔에서 AMI나 해당 버킷을 볼 수는 없다.
- 기본적으로 AMI는 계정 및 지역에 프라이빗으로 저장된다. 다른 AWS 계

정이 사용할 수 있도록 AMI를 공개하거나 AWS 마켓플레이스를 통해 판
매할 수 있다.

참고 사항

- AMI에 대한 자세한 정보는 https://docs.aws.amazon.com/AWSEC2/latest/
  UserGuide/AMIs.html을 참고한다.

▌AWS 마켓플레이스에서 보안 제품 이용

이 예제에서는 AWS 마켓플레이스에서 여러 보안 제품을 사용하는 방법을 알아본
다. 많은 서드파티 회사는 제품과 솔루션을 EC2 인스턴스에 설치 및 설정하고 이
를 AWS 마켓플레이스의 AMI로 제공한다. 마켓플레이스의 AMI들은 소프트웨어
가 설치되고 설정된 EC2 인스턴스라고 생각할 수 있다. 또는 직접 이 벤더들에서
제품을 구매하고 직접 설정할 수도 있다.

준비

이 예제를 완료하려면 사용할 수 있는 AWS 계정이 필요하다.

작동 방법

AWS 마켓플레이스에서 보안과 연관된 AMI를 찾는 방법은 다음과 같다.

1. EC2 서비스의 콘솔로 이동한다.
2. 왼쪽 사이드바에서 인스턴스를 클릭하고 인스턴스 시작을 클릭한다.

3. 왼쪽 사이드바에서 AWS Marketplace를 선택한다.

4. Infrastructure Software 하위의 Security 하위 메뉴를 클릭한다.

5. 보안 메뉴에서 숫자들의 링크를 클릭한다. 이 글을 쓰는 시점에 701개의 제품이 사용 가능했다.[1] 보안으로 태깅된 AMI들을 다음과 같이 확인할 수 있다.

Operating System, Software Free Trial, Software Pricing Plans, Support 파라미터로 결과를 필터링할 수도 있다. 제품을 결정하면 6장을 참고해 인스턴스 시작을 완료할 수 있다.

작동 원리

AWS는 우리가 필요로 하는 모든 보안 제품을 제공할 수 없을 것이다. 많은 서드파티 회사가 보안과 규정 준수를 위해 AWS 서비스를 보완하는 제품과 솔루션을 개발했다. AWS 마켓플레이스에서 이러한 AMI를 검색하는 방법을 알아봤다. 제품

---

1. 2020년 7월 13일 기준 932개 – 옮긴이

을 결정하고 나면 AMI로 인스턴스를 시작할 수 있다. 선택한 제품에 대한 자세한 정보는 해당 제품의 문서를 참고할 수 있다.

추가 사항

네트워크 패킷 인스펙션이나 DPI^{Deep Packet Inspection}는 유효하지 않은 데이터, 바이러스, 스팸 등을 탐지하고자 패킷의 헤더와 데이터를 분석하고, 차단, 로깅과 같은 조치를 취할 수 있다. 이는 기존 방화벽의 기능을 침입 탐지 시스템^{IDS}이나 침입 방지 시스템^{IPS}과 결합한다.

AWS WAF는 AWS의 방화벽 서비스로, SQL 인젝션이나 크로스사이트 스크립팅과 같은 알려진 공격을 확인할 수 있다. 그러나 AWS는 완전한 네트워크 패킷 검사를 수행할 수 없으며 IDS와 IPS[2]의 기능이 부족하다. 하지만 AWS 마켓플레이스의 제품을 사용해 이런 부분을 보완할 수 있다. 얼럿 로직^{Alert Logic}, 트렌드 마이크로^{Trend Micro}, 맥아피^{McAfee}, 팔로 알토 네트워크^{Palo Alto Networks}, 시스코 시스템즈^{Cisco Systems}와 다른 벤더들이 이러한 솔루션들을 제공한다.

참고 사항

- AWS 마켓플레이스의 보안 제품에 대해서는 https://aws.amazon.com/marketplace/solutions/security에서 자세한 정보를 참고할 수 있다.

▌AWS Trusted Advisor를 이용해 권고 사항 확인

이 예제에서는 Trusted Advisor를 알아본다. Trusted Advisor는 AWS가 제공하는

---

2. Re:Invent 2020에서 IPS 기능을 지원하는 Network Firewall이 출시됐다. - 옮긴이

온라인 툴로, 비용 최적화, 성능, 보안, 내결함성$^{fault\ tolerance}$, 서비스 리미트와 관련된 권장 사항을 제공한다.

준비

이 예제를 완료하려면 사용할 수 있는 AWS 계정이 필요하다.

작동 방법

다음과 같은 방법으로 Trusted Advisor를 사용할 수 있다.

1. Trusted Advisor 서비스의 콘솔로 이동한다. 대시보드 랜딩 페이지에서 권장 사항 분류와 기본 권장 사항을 볼 수 있다.

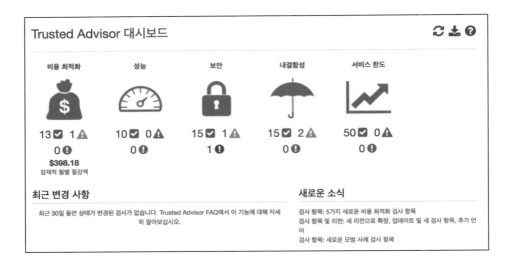

2. 확장 아이콘을 클릭해 권장 사항에 대한 상세 내역을 확인할 수 있다.

> ℹ️ 특정 카테고리의 권장 사항만 보려면 왼쪽 사이드바에서 비용 최적화, 성능, 보안, 내결함성, 서비스 한도를 클릭하면 된다.

예제에서는 보안 그룹—제한 없는 특정 포트에 대해 보안 그룹들을 확인하고자 확장 아이콘을 클릭했다.

		리전	보안 그룹 이름	보안 그룹 ID	프로토콜	시작 포트	대상 포트
☐	⚠️	ap-northeast-2	launch-wizard-1	sg-0925b0cf8e8c2c...	tcp	22	22

3. 다운로드 버튼을 눌러 권장 사항들을 .xls 포맷으로 다운로드할 수 있다.

> ℹ️ 모든 권장 사항의 상세 내역을 다운로드하려면 최상단 오른쪽의 다운로드 아이콘을 클릭한다.

4. 새로 고침을 위해서는 새로 고침 아이콘을 클릭한다.

> ℹ️ 모든 권장 사항에 대한 새로 고침은 최상단의 **새로 고침** 아이콘을 클릭한다.

5. 업그레이드를 하려면 아래쪽으로 스크롤해 업그레이드 버튼을 클릭하면 Trusted Advisor의 잠금을 풀 수 있다.

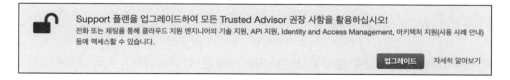

Support 플랜을 비즈니스와 엔터프라이즈로 업그레이드하고자 **업그레이트** 버튼을 클릭한다.

작동 원리

Trusted Advisor는 비용 최적화, 성능, 보안, 내결함성, 서비스 제한과 관련된 권장 사항을 제공한다. 두 가지 서비스 레벨이 있는데, 베이직 플랜과 풀 Trusted Advisor가 있다. 베이직 플랜은 무료며 코어 체크리스트와 권장 사항을 포함한다. 전체[Full] Trusted Advisor 기능은 비즈니스와 엔터프라이즈 AWS Support 플랜에서 제공된다.

추가 사항

Trusted Advisor 베이직 플랜은 비용 최적화, 성능, 내결함성에 대한 권장 사항은 포함하지 않는다. 이런 분류들은 전체 Trusted Advisor에서만 가능하다. 보안과 내결함성 분야는 일부 권장 사항의 경우 베이직 플랜과 전체 Trusted Advisor에 모두 포함된다.

베이직 플랜의 보안 분야에 포함된 권장 사항은 다음 항목들을 포함한다.

- 제한되지 않은 특정 포트(경고)
- 공개된 EBS 스냅샷과 공개된 RDS 스냅샷

베이직 플랜의 내결함성에 포함된 권장 사항은 다음의 항목들을 포함한다.

- 오토 스케일링 그룹
- CloudFormation 스택
- DynamoDB 읽기 용량

전체 Trusted Advisor에 포함된 보안 권장 사항은 다음과 같다.

- 제한되지 않은 접근
- IAM 비밀번호 정책

전체 Trusted Advisor에 포함된 내결함성의 권장 사항은 다음과 같다.

- 아마존 EBS 스냅샷
- 아마존 EC2 가용 영역 밸런스
- 로드 밸런서 최적화
- VPN 터널 중복^{Redundancy}

참고 사항

- Trusted Advisor에 대한 자세한 정보는 https://cloudmaterials.com/en/blog-entry/aws-trusted-advisor-recommendations를 참고한다.

▍규제 준수 리포트를 위해 AWS 아티팩트 사용

이 예제에서는 AWS 아티팩트를 사용하는 방법을 알아본다. AWS 아티팩트는 AWS 의 보안 규제 리포트에 접근하기 위한 무료, 셀프 서비스 포털이다. AWS 아티팩트 는 AWS의 보안과 규제 준수 리포트에 접근하고 온라인 계약에 동의하고자 접근할 수 있다.

준비

이 예제를 완료하려면 사용할 수 있는 AWS 계정이 필요하다.

작동 방법

AWS 아티팩트는 다음의 단계로 사용할 수 있다.

1. 콘솔에서 AWS 아티팩트 서비스로 이동한다.

2. 사용할 수 있는 AWS 아티팩트 리포트를 확인하려면 왼쪽 사이드바의 보고
서를 클릭한다.

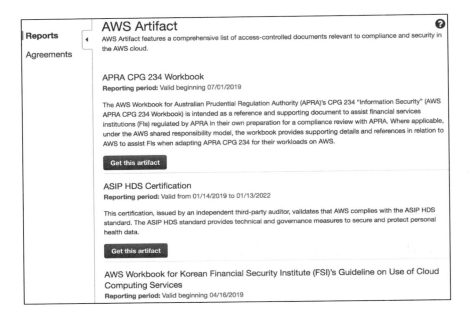

3. 계정 계약과 조직 계약을 확인하고자 왼쪽 사이드바의 계약을 클릭한다.

조직의 마스터 계정에서 마스터 계정과 모든 멤버 계정의 계약을 관리하고자 조직 계약 탭을 클릭한다.

4. 문서를 다운로드하려면 시작하기를 클릭한다.

5. 텀즈앤 컨디션 화면이 나타나면 아티팩트의 텀즈앤 컨디션을 읽고 동의한다는 체크박스를 선택하고 Accept and download를 클릭한다.

작동 원리

규정 준수 보고서를 확인하고자 AWS 아티팩트를 사용하는 방법을 알아봤다. 다음과 같은 일부 보고서는 현재 AWS 아티팩트에서 사용할 수 있다. APRA CPG 234 Workbook, BioPhorum IT Control Implementation Responsibilities, BSP 982 Workbook, 미국 연방 정부 파트너 패키지FedRAMP Partner Package, Global Financial Services Regulatory Principles, 캐나다 정부의 파트너 패키지Government of Canada (GC) Partner Package, IRAP PROTECTED Package, PCI DSS Attestation of Compliance(AOC) and Responsibility Summary, Quality Management System Overview, Resiliency of the AWS Region in India 등이 있다.

추가 사항

이 책에서는 AWS에서의 인프라스트럭처를 안전하게 보호할 수 있는 많은 AWS 서비스를 알아봤다. 하지만 이것이 전체 목록은 아니다. AWS는 많은 서비스와 기능을 계속 추가하고 있다. 보안과 관련된 몇 개의 서비스를 좀 더 살펴보자.

- 아마존 Detective는 보안 데이터를 분석하고 가시화해 잠재적인 보안 이슈의 근본 원인을 찾는 데 도움을 줄 수 있는 서비스다.
- AWS 컨트롤 타워Control Tower는 보안 및 규제 준수와 관련한 모범 사례를 기반으로 다중 계정의 AWS 환경을 설정하고 관리하는 것을 도와주는 서비

스다. 최종 사용자는 새로운 계정을 중앙에서 정의한 전사 차원의 보안 정책에 따라 생성할 수 있고, 클라우드 관리자는 랜딩존의 전체 오버뷰를 볼 수 있다. 랜딩존은 준수해야 하는 모든 OU, 계정, 사용자와 다른 자원들의 컨테이너다. 랜딩존은 조직의 멤버가 아닌 계정에서 시작한다.

- AWS 라이선스 매니저^{License Manager}는 서드파티 벤더(마이크로소프트, 오라클, SAP 등)의 라이선스를 관리할 수 있게 도와준다. 라이선스의 사용을 제어하고 심지어 사용자의 다른 그룹에 대한 사용 규칙을 설정할 수 있다.
- AWS 퍼스널 헬스 대시보드^{Personal Health Dashboard}는 AWS 환경을 모니터링, 관리, 최적화하기 위한 프리미엄 Support 플랜을 가진 고객에게 제공된다.
- AWS 웰 아키텍티드 툴^{Well-Architected Tool}은 AWS 웰 아키텍티드 프레임워크에 기반을 둔 관리 서비스다. AWS의 모범 사례에 기반을 둔 워크로드를 정의하고 클라우드 아키텍처를 어떻게 개선할 수 있는지 가이드를 제공한다.

참고 사항

- AWS 아티팩트에 대한 자세한 정보는 https://aws.amazon.com/artifact를 참고한다.
- AWS에 대해 업데이트된 예제는 https://cloudmaterials.com을 참고한다.

| 찾아보기 |

ㅎ

A

T

U

쉽게 적용하는 AWS 보안 레시피

AWS 보안 정책 , 모니터링, 감사, 규정 준수를 위한 실용서

발 행 | 2021년 5월 27일

지은이 | 하르틴 카니카토투
옮긴이 | 권연주 · 류제광 · 진상열 · 배영부

펴낸이 | 권 성 준
편집장 | 황 영 주
편 집 | 조 유 나
　　　　임 지 원
디자인 | 윤 서 빈

에이콘출판주식회사
서울특별시 양천구 국회대로 287 (목동)
전화 02-2653-7600, 팩스 02-2653-0433
www.acornpub.co.kr / editor@acornpub.co.kr

한국어판 ⓒ 에이콘출판주식회사, 2021, Printed in Korea.
ISBN 979-11-6175-528-1
http://www.acornpub.co.kr/book/aws-security-cookbook

책값은 뒤표지에 있습니다.